"十四五"职业教育国家规划教材

全国优秀教材二等奖

酒店财务管理实务

第三版

主编◎陈安萍

中国旅游出版社

第三版前言

《酒店财务管理实务》（第三版）原书名为《酒店财务管理》，由中国旅游出版社于2012年出版。2017年改版为《酒店财务管理实务》，2021年推出《酒店财务管理实务》（第二版），现推出《酒店财务管理实务》（第三版）。本教材先后被评为“十二五”“十三五”职业教育国家规划教材，获“全国优秀教材二等奖”，并成为“十四五”职业教育国家规划教材。此次从以下三方面进行修订：

一是将教材配套在线精品开放课程生成二维码放入教材中，便于师生学习。

二是更新了书稿中相关数据与个别案例内容。上海星硕酒店管理咨询有限公司首席咨询官袁学娅为本教材的第一章、第四章、第七章、第八章、第九章提供了企业实践资料，并参与编写教材中的引入案例。编者结合读者反馈意见修改了部分章节的文字表述内容，并更新了有关数据。

三是补充完善了社会主义核心价值观的内容。增加了绪论，绪论内容主要包括：深刻认识党的二十大胜利召开的伟大意义，提升新时代大学生政治站位；深刻把握党的二十大主题，激发新时代大学生爱国热情；深入学习领悟过去五年工作和新时代十年伟大变革的重大意义，增强新时代大学生民族自豪感；深刻领会“两个结合”是推进马克思主义中国化时代化的根本途径，加强新时代大学生弘扬中华优秀传统文化教育；牢牢把握全面建设社会主义现代化国家开局起步的战略部署，指引新时代大学生守正创新促发展；深入把握党的二十大关于文化和旅游工作的部署要求，推动文旅融合高质量发展；深刻把握团结奋斗的新时代要求，为文旅行业培养高素质人才。

由于作者水平有限，不足之处在所难免，敬请广大读者批评指正！

陈安萍

2023年7月

第二版前言

《酒店财务管理实务》由中国旅游出版社于2017年4月出版，并连续被教育部列为“十二五”职业教育国家规划教材、“十三五”职业教育国家规划教材。

《酒店财务管理实务》通过理论与实践的有机融合，依托行业的最新发展趋势，结合酒店财务管理工作中的新需要、新技术、新方法、新理念，具有鲜明的行业特色，获得了师生和行业人士的好评。

本次修订主要更新拓展了部分章节的知识讲述、案例分析、相关链接、模拟实训等内容，以便更直观、形象地揭示酒店财务管理的资金运动规律；在教学配套资源设计上，体现新的教育方式方法，增加新的教学手段，更加切合了教育教学的规律，使本书成为一本优秀的教材。

为了更好地做好本书的修订工作，笔者专门走访了旅游住宿业的部分高管，了解酒店财务管理新趋势、新动态，并尽可能以浅显易懂的方式呈现在教材中。在此向上海星硕酒店管理咨询公司首席咨询官袁学娅女士、绿城·宁波洲际酒店业主代表/副总经理赖广文先生的鼎力支持表示衷心的感谢。

由于作者水平有限，书中难免有不妥之处，敬请读者批评指正。

陈安萍

2021年5月

前　言

《酒店财务管理实务》原书名为《酒店财务管理》，由中国旅游出版社于2012年10月出版。《酒店财务管理》以其理论与实践的有机融合和行业背景而具有鲜明特色，经过几个学年的使用，为广大高职院校认可，获得学生和行业人士的一致好评。然而，随着酒店行业的快速发展，原教材内容有必要做与时俱进的调整，以及时反映酒店财务管理工作中的新趋势。

结合读者的反馈信息，本次调整主要从四个方面进行：第一，教材内容的优化。对教材的详略进行调整，在保持内容具有整体性和完整框架的同时，更加强调对基本财务管理流程和技能的介绍，突出理论联系实际，突出案例教学在职业教育中的运用，提升学生的实际操作能力。第二，编写体例的调整。增加实践单元、案例分析、相关知识链接和扩展阅读的分量，培养学生从不同的财务视角透视酒店经营管理活动，提升学生的财商。第三，增加了电子课件，以辅助学生更好地理解所学知识，同时有助于教师开展教学工作。第四，书名的调整。修订后的教材名称为《酒店财务管理实务》。

由于作者水平有限，书中难免有不妥之处，请读者批评指正。

陈安萍

2017年3月

目录
CONTENTS

酒店财务管理课程内容

绪　论

党的二十大是在全党全国各族人民迈上全面建设社会主义现代化国家新征程、向第二个百年奋斗目标进军的关键时刻召开的一次十分重要的大会，是一次高举旗帜、凝聚力量、团结奋进的大会。党的二十大在政治上、理论上、实践上取得了一系列重大成果，就新时代新征程党和国家事业发展制定了大政方针和战略部署，是我们党团结带领人民全面建设社会主义现代化国家、全面推进中华民族伟大复兴的政治宣言和行动纲领，对于全党全国各族人民更加紧密团结在以习近平同志为核心的党中央周围，万众一心、接续奋斗，在新时代新征程夺取中国特色社会主义新的伟大胜利，具有极其重大而深远的意义。学习贯彻党的二十大精神，习近平总书记强调的"五个牢牢把握"是最精准的解读、最权威的辅导。要从战略和全局高度完整、准确、全面理解把握党的二十大精神，增强学习贯彻的政治自觉、思想自觉、行动自觉，为实现党的二十大确定的目标任务不懈奋斗。

一、深刻认识党的二十大胜利召开的伟大意义，提升新时代大学生政治站位

党的二十大担负起全党的重托和人民的期待，从战略全局深刻阐述了新时代坚持和发展中国特色社会主义的一系列重大理论和实践问题，科学谋划了未来一个时期党和国家事业发展的目标任务和大政方针，在党和国家历史上具有重大而深远的意义。

（一）这是中国共产党在百年辉煌成就和十年伟大变革的高起点上创造新时代更大荣光的大会

中国共产党在百年历程中共召开了十九次全国代表大会。党的二十大是我们党在建党百年后召开的首次全国代表大会，也是在新时代十年伟大变革的时间坐标上召开的全国代表大会，具有特别的里程碑意义。

（二）这是推进实践基础上的理论创新、开辟马克思主义中国化时代化新境界的大会

马克思主义中国化时代化既是马克思主义的自身要求，又是中国共产党坚持和发展马克思主义的必然路径。中国共产党为什么能，中国特色社会主义为什么好，归根到底是马克思主义行，是中国化时代化的马克思主义行。党的二十大深刻阐述了习近平新时代中国特色社会主义思想的科学内涵和精神实质，深入阐释了开辟马克思主义中国化时代化新境界的重大命题并提出了明确要求，具有重大理论意义。

（三）这是谋划全面建设社会主义现代化国家、以中国式现代化全面推进中华民族伟大复兴的大会

现代化是各国人民的共同期待和目标。百年来，我们党团结带领人民进行的一切奋斗、一切牺牲、一切创造，就是为了把我国建设成为现代化强国，实现中华民族伟大复兴。在新中国成立特别是改革开放以来的长期探索和实践基础上，经过党的十八大以来在理论和实践上的创新突破，我们党成功推进和拓展了中国式现代化，创造了人类文明新形态。党的二十大明确提出以中国式现代化全面推进中华民族伟大复兴的使命任务，精辟论述了中国式现代化的中国特色、本质要求和重大原则，深刻阐释了中国式现代化的历史渊源、理论逻辑、实践特征和战略部署，大大深化了我们党关于中国式现代化的理论和实践。

（四）这是致力于推动构建人类命运共同体、携手开创人类更加美好未来的大会

当前，世界之变、时代之变、历史之变正以前所未有的方式展开，人类社会面临前所未有的挑战。世界又一次站在历史的十字路口，何去何从取决于各国人民的抉择。党的二十大深刻把握世界大势和时代潮流，宣示中国在变局、乱局中促进世界和平与发展、推动构建人类命运共同体的政策主张和坚定决心，为共创人类更加美好的未来注入强大信心和力量。

（五）这是推动解决大党独有难题、以党的自我革命引领社会革命的大会

全面建设社会主义现代化国家、全面推进中华民族伟大复兴，关键在党。党的二十大明确提出：我们党作为世界上最大的马克思主义执政党，要始终赢得人民拥护、巩固

长期执政地位，必须时刻保持解决大党独有难题的清醒和坚定。

二、深刻把握党的二十大主题，激发新时代大学生爱国热情

党的二十大的主题，正是我们党对这些事关党和国家事业继往开来、事关中国特色社会主义前途命运、事关中华民族伟大复兴战略性问题的明确宣示，是大会的灵魂。习近平总书记在党的二十大报告中，开宗明义指出大会的主题：“高举中国特色社会主义伟大旗帜，全面贯彻新时代中国特色社会主义思想，弘扬伟大建党精神，自信自强、守正创新，踔厉奋发、勇毅前行，为全面建设社会主义现代化国家、全面推进中华民族伟大复兴而团结奋斗。”这一主题明确宣示了我们党在新征程上带领人民举什么旗、走什么路、以什么样的精神状态、朝着什么样的目标继续前进等重大问题。《中国共产党第二十次全国代表大会关于十九届中央委员会报告的决议》指出：“报告阐明的大会主题是大会的灵魂，是党和国家事业发展的总纲。”学习理解党的二十大精神，必须把握这一“灵魂”，抓住这一“总纲”。大会主题中的六个关键词语值得我们高度重视。

（一）旗帜

新时代新征程党高举的旗帜就是“中国特色社会主义伟大旗帜”。大会主题写入这一根本要求，既体现了中国特色社会主义历史演进的连续性、继承性，又体现了新时代党坚持和发展中国特色社会主义的坚定性、恒久性。

（二）思想

大会主题所指示的“全面贯彻新时代中国特色社会主义思想”，就是要求在新时代新征程必须全面贯彻习近平新时代中国特色社会主义思想。党的二十大报告对此作出全面部署。

（三）精神

继在庆祝中国共产党成立 100 周年大会上习近平总书记提出并号召继承发扬伟大建党精神后，党的二十大主题写入了“弘扬伟大建党精神”的要求，新修改的党章载入了伟大建党精神“坚持真理、坚守理想，践行初心、担当使命，不怕牺牲、英勇斗争，对党忠诚、不负人民”的内涵，这是党在自己最高权力机关及最高章程上的庄严宣示，明确回答了党以什么样的精神状态走好新的赶考之路的重大问题，不仅是贯穿大会报告的

重要红线，也是今后党的全部理论和实践的重要遵循。

（四）现代化

“现代化”即“全面建设社会主义现代化国家”。这一重要主题彰显了当前和今后一个时期党的中心任务。党的二十大庄严宣告：“从现在起，中国共产党的中心任务就是团结带领全国各族人民全面建成社会主义现代化强国、实现第二个百年奋斗目标，以中国式现代化全面推进中华民族伟大复兴。”“中国式现代化”成为这次大会的重要标识。

（五）复兴

在党的二十大主题中，前后用了三个“全面”，即“全面贯彻新时代中国特色社会主义思想”“全面建设社会主义现代化国家”“全面推进中华民族伟大复兴”。第一个“全面”规定了新时代党的创新科学理论的指导地位，第二个“全面”规定了新时代新征程的中心任务，第三个“全面”规定了党在新时代新征程的奋斗目标。大会主题中的前两个“全面”，以及报告全文使用的其他一百多个“全面”，都是为了实现“全面推进中华民族伟大复兴”这一根本目标。

（六）团结奋斗

“团结奋斗”是党的二十大主题的鲜明特色。除了在主题中要求“为全面建设社会主义现代化国家、全面推进中华民族伟大复兴而团结奋斗”外，“团结奋斗”一词还体现在党的二十大报告的标题、导语、正文、结束语各个部分。报告全文共使用 7 次“团结奋斗”、27 次“团结”，突出表达了这次大会的主基调。

三、深入学习领悟过去五年工作和新时代十年伟大变革的重大意义，增强新时代大学生民族自豪感

过去五年和新时代以来的十年，在党和国家发展进程中极不寻常、极不平凡。习近平总书记在党的二十大报告中全面回顾总结了过去五年的工作和新时代十年的伟大变革，深刻指出新时代十年的伟大变革，在党史、新中国史、改革开放史、社会主义发展史、中华民族发展史上具有里程碑意义。学习宣传、贯彻落实党的二十大精神，必须深入学习领悟过去五年工作和新时代十年伟大变革的重大意义，坚定历史自信、增强历史主动，自觉在思想上政治上行动上同以习近平同志为核心的党中央保持高度一致。

党的二十大报告在总结党的十九大以来五年工作基础上，用“三件大事”、三个“历史性胜利”高度概括新时代十年走过的极不寻常、极不平凡的奋斗历程，从16个方面全面回顾党和国家事业发展取得的举世瞩目的重大成就，从4个方面总结提炼新时代十年伟大变革的里程碑意义。新时代十年的伟大变革，充分证明中国特色社会主义道路不仅走得对、走得通，而且走得稳、走得好。

四、深刻领会“两个结合”是推进马克思主义中国化时代化的根本途径，加强新时代大学生弘扬中华优秀传统文化教育

党的二十大报告提出，中国共产党为什么能，中国特色社会主义为什么好，归根到底是马克思主义行，是中国化时代化的马克思主义行。100多年来，我们党洞察时代大势，把握历史主动，进行艰辛探索，坚持解放思想和实事求是相统一、培元固本和守正创新相统一，把马克思主义基本原理同中国具体实际相结合、同中华优秀传统文化相结合，不断推进理论创新、进行理论创造，不断推进马克思主义中国化时代化，带领中国人民不懈奋斗，中华民族迎来了从站起来、富起来到强起来的伟大飞跃，实现中华民族伟大复兴进入了不可逆转的历史进程。

马克思主义理论不是教条，而是行动指南。习近平总书记在党的二十大报告中指出：“我们坚持以马克思主义为指导，是要运用其科学的世界观和方法论解决中国的问题，而不是要背诵和重复其具体结论和词句，更不能把马克思主义当成一成不变的教条。”坚持和发展马克思主义，必须同中国具体实际相结合。100多年来，我们党把坚持马克思主义和发展马克思主义统一起来，既始终坚持马克思主义基本原理不动摇，又根据中国革命、建设、改革实际，创造性地解决自己的问题，不断开辟马克思主义中国化时代化新境界。坚持和发展马克思主义，必须同中华优秀传统文化相结合。只有植根本国、本民族历史文化沃土，马克思主义真理之树才能根深叶茂。中华优秀传统文化源远流长、博大精深，是中华文明的智慧结晶，其中蕴含的天下为公、民为邦本、为政以德、革故鼎新、任人唯贤、天人合一、自强不息、厚德载物、讲信修睦、亲仁善邻等，是中国人民在长期生产生活中积累的宇宙观、天下观、社会观、道德观的重要体现，同科学社会主义核心价值观主张具有高度契合性。中国共产党之所以能够领导人民成功走出中国式现代化道路、创造人类文明新形态，很重要的一个原因就在于植根中华文化沃土，不断推进马克思主义中国化时代化，推动中华优秀传统文化创造性转化、创新性发展。

五、牢牢把握全面建设社会主义现代化国家开局起步的战略部署，指引新时代大学生守正创新促发展

党的二十大站在党和国家事业发展的制高点，科学谋划了未来五年乃至更长时期党和国家事业发展的目标任务和大政方针，发出了全面建设社会主义现代化国家、全面推进中华民族伟大复兴的动员令。

“全面建成社会主义现代化强国，总的战略安排是分两步走：从二〇二〇年到二〇三五年基本实现社会主义现代化；从二〇三五年到本世纪中叶把我国建成富强民主文明和谐美丽的社会主义现代化强国。”党的二十大对全面建成社会主义现代化强国两步走战略安排进行了宏观展望，又围绕统筹推进“五位一体”总体布局、协调推进“四个全面”战略布局，从 11 个方面对未来五年工作作出全面部署，全面构建了推进社会主义现代化建设的实践体系。特别是把教育科技人才、全面依法治国、维护国家安全和社会稳定单列部分进行具体安排，充分体现了抓关键、补短板、防风险的战略考量，是党中央基于新的战略机遇、新的战略任务、新的战略阶段、新的战略要求、新的战略环境做出的科学判断和战略安排，必将引领全党全国各族人民有效应对世界之变、时代之变、历史之变，推动全面建设社会主义现代化国家开好局、起好步。

六、深入把握党的二十大关于文化和旅游工作的部署要求，推动文旅融合高质量发展

党的二十大作出推进文化自信自强、铸就社会主义文化新辉煌的重大战略部署，要准确把握社会主义文化建设的指导思想和原则目标、战略重点和主要任务以及中国立场和时代要求。

（一）要准确把握社会主义文化建设的指导思想和原则目标

报告指出：“全面建设社会主义现代化国家，必须坚持中国特色社会主义文化发展道路，增强文化自信，围绕举旗帜、聚民心、育新人、兴文化、展形象建设社会主义文化强国，发展面向现代化、面向世界、面向未来的，民族的科学的大众的社会主义文化，激发全民族文化创新创造活力，增强实现中华民族伟大复兴的精神力量。”报告明

确提出了社会主义文化建设的根本指导思想、基本原则和奋斗目标，坚持为人民服务、为社会主义服务，以社会主义核心价值观为引领，发展社会主义先进文化，弘扬革命文化，传承中华优秀传统文化，满足人民日益增长的精神文化需求，巩固全党全国各族人民团结奋斗的共同思想基础，不断提升国家文化软实力和中华文化影响力。

（二）要准确把握社会主义文化建设的战略重点和主要任务

党的二十大报告提出了建设具有强大凝聚力和引领力的社会主义意识形态、广泛践行社会主义核心价值观、提高全社会文明程度、繁荣发展文化事业和文化产业、增强中华文明传播力影响力五个方面的战略任务，准确把握、全面落实好这些战略重点和主要任务，对于推进文化自信自强，铸就社会主义文化新辉煌具有重要基础支撑作用。

（三）要准确把握社会主义文化建设的中国立场和时代要求

党的二十大报告指出："中华优秀传统文化源远流长、博大精深，是中华文明的智慧结晶。"要把马克思主义基本原理与中华优秀传统文化相结合，不断推进马克思主义中国化，增强中华文明的传播力和影响力。

（四）以文塑旅、以旅彰文、推进文化和旅游深度融合发展

党的二十大报告明确提出："加大文物和文化遗产保护力度，加强城乡建设中历史文化保护传承，建好用好国家文化公园。坚持以文塑旅、以旅彰文，推进文化和旅游深度融合发展。"这些重要论述，为文旅行业把握新发展阶段，贯彻新发展理念，构建新发展格局，推动高质量发展点明了方向，指明了路径，是未来 5 年乃至更长一段时间内文旅行业融合发展实践的根本遵循和行动指南，对文旅行业实现理念重构和实践创新具有非常重要的现实指导意义。

七、深刻把握团结奋斗的新时代要求，为文旅行业培养高素质人才

在党的二十大上，习近平总书记宣示新时代新征程党的使命任务，发出了全面建设社会主义现代化国家、全面推进中华民族伟大复兴的动员令。从现在起，中国共产党的中心任务就是团结带领全国各族人民全面建成社会主义现代化强国、实现第二个百年奋斗目标，以中国式现代化全面推进中华民族伟大复兴。

美好的蓝图需要埋头苦干、团结奋斗才能变为现实。习近平总书记的铿锵宣示充满信心和力量——“党用伟大奋斗创造了百年伟业，也一定能用新的伟大奋斗创造新的伟业”。让我们更加紧密地团结在以习近平同志为核心的党中央周围，全面贯彻习近平新时代中国特色社会主义思想，坚定信心、同心同德，埋头苦干、奋勇前进，深入贯彻落实党的二十大精神和党中央决策部署，为全面建设社会主义现代化国家、全面推进中华民族伟大复兴而团结奋斗，在新的赶考之路上向历史和人民交出新的优异答卷！

相关链接 1　搜索

关于党的二十大报告，必须知道的“关键词”

2022 年 10 月 16 日，中国共产党第二十次全国代表大会开幕，习近平代表第十九届中央委员会向大会作报告。一起学习报告里的这些“关键词”。

【大会的主题】

大会的主题是：高举中国特色社会主义伟大旗帜，全面贯彻新时代中国特色社会主义思想，弘扬伟大建党精神，自信自强、守正创新，踔厉奋发、勇毅前行，为全面建设社会主义现代化国家、全面推进中华民族伟大复兴而团结奋斗。

【三个“务必”】

中国共产党已走过百年奋斗历程。我们党立志于中华民族千秋伟业，致力于人类和平与发展崇高事业，责任无比重大，使命无上光荣。全党同志务必不忘初心、牢记使命，务必谦虚谨慎、艰苦奋斗，务必敢于斗争、善于斗争，坚定历史自信，增强历史主动，谱写新时代中国特色社会主义更加绚丽的华章。

【极不寻常、极不平凡的五年】

党的十九大以来的五年，是极不寻常、极不平凡的五年。党中央统筹中华民族伟大复兴战略全局和世界百年未有之大变局，就党和国家事业发展作出重大战略部署，团结带领全党全军全国各族人民有效应对严峻复杂的国际形势和接踵而至的巨大风险挑战，以奋发有为的精神把新时代中国特色社会主义不断推向前进。

【三件大事】

十年来，我们经历了对党和人民事业具有重大现实意义和深远历史意义的三件大事：一是迎来中国共产党成立一百周年，二是中国特色社会主义进入新时代，三是完成脱贫攻坚、全面建成小康社会的历史任务，实现第一个百年奋斗目标。

【新时代十年的伟大变革】

新时代十年的伟大变革，在党史、新中国史、改革开放史、社会主义发展史、中华民族发展史上具有里程碑意义。

【归根到底是两个“行”】

实践告诉我们，中国共产党为什么能，中国特色社会主义为什么好，归根到底是马克思主义行，是中国化时代化的马克思主义行。拥有马克思主义科学理论指导是我们党坚定信仰信念、把握历史主动的根本所在。

【中国共产党的中心任务】

从现在起，中国共产党的中心任务就是团结带领全国各族人民全面建成社会主义现代化强国、实现第二个百年奋斗目标，以中国式现代化全面推进中华民族伟大复兴。

【中国式现代化】

中国式现代化，是中国共产党领导的社会主义现代化，既有各国现代化的共同特征，更有基于自己国情的中国特色。

——中国式现代化是人口规模巨大的现代化。

——中国式现代化是全体人民共同富裕的现代化。

——中国式现代化是物质文明和精神文明相协调的现代化。

——中国式现代化是人与自然和谐共生的现代化。

——中国式现代化是走和平发展道路的现代化。

中国式现代化的本质要求是：坚持中国共产党领导，坚持中国特色社会主义，实现高质量发展，发展全过程人民民主，丰富人民精神世界，实现全体人民共同富裕，促进人与自然和谐共生，推动构建人类命运共同体，创造人类文明新形态。

【全面建设社会主义现代化国家开局起步的关键时期】

未来五年是全面建设社会主义现代化国家开局起步的关键时期。

【五个“坚持”】

我国发展进入战略机遇和风险挑战并存、不确定难预料因素增多的时期，各种“黑天鹅”“灰犀牛”事件随时可能发生。我们必须增强忧患意识，坚持底线思维，做到居安思危、未雨绸缪，准备经受风高浪急甚至惊涛骇浪的重大考验。前进道路上，必须牢牢把握以下重大原则。

——坚持和加强党的全面领导。

——坚持中国特色社会主义道路。

——坚持以人民为中心的发展思想。

——坚持深化改革开放。

——坚持发扬斗争精神。

【加快构建新发展格局】

必须完整、准确、全面贯彻新发展理念，坚持社会主义市场经济改革方向，坚持高水平对外开放，加快构建以国内大循环为主体、国内国际双循环相互促进的新发展格局。

【发展经济着力点】

坚持把发展经济的着力点放在实体经济上，推进新型工业化，加快建设制造强国、质量强国、航天强国、交通强国、网络强国、数字中国。

【实施科教兴国战略】

必须坚持科技是第一生产力、人才是第一资源、创新是第一动力，深入实施科教兴国战略、人才强国战略、创新驱动发展战略，开辟发展新领域新赛道，不断塑造发展新动能新优势。

坚持创新在我国现代化建设全局中的核心地位。完善党中央对科技工作统一领导的体制，健全新型举国体制，强化国家战略科技力量，优化配置创新资源，提升国家创新体系整体效能。

【全过程人民民主】

全过程人民民主是社会主义民主政治的本质属性，是最广泛、最真实、最管用的民主。必须坚定不移走中国特色社会主义政治发展道路，坚持党的领导、人民当家作主、依法治国有机统一。

【全面依法治国】

全面依法治国是国家治理的一场深刻革命，关系党执政兴国，关系人民幸福安康，关系党和国家长治久安。必须更好发挥法治固根本、稳预期、利长远的保障作用，在法治轨道上全面建设社会主义现代化国家。

【文化自信自强】

全面建设社会主义现代化国家，必须坚持中国特色社会主义文化发展道路，增强文化自信，围绕举旗帜、聚民心、育新人、兴文化、展形象建设社会主义文化强国，发展面向现代化、面向世界、面向未来的，民族的科学的大众的社会主义文化，激发全民族文化创新创造活力，增强实现中华民族伟大复兴的精神力量。

【为民造福】

治国有常，利民为本。为民造福是立党为公、执政为民的本质要求。必须坚持在发展中保障和改善民生，鼓励共同奋斗创造美好生活，不断实现人民对美好生活的向往。

【完善分配制度】

坚持按劳分配为主体、多种分配方式并存，构建初次分配、再分配、第三次分配协调配套的制度体系。努力提高居民收入在国民收入分配中的比重，提高劳动报酬在初次分配中的比重。坚持多劳多得，鼓励勤劳致富，促进机会公平，增加低收入者收入，扩大中等收入群体。规范收入分配秩序，规范财富积累机制，保护合法收入，调节过高收入，取缔非法收入。

【推动绿色发展】

大自然是人类赖以生存发展的基本条件。尊重自然、顺应自然、保护自然，是全面建设社会主义现代化国家的内在要求。必须牢固树立和践行绿水青山就是金山银山的理念，站在人与自然和谐共生的高度谋划发展。

【总体国家安全观】

国家安全是民族复兴的根基，社会稳定是国家强盛的前提。必须坚定不移贯彻总体国家安全观，把维护国家安全贯穿党和国家工作各方面全过程，确保国家安全和社会稳定。

【新安全格局】

我们要坚持以人民安全为宗旨、以政治安全为根本、以经济安全为基础、以军事科技文化社会安全为保障、以促进国际安全为依托，统筹外部安全和内部安全、国土安全和国民安全、传统安全和非传统安全、自身安全和共同安全，统筹维护和塑造国家安全，夯实国家安全和社会稳定基层基础，完善参与全球安全治理机制，建设更高水平的平安中国，以新安全格局保障新发展格局。

【开创国防和军队现代化新局面】

实现建军一百年奋斗目标，开创国防和军队现代化新局面。

如期实现建军一百年奋斗目标，加快把人民军队建成世界一流军队，是全面建设社会主义现代化国家的战略要求。必须贯彻新时代党的强军思想，贯彻新时代军事战略方针，坚持党对人民军队的绝对领导，坚持政治建军、改革强军、科技强军、人才强军、依法治军，坚持边斗争、边备战、边建设，坚持机械化信息化智能化融合发展，加快军事理论现代化、军队组织形态现代化、军事人员现代化、武器装备现代化，提高捍卫国家主权、安全、发展利益战略能力，有效履行新时代人民军队使命任务。

【坚持和完善“一国两制”，推进祖国统一】

“一国两制”是中国特色社会主义的伟大创举，是香港、澳门回归后保持长期繁荣稳定的最佳制度安排，必须长期坚持。

坚持贯彻新时代党解决台湾问题的总体方略，牢牢把握两岸关系主导权和主动权，坚定不移推进祖国统一大业。

解决台湾问题是中国人自己的事，要由中国人来决定。我们坚持以最大诚意、尽最大努力争取和平统一的前景，但决不承诺放弃使用武力，保留采取一切必要措施的选项，这针对的是外部势力干涉和极少数“台独”分裂分子及其分裂活动，绝非针对广大台湾同胞。国家统一、民族复兴的历史车轮滚滚向前，祖国完全统一一定要实现，也一定能够实现！

【人类命运共同体】

中国提出了全球发展倡议、全球安全倡议，愿同国际社会一道努力落实。我们真诚呼吁，世界各国弘扬和平、发展、公平、正义、民主、自由的全人类共同价值，促进各国人民相知相亲，尊重世界文明多样性，以文明交流超越文明隔阂、文明互鉴超越文明冲突、文明共存超越文明优越，共同应对各种全球性挑战。中国人民愿同世界人民携手开创人类更加美好的未来。

【新时代党的建设新的伟大工程】

全面建设社会主义现代化国家、全面推进中华民族伟大复兴，关键在党。我们党作为世界上最大的马克思主义执政党，要始终赢得人民拥护、巩固长期执政地位，必须时刻保持解决大党独有难题的清醒和坚定。全党必须牢记，全面从严治党永远在路上，党的自我革命永远在路上，决不能有松劲歇脚、疲劳厌战的情绪，必须持之以恒推进全面从严治党，深入推进新时代党的建设新的伟大工程，以党的自我革命引领社会革命。

【五个“必由之路”】

全党必须牢记，坚持党的全面领导是坚持和发展中国特色社会主义的必由之路，中国特色社会主义是实现中华民族伟大复兴的必由之路，团结奋斗是中国人民创造历史伟业的必由之路，贯彻新发展理念是新时代我国发展壮大的必由之路，全面从严治党是党永葆生机活力、走好新的赶考之路的必由之路。

【战略性工作】

青年强，则国家强。当代中国青年生逢其时，施展才干的舞台无比广阔，实现梦想的前景无比光明。全党要把青年工作作为战略性工作来抓，用党的科学理论武装青年，用党的初心使命感召青年，做青年朋友的知心人、青年工作的热心人、青年群众的引路人。

——资料来源：人民网·中国共产党新闻网.

相关链接 2 搜索

9 个重要表述，带你理解高质量

习近平在党的二十大报告中提出，必须完整、准确、全面贯彻新发展理念，坚持社会主义市场经济改革方向，坚持高水平对外开放，加快构建以国内大循环为主体、国内国际双循环相互促进的新发展格局。

中国式现代化

报告原文

在新中国成立特别是改革开放以来长期探索和实践基础上，经过十八大以来在理论和实践上的创新突破，我们党成功推进和拓展了中国式现代化。

中国式现代化，是中国共产党领导的社会主义现代化，既有各国现代化的共同特征，更有基于自己国情的中国特色。

高水平社会主义市场经济体制

报告原文

构建高水平社会主义市场经济体制。坚持和完善社会主义基本经济制度，毫不动摇巩固和发展公有制经济，毫不动摇鼓励、支持、引导非公有制经济发展，充分发挥市场在资源配置中的决定性作用，更好发挥政府作用。

现代化产业体系

报告原文

建设现代化产业体系。坚持把发展经济的着力点放在实体经济上，推进新型工业化，加快建设制造强国、质量强国、航天强国、交通强国、网络强国、数字中国。

乡村振兴

报告原文

全面推进乡村振兴。坚持农业农村优先发展，坚持城乡融合发展，畅通城乡要素流动。扎实推动乡村产业、人才、文化、生态、组织振兴。全方位夯实粮食安全根基，牢牢守住十八亿亩耕地红线。深化农村土地制度改革，赋予农民更加充分的财产权益。保障进城落户农民合法土地权益，鼓励依法自愿有偿转让。

区域协调发展

报告原文

促进区域协调发展。深入实施区域协调发展战略、区域重大战略、主体功能区战略、新型城镇化战略，优化重大生产力布局，构建优势互补、高质量发展的区域经济布局和国土空间体系。

高水平对外开放

报告原文

推进高水平对外开放。稳步扩大规则、规制、管理、标准等制度型开放。加快建设贸易强国。营造市场化、法治化、国际化一流营商环境。推动共建“一带一路”高质量发展。有序推进人民币国际化。深度参与全球产业分工和合作，维护多元稳定的国际经济格局和经贸关系。

新领域新赛道

报告原文

必须坚持科技是第一生产力、人才是第一资源、创新是第一动力，深入实施科教兴国战略、人才强国战略、创新驱动发展战略，开辟发展新领域新赛道，不断塑造发展新动能新优势。

共同富裕

报告原文

我们要实现好、维护好、发展好最广大人民根本利益，紧紧抓住人民最关心最直接最现实的利益问题，坚持尽力而为、量力而行，深入群众、深入基层，采取更多惠民生、暖民心举措，着力解决好人民群众急难愁盼问题，健全基本公共服务体系，提高公共服务水平，增强均衡性和可及性，扎实推进共同富裕。

和谐共生

报告原文

大自然是人类赖以生存发展的基本条件。尊重自然、顺应自然、保护自然，是全面建设社会主义现代化国家的内在要求。必须牢固树立和践行绿水青山就是金山银山的理念，站在人与自然和谐共生的高度谋划发展。

——资料来源：http://finance.people.com.cn/n1/2022/1018/c1004-32547280.html.

相关链接 3　搜索

高举中国特色社会主义伟大旗帜
为全面建设社会主义现代化国家而团结奋斗
——在中国共产党第二十次全国代表大会上的报告（节选）

八、推进文化自信自强，铸就社会主义文化新辉煌

全面建设社会主义现代化国家，必须坚持中国特色社会主义文化发展道路，增强文化自信，围绕举旗帜、聚民心、育新人、兴文化、展形象建设社会主义文化强国，发展面向现代化、面向世界、面向未来的，民族的科学的大众的社会主义文化，激发全民族文化创新创造活力，增强实现中华民族伟大复兴的精神力量。

我们要坚持马克思主义在意识形态领域指导地位的根本制度，坚持为人民服务、为社会主义服务，坚持百花齐放、百家争鸣，坚持创造性转化、创新性发展，以社会主义核心价值观为引领，发展社会主义先进文化，弘扬革命文化，传承中华优秀传统文化，满足人民日益增长的精神文化需求，巩固全党全国各族人民团结奋斗的共同思想基础，不断提升国家文化软实力和中华文化影响力。

（一）建设具有强大凝聚力和引领力的社会主义意识形态

意识形态工作是为国家立心、为民族立魂的工作。牢牢掌握党对意识形态工作领导权，全面落实意识形态工作责任制，巩固壮大奋进新时代的主流思想舆论。健全用党的创新理论武装全党、教育人民、指导实践工作体系。加强全媒体传播体系建设，塑造主流舆论新格局。健全网络综合治理体系，推动形成良好网络生态。

（二）广泛践行社会主义核心价值观

社会主义核心价值观是凝聚人心、汇聚民力的强大力量。弘扬以伟大建党精神为源头的中国共产党人精神谱系，用好红色资源，深入开展社会主义核心价值观宣传教育，深化爱国主义、集体主义、社会主义教育，着力培养担当民族复兴大任的时代新人。推动理想信念教育常态化制度化，持续抓好党史、新中国史、改革开放史、社会主义发展史宣传教育，引导人民知史爱党、知史爱国，不断坚定中国特色社会主义共同理想。用社会主义核心价值观铸魂育人，完善思想政治工作体系，推进大中小学思想政治教育一体化建设。坚持依法治国和以德治国相结合，把社会主义核心价值观融入法治建设、融入社会发展、融入日常生活。

（三）提高全社会文明程度

实施公民道德建设工程，弘扬中华传统美德，加强家庭家教家风建设，加强和改进未成年人思想道德建设，推动明大德、守公德、严私德，提高人民道德水准和文明素养。统筹推动文明培育、文明实践、文明创建，推进城乡精神文明建设融合发展，在全社会弘扬劳动精神、奋斗精神、奉献精神、创造精神、勤俭节约精神，培育时代新风新貌。加强国家科普能力建设，深化全民阅读活动。完善志愿服务制度和工作体系。弘扬诚信文化，健全诚信建设长效机制。发挥党和国家功勋荣誉表彰的精神引领、典型示范作用，推动全社会见贤思齐、崇尚英雄、争做先锋。

（四）繁荣发展文化事业和文化产业

坚持以人民为中心的创作导向，推出更多增强人民精神力量的优秀作品，培育造就大批德艺双馨的文学艺术家和规模宏大的文化文艺人才队伍。坚持把社会效益放在首位、社会效益和经济效益相统一，深化文化体制改革，完善文化经济政策。实施国家文化数字化战略，健全现代公共文化服务体系，创新实施文化惠民工程。健全现代文化产业体系和市场体系，实施重大文化产业项目带动战略。加大文物和文化遗产保护力度，加强城乡建设中历史文化保护传承，建好用好国家文化公园。坚持以文塑旅、以旅彰文，推进文化和旅游深度融合发展。广泛开展全民健身活动，加强青少年体育工作，促进群众体育和竞技体育全面发展，加快建设体育强国。

（五）增强中华文明传播力影响力

坚守中华文化立场，提炼展示中华文明的精神标识和文化精髓，加快构建中国话语和中国叙事体系，讲好中国故事、传播好中国声音，展现可信、可爱、可敬的中国形象。加强国际传播能力建设，全面提升国际传播效能，形成同我国综合国力和国际地位相匹配的国际话语权。深化文明交流互鉴，推动中华文化更好走向世界。

——资料来源：http://www.gov.cn/xinwen/2022-10/25/content_5721685.htm.

第一章 酒店财务管理基本知识

酒店不同于制造业，其高投入、高比例的固定成本、销售与生产的同一性、营运资金需求量大等经营管理特点，决定了酒店财务管理的内容及管理制度的建立有其自身的特点和要求。

本章介绍了酒店资金流转过程、财务管理的内容和方法，以及如何建立酒店财务部组织机构、制定岗位职责、建立完善的内部财务管理制度。学好本章内容将为后续章节的学习打好基础。本章的重点是掌握酒店资金运动、了解财务部机构设置及岗位职责、熟悉酒店各项财务管理制度。

学习目标

知识目标

1. 了解酒店经营管理特点。
2. 了解酒店会计与财务管理的区别及联系。
3. 了解酒店财务关系的含义及类型。

能力目标

1. 分析酒店资金运动的各种状态，并能准确计算不同状态时期的资金总量。
2. 掌握设置酒店财务部组织机构的基本要求。
3. 熟悉财务管理各主要岗位的岗位职责及人员任职要求。
4. 掌握酒店财务管理的内容和方法。

案 例

人工智能在酒店财务管理中的运用讨论

小李、小张、小宋、小王就人工智能在酒店财务管理中的运用展开热烈的讨论。小李在酒店餐厅工作，发现酒店核算客人会员卡的积分需要人工抄写完成，有时会出错，提出酒店应引用新的管理系统。小张说我们酒店已经运用人工智能完成账务处理工作了。一些高重复性、低复杂性的工作交给人工智能完成，如会计入账、报表生成、报税等，比起人工操作来说出错率也降低了。小宋说我们酒店财务每天都要对营业数据进行审核，很多的审核工作都具有重复性。人工智能可以根据酒店营业数据，通过数据运算及账单比对，协助财务人员及时发现问题。例如，利用人工智能的法律大数据及时发现合同漏洞并指正，避免签署的合同违规；另外可以优化报销环节。在以前的酒店报销流程中，需要酒店员工将报销凭据汇总贴票报销。财务人员拿着纸质凭证，检查票据，反复稽核，确认后再付款给供应商或员工。而现在借助人工智能技术，员工在系统中自行采购，系统会依据员工行程进行智能推荐。出差结束后，所有的数据都在系统中，双方月底“一张发票”结算即可。小王说酒店在财务管理中引入人工智能的确会节省人力成本，但是要实现完全智能化，需要酒店高投入。例如，酒店需要搭建业务、支付、财务、资金、税务等各类系统，打通不同系统之间的交互与连接，从而实现数据共享和协同。目前，酒店仅仅是在某些管理环节运用人工智能，要真正实现完全人工智能化还有很长的路要走。

——资料来源：作者收集并整理。

案例分析

请结合上述案例，思考如下问题：

1. 随着信息技术的发展，酒店财务管理人员应该具备哪些素质?

2. 你认为人工智能在酒店财务管理中还可以运用在哪些方面？请谈谈你的见解。

第一节　酒店财务管理的基本内容

一、酒店业的特征

酒店业是一个综合性服务行业，又被称为住宿接待业（hospitality），即为公众提供住宿、餐饮、娱乐等多项设施和相应服务性劳动的商业性机构。酒店也是资本密集型和劳动密集型行业，在经营中表现出以下特征：

（1）服务与销售的同一性。酒店所提供的产品与制造业、金融业、商贸流通业不同，是服务和销售合一的特殊产品。从宾客入住酒店开始，生产与销售即开始，从入住登记、迎宾入房，到宾客就餐、休闲娱乐、购物、健身等直到宾客离店结账、送机送站服务。整个过程中，酒店的客房产品、餐饮产品、康乐产品等基本上没有储存。由于酒店经营的这一特点，要求酒店管理者不仅要关注酒店收入、成本的高低，同时要注意生产服务时的质量、标准与效益。

（2）高比例的固定成本。投资建造酒店尤其是档次高、规模大的酒店，其房屋、建筑物及相关设施设备，需巨大资本投入。一般来说酒店的固定资产占企业全部资产的80% 以上。其中客房固定资产投资比例较高，餐饮部门等其他部门固定资产相对较低。这些固定资产的投入表现为经营期间的固定成本，并对利润产生极大的影响。

（3）销量的不确定性。酒店的销售量受政治、经济形势、季节的影响。在市场繁荣时期或旺季客房出租率为满房，甚至出现超卖（overbooking）现象，平均房价是淡季的十几倍。在市场萧条时期或淡季，客房出租率甚至低于 20%。由于酒店客房产品具有不可储存性，需要酒店能平衡各方资源，不断开拓市场，优化产品组合，提高经济效益和投资回报率。

（4）营运资金周转快，需要量较大。酒店作为综合性服务行业，客流多样、交易频繁，需要一定的营运资金保证客人的消费与结算的进行。酒店费用支出如人力资源费用、能耗费用、物耗费用、餐饮原材料消耗费用等与宾客消费同时发生的，是必需的支出，这些支出需要有足够多的收入予以弥补，以保证下一阶段酒店营运所需资金。所以酒店要加速资金周转，必须建立严格的收入审计制度，杜绝漏账、错账、呆账、坏账的发生，保证营业收入及时、准确得以实现；同时要建立严密的物品采购、入库、领料、发料、生产、销售制度，合理用料、合理生产，减少浪费和损失，保证酒店利润的实现。

二、酒店财务管理相关概念、内容和方法

（一）酒店财务管理的概念及酒店资金的循环运动

1. 酒店财务管理

酒店财务管理是指酒店对资金的形成、分配、使用和回收等过程的管理，通过利用货币价值形式对酒店经营业务的资金运用和筹划进行综合管理，并评价和分析酒店经营管理的合理性、科学性。酒店财务管理作为酒店经营管理中的重要组成部分，需要及时地针对市场、客源结构、消费者偏好、经济政策等因素变化采取有效措施，提高资金使用效率，以尽可能少的资金取得最大的经济效益。

2. 酒店资金的循环

酒店资金循环过程的实质是从资金被占用到资金被重新回收的循环过程。首先是投资人（业主）投入资金，或者是酒店根据实际经营需要采用借款方式筹集资金，取得货币形态的资金（如现金、银行存款等）。其次是酒店通过资金投放和使用，将资金投放在固定资产（如房屋、建筑物、设备、车辆等）上形成固定资金，或是将资金用于购买原材料、物料用品、低值易耗品等流动资产上形成储备资金。再次是酒店在开展各种经营项目上使用固定资金和储备资金并支付发生的各项费用，即资金运用。同时酒店通过对客服务或销售商品取得营业收入，采取直接收取现金或赊销的方式，等到赊销款项到期被回收后，结算资金又转换为货币资金。最后是收回的货币资金被重新进行分配，一部分用于补偿投放的资金消耗，如支付人员工资、保险费、设施设备维修费等，另一部分要偿还借款、支付投资者报酬、分配股利，以及按照国家税法等相关规定缴纳税金，剩余的资金参与酒店下一阶段经营，如此循环往复，使酒店资金在经营过程中不断得到增加。资金运动过程如图 1–1 所示。

例 1–1 开立酒店在筹建时，业主方投入 2000 万元，同时向银行长期借款 3000 万元，这样酒店目前实际拥有货币资金 5000 万元。酒店为了做开业准备购置了固定资产和原材料，分别形成了固定资金和储备资金，此时资金合计 5000 万元。酒店正式开业后，为了保证营运活动的开展支付了员工工资、银行利息，同时计提了折旧，发生了原材料消耗，这些资金耗费形成了成品资金，此时资金合计为 4430 万元，接着酒店通过销售商品和提供服务，取得现金销售收入 1100 万元，增加了货币资金，此时资金合计 5530 万元，最后酒店根据当期盈利向投资者支付股利 30 万元，最终酒店剩余资金为

5500 万元，比原先的 5000 万元多了 500 万元。

这增加的 500 万元是由于酒店通过自身良好的经营活动创造的利润 530 万元，扣除向投资者支付股利 30 万元后，留存利润 500 万元。这 500 万元将参与到下一个营业周期，如此循环往复。具体内容如表 1–1 所示。

由此可见，酒店的资金运动贯穿于经营活动的各个方面，渗透在酒店的各项工作中，因此，我们要从酒店资金运动中总结经验，发现问题，不断发掘提高酒店经营效益的方法。

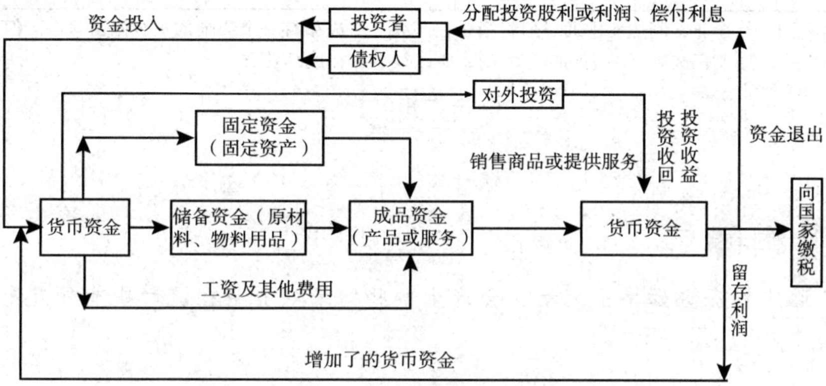

图1–1　酒店资金运动过程

表1–1　开立酒店的资金运动过程解析表

单位：万元

资金运动各环节	资金投入		资金投放		资金耗费		资金的增加		资金分配	
经营业务的发生	业主投入	2000	购买固定资产（现金支出）	1800	支付人员工资	200	提供产品和服务（现金收入）	1100	支付业主利润（现金支出）	30
	银行借款	3000	购买原材料物料用品（现金支出）	500	原材料消耗（非现金支付）	160				
经营业务的发生					固定资产折旧（非现金支付）	180				
					支付利息	30				
	资金投入合计	5000	资金投放合计	2300	资金耗费合计	570	资金收入合计	1100	资金分配合计	30

续表

资金运动各环节	资金投入		资金投放		资金耗费		资金的增加		资金分配	
资金运动中的状态	货币资金	5000	货币资金	2700	货币资金	2470	货币资金	3570	货币资金	3540
	固定资金	0	固定资金	1800	固定资金	1620	固定资金	1620	固定资金	1620
	储备资金	0	储备资金	500	储备资金	340	储备资金	340	储备资金	340
资金期末余额	资金合计	5000	资金合计	5000	资金合计	4430	资金合计	5530	资金合计	5500

注：酒店不同于制造业，制造业中通过原材料—在产品—产成品有一个明晰的资金停留状态。但是，酒店的经营特点是产品生产、加工、销售几乎是同时完成的，所以很少存在成品资金。

课堂思考

酒店的资金如果不流动，会产生哪些结果？资金在流动中有哪几种形态？

（二）酒店财务活动体现的经济关系

酒店在实现上述资金的循环运动中，体现了酒店与有关利益各方的经济关系。

（1）酒店与政府之间的经济关系。政府作为宏观经济的管理者，通过收缴各种税款的方式参与酒店收益的分配，从而与酒店形成的经济关系。

（2）酒店与投资者之间的经济关系。投资者向酒店提供资金，酒店向其投资者分配利润所形成的经济关系。

（3）酒店与债权人之间的经济关系。酒店在采购物品、食品、布件和能源材料等过程中会与有关单位发生款项结算关系，酒店负有按期还款的义务。也可能因业务资金需要与其他单位发生资金借贷关系，酒店负有定期支付本息、到期偿还本金的义务。

（4）酒店与债务人之间的经济关系。酒店提供给客人的是一种信用消费，无论是散客还是公司客，在享有酒店提供的各项产品和服务后即与酒店形成结算关系。酒店对赊销形成的应收款项要建立严格制度，防止坏账的发生。

（5）酒店内部各单位之间的经济关系。这是指酒店内部各单位之间在生产经营各环节中相互提供产品或劳务所形成的经济关系，如含早餐房价中客房部与餐饮部之间收入的结算。

（6）酒店与职工之间的关系。酒店在取得收入后，向员工支付工资、津贴和奖金、社会养老保险等过程中形成的经济利益关系。

课堂思考

假如你毕业后准备创业经营一家面包店，那么你将与哪些单位或个人发生何种财务关系？你将如何妥善协调好这些关系？

（三）酒店财务管理的内容

酒店财务管理的内容包括筹资、投资、运营和利润分配等，具体内容如表1–2所示。

表1–2　酒店财务管理的内容

名　称	具体内容
筹　资	企业筹集的资金分为权益资金和债务资金，前者包括实收资本、资本公积、盈余公积和未分配利润，后者包括流动负债和长期负债
投　资	企业投资包括对内投资和对外投资。对内投资是指购置流动资产、固定资产、无形资产等活动，对外投资是指投资购买其他企业的股票、债券或与其他企业联营等活动
运　营	企业在日常生产经营活动中发生的成本费用以及取得收入，通过生产加工，产品得以销售，销售资金被回收用于新购材料，只有足额的资金回收才能保证企业持续经营
利润分配	企业取得利润按国家规定予以分配：一是留在企业内部形成盈余公积和未分配利润成为企业的后备资金，二是分配给投资者而流出企业

课堂思考

酒店财务管理工作是一个系统工作过程，那么在酒店筹资、投资、营运、利润分配各项财务活动中，应该如何准确、合理地运用各种财务管理的方法，请你结合你所创业的面包房谈谈自己的看法。

（四）酒店财务管理的方法

酒店财务管理的方法是用来组织、指挥、监督和控制财务活动，正确处理财务关系，以完成财务管理任务的手段。酒店财务管理的方法主要有：财务预测、财务决策、财务预算、财务控制、财务分析等。

1. 财务预测

财务预测是根据财务管理的历史资料，考虑现实的要求和条件，对酒店未来的财务活动和财务成果进行科学的预计和测算的过程。进行财务预测的步骤包括：确定预测的目的和对象；收集和整理资料；确定计算的方法；确定最佳方案。

2. 财务决策

财务决策是现代经营管理决策的核心内容，是指企业业务人员按照财务目标的要求，利用专门方法对多个备选方案进行比较和分析，选出最佳方案的过程。酒店财务决策的中心内容是资金筹集与配置决策，这些决策的制定主要是依据财务预测时提出的各个方案。

3. 财务预算

财务预算是企业根据各种预测信息和各项财务决策，确立预算期内各种预算指标的过程；也是财务控制的依据。财务预算一般包括销售预算、成本费用预算、利润预算、现金预算、预计资产负债表等。编制财务预算一般包括四个步骤：一是进行财务预测；二是编制部门预算草案；三是在各部门的预算指标基础上编制酒店财务预算；四是期末由总经理召开预算会议，由总会计师（财务总监）宣布下一阶段财务预算草案的各项指标，经过充分讨论修订后，正式下达给各部门。

4. 财务控制

财务控制是以财务预算指标和各项定额为依据，对资金的收入、支出、占用、耗费等进行计算和审核，找出差异，采取措施，以保证预算指标的实现。财务控制的主要步骤：首先是制定控制标准，制定出成本费用定额和资金定额，实行定额管理，结合各项定额将财务预算指标分解落实到各部门、班组以至个人，作为控制的依据。其次是制定日常执行标准，对资金的收支、设备的占用等运用各种手段（如采用限额领料单、内部结算货币等）进行记录、计算，将标准与实际发生额进行对比，找出差异，对不符合标准的支出予以限制。最后寻找差异原因采取措施消除不利因素，以实现财务控制作用，保证预算指标的完成。

5. 财务分析

财务分析是以会计核算资料为主要依据，对酒店财务活动的过程和结果进行对比分析，对预算完成情况及财务状况做出评价，并提出改进措施。财务分析包括以下步骤：收集资料，掌握信息；指标对比，做出评析；分析原因，明确责任；提出措施，改进工作。

三、酒店会计与财务管理的关系

财务管理与会计是两个不同的概念。

（一）会计

1. 会计的定义

会计是以货币为计量单位，对一定单位的经济业务事项进行确认、计量、记录和报告，对企业的经济活动和财务收支进行核算监督，为会计信息使用者提供决策有用的信息，并参与经营管理决策的一种管理活动。

2. 会计要素及会计科目

由于会计对象千差万别，需要对会计对象按其具体内容的不同进行分类，这就是会计要素。会计要素可以分为资产、负债、所有者权益、收入、费用和利润。其中资产、负债、所有者权益三项会计要素反映企业的财务状况；收入、费用、利润三项会计要素反映企业的经营成果，如表 1–3 所示。

表1–3　会计要素的定义

名　称	定　义
资　产	指企业过去的交易或事项所形成的，由企业拥有或控制的，预期会给企业带来经济利益流入的资源
负　债	指企业过去的交易或事项所形成的，预期会导致经济利益流出企业的现时义务
所有者权益	指企业资产扣除负债后，由所有者享有的剩余权益
收　入	指企业在日常活动中形成的，会导致所有者权益增加，与所有者投入资本无关的经济利益的总流入
费　用	指企业在日常活动中形成的，会导致所有者权益减少的，与所有者分配利润无关的经济利益的总流出
利　润	指企业在一定会计期间的经营成果

会计是对企业经济活动中所有的收付及相关事项做账务处理，在处理业务的过程中，如接待宾客入住，宾客支付的可能是现金，也可能是支票，或者是签约客户先挂账后期结算。在进行账务处理时，必须针对各会计事项的性质与内容，以专有的名称作为记账的标志，这个名称就是会计科目。

结合宾客入住酒店时的业务，我们可以记录在如表 1–4 的会计科目中。

表1-4 会计科目所记录的经营业务内容

科目名称	记录内容
现金	宾客用现金支付房费
银行存款	宾客用支票或其他商业票据支付房费
应收账款	宾客是酒店的签约公司客户，按照双方的销售合同约定，定期结算款项
主营业务收入	酒店为宾客提供住宿服务所取得的经济利益流入

为了保证企业会计信息记录的准确性，这些会计科目必须按照国家《企业会计制度》的规定在账簿中记录和反映，如有增加的一经确定不得更改，否则同一会计科目表达的内容不同，会影响到会计报表的准确性与可比性。

3. 会计等式

会计等式是指各会计要素在总额上必须相等的一种关系。表现为“资产 = 负债 + 所有者权益”，该等式是会计记账、核算的基础，也是编制资产负债表的基础。它表明任何的资金来源由两个渠道组成：一个是负债，另一个就是所有者权益，即“资金运用 = 资金来源”。

企业经营期间需要计算利润，利润 = 收入 − 费用，这也是会计等式。当企业经营期间的收入大于费用为盈利，收入大于费用的部分为利润，反之为亏损。这个等式是编制利润表的基础。企业各年度形成的净利润经过利润分配后剩余的部分——未分配利润（或未弥补亏损）需并入所有者权益中予以反映。所以，上述会计等式可以变化为：

资产 = 负债 + [所有者权益 +（收入 − 费用）]

4. 会计报表

酒店在日常会计核算中，对发生的会计事项通过选择会计科目、填制会计凭证、登记相应的账簿等方式进行了全面系统的反映。但是这些会计记录非常分散，需要定期汇总。会计报表是根据日常会计资料定期编制的，综合反映酒店某一特定日期财务状况和某一全年期间经济成果，现金流量的总结性书面文件。

（二）酒店会计与财务管理的联系

会计与财务在企业经济业务活动中同时存在，但是两者有明显的不同。会计是用历史的观点，用会计语言把过去发生的经济业务真实、完整地记录下来，并最终形成资产负债表、利润表和现金流量表；财务管理则是根据会计所提供的信息以及其他有关的信息，进行面向未来的筹资决策、投资决策、运营管理和利润分配决策。会计是财务管理的基础，财务管理离不开会计。会计基础薄弱，财务管理必将缺乏坚实的基础，信息的准确性和及时性较差，财务预测、财务决策、财务计划和财务控制等将缺乏可靠的依据。所以在实际工作中，只有明确两者的分工，各司其职，充分发挥各自的功能，才能加强经济核算，提高企业经济效益（见图 1–2）。

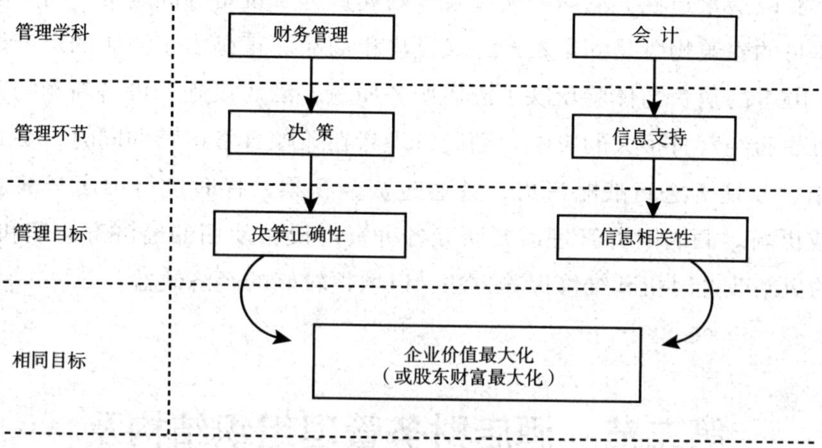

图1–2　财务管理与会计的关系

四、酒店财务管理的特点

（1）财务控制多样性。财务控制是酒店财务管理的基本职能，酒店销售收入控制是酒店内部财务管理的重要部分。由于销售收入控制环节中涉及岗位多，包括酒店服务员、收银员、房务中心、厨房、酒吧、前台、稽核员等多个岗位，要做好酒店收入控制，必须明确各岗位权限且协调统一，才能达到良好控制效果。同时，酒店空间广，人员流动性大，顾客类别不一，酒店顾客中有散客、团体客、住店客、非住店客之分，而且这些客人层次各异，加大了控制难度。酒店服务项目多，价格差异大，计价工作量大。仅酒店餐饮服务项目就包括食品、菜肴、酒水、饮料、香烟等上百个品种项目。酒店收费打折有不同的标准，包括各种折扣、免费应酬接待、住店奖励以及成人价、儿童价等多种价格形式，结账方式多样化。以上这些使酒店财务管理呈现多样性。

（2）现金流量季节性。消费者对酒店产品的需求具有很强的季节性。季节性特征主要受气候、学校假期、节日和传统旅游方式的影响。酒店产品需求的季节性导致了酒店现金流入和流出的季节性。在某些时期，酒店将会有大量的可用于投资理财的剩余资金；而在其他时期，酒店则为了支付应付款项不得不向银行借款。

（3）内部控制严密性。酒店属于与客人直接接触的服务行业，酒店员工的一举一动直接在客人的注视之下，直接影响着酒店的声誉和业务。为了在激烈的竞争中始终保持较高的服务质量和服务水准，酒店必须实行完善的内部控制。对酒店内部的错误行为，如果采取容忍态度，听之任之，将会贻害无穷。

（4）更新改造紧迫性。酒店的房屋及其附属设施、设备等固定资产与一般的商品不同，酒店本身的建筑物既是固定资产，又是出租商品。正是由于酒店的资产设备具有商品的特性，顾客的消费与体验反映了酒店服务质量，酒店设施、设备新颖与否、是否能正常运转对酒店经营有很大的影响。酒店管理者在兼顾日常运营的同时，要对未来的固定资产更新、改造等进行战略考虑，并通过资金积累，择时进行酒店全部或局部的装修、改造或更新。酒店财务管理需要研究各种资产设备使用的经济寿命期和管理方法，寻求最佳的更新改造时机和维修保养方法，以取得较好的经济效益。

第二节　酒店财务管理组织结构及财务人员职业素质

相关链接　搜索

酒店财务部机构设置

目前，酒店行业的财务机构设置一般根据不同的规模、等级和内部管理的需要而制定，没有固定一成不变的模式。北京陶然花园酒店财务部由四部分组成：会计核算、收银、采购和供应（库房），是直接由总经理领导的一个重要部门，这种财务部结构设置的优点有：

（1）可以建立相应的职能机构和组织体系，以协调管理人员的日常工作，有利于节约和调动人力、物力、财力；统一控制和调动、加速资金周转，保证会计核算工作顺利进行，充分发挥财务与会计的“反映和监督”职能。它使会计管理工作各个环节能环环相连，做到以经济主体运行的有序性来应对市场经济环境的非确定性。财务部设置成本总监，直属财务总监领导，对于整个酒店的成本控制、毛利率的调整、成本核算、合理库存量的调整等，起到决定性的作用。成本总监又管辖食品控制员，饮料、烟酒控制员，物料用品控制员，使他们各司其职、各负其责，形成层层把关，有利于酒店总成本的控制。

（2）仓库的采购、验收，由总会计师或财务总监主管，便于了解商业、市场行情，降低经营成本，防止滥用资金和积压物资等。

（3）餐厅和其他收银由财务部管理，收银员不直接同客户接触，通过服务员的媒介作用，避免在收银员、客人、服务员之间出现漏洞和差错，同时也便于相互监督，控制餐饮成本和营收。

（4）总出纳集中管理酒店资金的统收统支，保证了资金的安全和合理使用。

——资料来源：闫宏毅．酒店财务管理实务［M］．北京：电子工业出版社，2009.

酒店作为一个运营实体，需要建立完善的财务管理组织体系，确立各财务人员的岗位职责和工作规范、任职要求，以发挥在酒店经营管理中的计划、控制、监督及决策的职能作用。

一、酒店财务管理组织结构

（一）酒店组织结构

酒店作为公司制组织，为维护酒店经营的正常运转、实现企业价值的最大化，需要在其内部进行合理的分工与合作，明确不同层次的岗位以及人员的权利与职责，形成酒店内部目标、人员、岗位、职责、信息之间的相互协作、相互监督的关系，这就是酒店的组织结构。

我国酒店组织结构大多是按照客人在酒店内的活动类型设立的，按为客人提供服务的形式不同，分为直接为客人提供服务的部门，如前厅部、客房部、餐饮部、商场部、娱乐部；间接为客人提供服务的职能保障部门，如工程部、保安部、财务部、人事部等。其组织结构形式如图 1–3 所示。

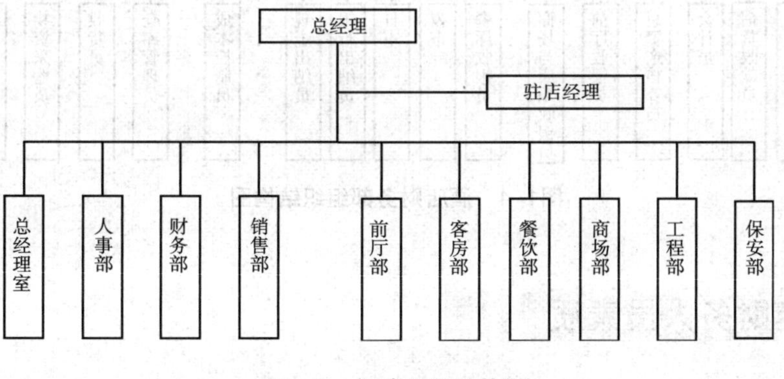

图1–3　酒店组织结构图

（二）酒店财务部组织结构、岗位设置

酒店财务部一般由会计部和成本控制部组成，负责酒店日常收支管理和成本控制工作。酒店财务部依据我国《会计法》《企业会计准则》《企业会计制度》以及国家相关的法律法规和酒店实际经营情况，设置会计科目、组织会计核算、实行会计监督并进行财务筹划、组织财务运转和进行财务分析。

酒店财务部在前厅和餐饮部以及其他业务部门设置收银点，收集并统计每天的营业收入。为确保营业收入的准确性，财务部设置专人进行日审和夜审；同时根据收付款业务需要设置总出纳，对酒店每天的现金收支进行管理，并定期检查各部门的备用金；设置应付账款处，对酒店物资采购的账簿进行登记，对账款支付进行管理；设置总账处对酒店费用的发生进行记录与分析，对固定资产的购置、使用及报废全过程进行管理；设置工资处对酒店所有员工的工资、福利、津贴、奖金以及扣款、个人所得税等进行核算与管理；设置信贷收款处对酒店的债权进行管理，对债务人的信用进行分析，及时催收酒店账款；设置成本控制处，对酒店餐饮成本及商品成本消耗进行监督控制，及时编制成本报告，进行成本分析；设置收货处；对酒店购入存货进行验收、发出存货进行登记，并保障存货储存条件的适宜。其组织结构如图 1–4 所示。

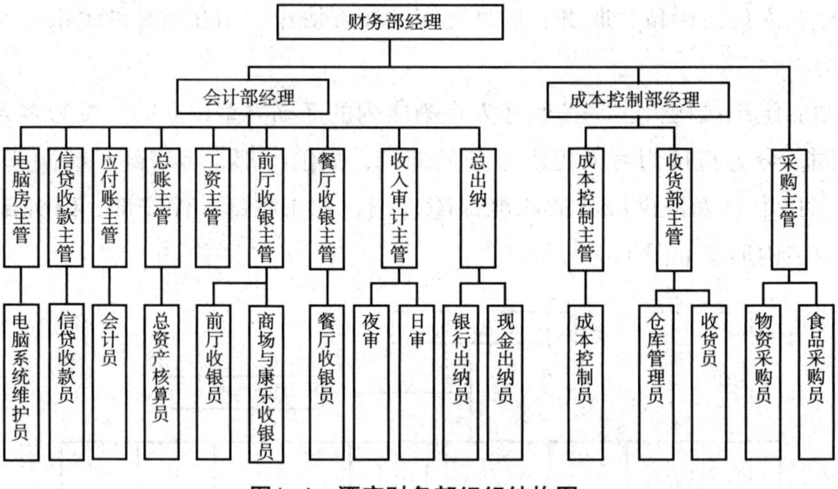

图1–4　酒店财务部组织结构图

二、酒店财务人员素质

财务人员素质是指财务管理工作中财务人员必备的文化、职业素养。

（一）文化素质

（1）专业知识及相关知识。酒店财务人员要有财会基础理论知识和其他相关专业理论知识，包括会计核算及监督知识，财务管理知识，审计、金融及法律知识，计算机及外语能力等；并能随着社会经济的发展，及时接受和掌握新知识，研究新问题，不断学习和运用新知识指导酒店财务工作，具备终身学习能力。

（2）职业判断能力。酒店财务人员能依据现行法律、法规及其他有关政策和信息，对酒店所发生的经济业务、面临的风险等做出正确的估计，以判断其对财务决策的影响。

（3）财务信息加工能力。酒店财务人员能用现代化技术手段，采用科学的分析方法，对酒店财务信息进行加工、整理，提供可供决策的财务信息。

（4）预测决策能力。酒店财务人员能对酒店未来财务发展进行合理预算、对财务风险进行有效预测与控制、对酒店资金运转过程及筹资方案进行科学的分析，并对酒店经营过程进行决策。

（5）表达能力。酒店财务人员必须具备良好的口头表达能力和文字表达能力，能清晰、准确、简洁、流利地解释会计政策、法规和其他有关问题，思路清楚，逻辑性强；能熟练而准确地起草规范化的工作文件，有一定的理论水平和写作能力。

（6）人际交往能力。酒店财务人员要把原则的坚定性和方法的灵活性结合起来，努力协调相关部门及人员的利益关系，减少工作阻力。

（7）开拓创新能力。酒店财务人员要有创新意识，使财会工作既能适应社会的发展、国家法律法规的变化，以及酒店经营策略的改进，又能有利于促进酒店改善管理，提高经济效益。

（二）职业素质

酒店财务人员应具备以下职业素质：

（1）遵纪守法。遵守国家宪法、法律和各项法规，遵守《会计法》和国家统一的会计制度及其他有关财经制度。

（2）客观公正，诚实可信。实事求是，如实反映情况，敢讲真话，不弄虚作假，办事公道，诚实不欺；坚持原则，恪守信用，不徇私情。

（3）廉洁自律。在工作和生活中重情操，讲廉洁，不损公肥私、损人利己。

（4）敬业爱岗。对工作认真负责，热爱和精通本职工作，努力钻研业务，勇于承担责任。

（5）团结协作。谦逊、礼貌、宽容，善于与人相处，能与人有效合作，促使财务部内部形成高度的凝聚力。

（6）保守商业秘密。未经授权或根据法律、法规规定，不得泄露工作中的秘密。

课堂思考

请分析财务组织机构设置及人员素质要求，考虑你未来将要从事哪些方面的财务工作，你现在是否已经具备了这些方面的素质？如果不足，你计划如何实现自己的职业目标？

第三节　酒店财务管理制度

酒店财务管理制度，是规范酒店财务行为、协调酒店同各方面财务关系的法定文件。

一、酒店财务管理制度

酒店在经营管理中首先要严格遵守国家规定的各种财经法规，这些法规从制定者、制定内容的不同分为三个层次。

（1）企业财务通则。企业财务通则是我国整个企业财务制度中基本的法规，是企业从事财务活动必须遵守的基本原则和规范。它在财务制度体系中起着主导作用，是制定行业财务制度和企业内部财务管理制度的依据。我国 1992 年 11 月颁布了第一部《企业财务通则》，随着我国加入世界贸易组织以及国内经济形势变化的需要，财政部对《企业财务通则》进行了修订并于 2007 年 1 月 1 日正式实施。修订后的《企业财务通则》有利于企业明晰产权，建立和完善治理结构，通过强化企业财务管理中财务战略、资金筹集、资产运营、成本控制、收益分配、重组清算和信息管理的作用来适应现代企业财务制度发展的需要。

（2）旅游饮食服务企业财务制度。行业企业财务制度是在《企业财务通则》的基础上，根据各个行业的不同特点制定的适合行业内各企业的一般财务制度。在中国境内的各类旅游饭店，均应遵守《旅游饮食服务企业财务制度》。2000 年国家财政部颁发了新的《企业会计制度》，取消了原有的行业企业财务制度。

（3）酒店内部财务管理制度。酒店可按照《企业财务通则》和《企业会计制度》的规定，结合酒店自身经营管理的实际情况与具体特点制定内部财务管理办法，以规范酒店内部财务行为、处理酒店内部财务关系。

二、酒店内部财务管理制度

酒店内部财务管理制度，主要是规定酒店内部各项财务活动的运行方式、运行程序、运行要求，确定酒店内部各部门、各岗位之间的财务关系。一般酒店的财务管理制度所包括的内容如表 1–5 所示。

表1–5　酒店内部财务管理制度的内容

制度类别	具体制度名称
资金管理制度	收银工作管理制度、外币兑换管理制度、夜审管理制度、货币资金管理制度、零星费用报销管理制度、资金使用管理制度、资金支付审批管理制度
资产管理制度	固定资产管理制度、存货管理制度、应收账款管理制度、物料消耗定额管理制度、低值易耗品管理制度
物资采购管理制度	采购申请制度、收货验收管理制度、计量管理制度、仓库安全管理制度
预算管理制度	预算编制制度、预算控制制度、预算调整制度
会计核算制度	会计核算制度、物价管理制度、收入核算制度、成本核算制度
信息化管理制度	会计电算化系统管理制度、电脑操作管理制度、电脑房安全管理制度
票证合同档案管理制度	发票、支票管理制度、有价证券管理制度、经济合同管理制度、会计档案保管制度
经济分析、报告制度	信息披露制度、财务报告、分析制度
日常管理制度	纳税申报制度、对外担保管理制度、经营风险防范控制制度、会计人员业务培训及晋升制度、财务部例会工作制度

? 复习与思考

一、名词解释

财务管理　财务管理关系　资金运动　财务活动　财务管理方法

组织结构　岗位职责

二、简答题

1. 什么是资金运动？请举例说明资金在酒店筹建、开业、正式营运、利润分配过程中的运动。

2. 比较财务管理与会计的区别与联系。请举例说明会计是如何为酒店财务管理决策提供信息支持的。

3. 酒店财务管理的内容是什么？财务管理的内容是依靠哪些财务管理方法实现的？

4. 一名合格的酒店财务管理工作人员应具备哪些素质？

5. 什么是组织机构？如何设置酒店财务部组织机构？如何划分财务部内部各岗位？针对各岗位应建立哪些工作职责？

6. 酒店财务管理制度包含哪些内容？

三、单项选择题

1. 酒店拥有较多的货币资金、较少的储备资金和较少的固定资金时，你认为此刻酒店处于哪个阶段？（ ）

A. 正常经营阶段　B. 筹建阶段　C. 破产清算阶段　D. 试营业阶段

2. 酒店财务部与市场销售部通过与应收账款客户进行多次沟通，追讨回已欠的账款 6000 元，这体现的是何种经济关系？（ ）

A. 酒店与债权人的经济关系　B. 酒店与投资者之间的经济关系

C. 酒店与债务人之间的经济关系　D. 酒店与职工之间的经济关系

四、多项选择题

1. 下列属于酒店财务管理内容的是（ ）。

A. 筹资活动　B. 投资活动　C. 股利分配　D. 财务控制

2. 以下哪些不属于酒店的资金管理制度？（ ）

A. 零用金报销制度　B. 采购制度

C. 会计核算制度　D. 发票管理制度

3. 酒店财务管理有其自身的特点，具体表现在（ ）。

A. 财务控制多样性　B. 现金流量季节性

C. 内部控制严密性　D. 更新改造紧迫性

五、案例分析

“张妈妈”净菜社倒闭根源追踪

张妈妈曾是某市服装厂一名女工，下岗后，她自强不息，带领4个人，借款5万元，于20×× 年 ×× 月 ×× 日创办了“张妈妈”净菜社。

净菜社起家的时候资金有限，设备简陋，但是经过媒体报道，其创业经历得到社会的关注。不到一年，就得到社会扶持资金达百万元，前来洽谈合作的机构也络绎不绝。此时，张妈妈认为除了做大蛋糕外，净菜社几乎没有别的选择。于是净菜社机构迅速膨胀，员工从4人增加到六七十人，再进一步发展到100多人，张妈妈还成立了董事会自任董事长，并在净菜社建立了财务部、统计部、生产部、办公室、运货部、仓库部、采购部等部门，仅办公室就有5名成员。但是，净菜社经营状况并不理想，自开业以来，每月营业额不过十几万元，一直亏损，一个月最少的也要亏损4000元。开业以来，已经负债100多万元。在这种情况下，员工不断流失，20×× 年净菜社的员工从100多人锐减到4人。当年8月，张妈妈的净菜社因欠房屋租金，被迫关门，昔日熙熙攘攘的“张妈妈”净菜社已是人去楼空。

在“张妈妈”净菜社倒闭前，一家会计师事务所主动提出为净菜社做账务核账。他发现，社里的财务票据非常详细规范，但是纷繁复杂，找不出几个有用的数据。更重要的是，收支计算缺少财务概念，成本划分不清，利润计算不准确。如没有将工人的工资支出算为成本，没有将场地租金计入成本，造成虚盈实亏，做得越大亏得越多，作为企业经营者张妈妈却不懂得这个道理。在企业困难时期，张妈妈不懂得如何理财，不知道钱拿来后怎样进行资金运作，使它保值、增值。

根据以上案例回答如下问题：

1. 你从中获得了哪些启发？

2. 如何计算利润？请分析是否利润越高，说明企业可用于支付的现金就越多。

3. 本案例中张妈妈从创业时的5万元资金起步，到得到社会100多万元捐助资金，你认为应该如何运作这部分资金才能避免发生企业倒闭的风险？

推荐阅读

1. 马元兴 . 财务管理实务［M］. 4 版 . 北京：高等教育出版社，2019.

2. 刘会生 . 关于酒店财务管理工作中的内部控制问题研究［J］. 财经界，2019（28）：175.

3. 马文飞 . 财务管理综合：企业财务思维与财务决策［J]. 财务管理研究，2022（7）：131－134.

第二章 酒店财务管理的价值观念

货币的时间价值就是指货币随着时间的推移而形成的增值，企业在不同时点持有或投放资金将对决策产生影响。同时，企业在决策中面临风险与报酬的权衡。本章通过对酒店财务管理的两个价值观念——货币时间价值和风险价值的介绍，使读者熟悉并掌握单利、复利、年金三者的现值和终值的计算以及风险报酬的计算，使企业能充分利用现有的资金获得时间增值收益和风险报酬。

学习目标

知识目标

1. 熟悉酒店财务管理的两个价值观念——货币时间价值和风险价值。
2. 了解永续年金、递延年金的计算。
3. 了解风险、风险报酬的概念。

能力目标

1. 掌握复利终值和现值、普通年金终值和现值的概念和计算方法。
2. 掌握货币时间价值在酒店不同决策方案中的运用。
3. 掌握投资风险价值的计算方法。

案例

S 旅游企业的债务偿还

2019 年年初，S 旅游企业计划从银行贷款 1000 万元，贷款的年利率为 10%，贷款期限为 10 年；银行提出以下四种还款方式。

第一种方案，每年支付利息，债务到期后一次付清本金；

第二种方案，本金和利息债务到期后一次付清；

第三种方案，每年等额偿还债务本息；

第四种方案，前五年不支付任何本息，后五年开始每年等额偿还债务本息。

案例分析

请结合上述案例，思考如下问题：

1. 什么是利息？贷款时间越长利息率将发生哪些变化？

2. 采用单利计息和复利计息计算债务到期应支付的金额，哪个金额大？

3. 如果你是该旅游企业的总经理，你将选择何种还款方式？为什么？

酒店财务管理的两个基本概念：一是货币的时间价值，二是货币的风险价值。酒店占用一元的资金就要发挥一元资金的效果，占用一天的资金就要发挥一天资金的效果。货币的时间价值就是指货币随着时间的推移而形成的增值，计算货币的时间价值就是要把它作为一个重要的经济杠杆，要求酒店不能白白占用资金而不发挥效益。财务管理活动除了对货币时间价值的关注外，还要对风险因素的关注。通过学会研究风险、计量风险并设法控制风险，以求最大限度地扩大企业财富。

第一节　货币的时间价值

货币的时间价值是指一定量的资金在不同时点上的价值量的变化。在市场经济条件下，即使不存在通货膨胀，资金所有者由于让渡资金的使用权，必然会要求在未来时间参与社会财富的分配，从而使得货币的时间价值量也会发生相应的变化。

一、货币时间价值的几个基本概念

货币时间价值又称为资金时间价值，是指资金在周转使用中由于时间因素而形成的增值现象。货币具有时间价值，是利息和时间共同作用的结果。

（一）单利和复利

单利和复利是计算利息的两种不同方法。单利是指计算利息时，只按本金及规定的利息率计算利息，每期的利息不再计入本金内重复计算利息。复利是指计算利息时，每经过一个计算期，将利息计入本金中一并计算利息的方法，即通常所说的“利滚利”。

（二）终值和现值

货币时间价值有两种表示方法：现值和终值。终值是指资金的未来价值，即一定量的资金在将来某一时点的价值，又称为本利和、将来值。现值是指资金的现在价值，即将来某一时点的一定资金折合成现在的价值。现值与终值在计算上互为逆运算，如图2–1 所示。

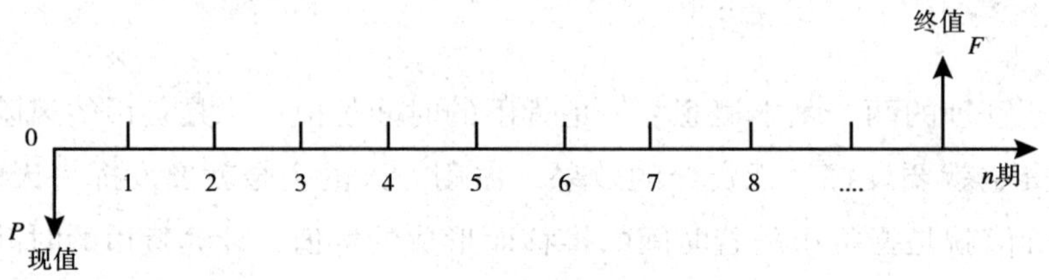

图2–1　现值与终值

（三）年金

年金是在一定时期内每隔相等时间，发生相等数额的收付款项。在经济生活中，年金的现象十分普遍，如酒店等额分期支付购货款、出租闲置房分期收取的租金、每月支付相等的薪金、其他等额收支的现金流量等。

二、货币时间价值的计算方法

货币按资金收付在不同时点上的特点，在计算上有单利的现值和终值、复利的现值和终值、年金的现值和终值不同的计算方法。

（一）单利的终值和现值

1. 单利的利息计算

利息 = 本金 × 利率 × 持有时间

用公式表示为：

$$I=P\cdot i\cdot n$$

式中：I 为利息；P 为本金，又称为现值；i 为年利率，n 为持有时间，一般以年为单位，在计算时应与利率相匹配。

例 2–1　某酒店存入银行周转的资金 10 万元，年利率为 6%，问 2 年后的利息是多少？

$$I=P\cdot i\cdot n=100000\times 6\%\times 2=12000\text{（元）}$$

假定持有了两个月，则利息为：

$$I=P\cdot i\cdot n=100000\times(6\%\div 12)\times 2=1000\text{（元）}$$

从上述计算可以看出，利率要与持有的时间相匹配，计算结果才正确。

2. 单利的终值

单利终值是本金和利息之和。其计算式为：单利终值 = 本金 + 利息

用公式表示为：

$$F=P+I=P+P\cdot i\cdot n=P\cdot(1+i\cdot n)$$

式中：F 为终值，又称为本利和。

例 2–2　某酒店存入银行周转资金 10 万元，年利率为 6%，按单利计息，问 2 年后的本利和是多少？

$$F=P+I=100000+12000=112000\text{（元）}$$

或者是

$$F=P\cdot(1+i\cdot n)=100000\times(1+6\%\times 2)=112000\text{（元）}$$

3. 单利的现值

单利的现值是未来某一时点上的价值折合到现在的价值，其计算式为：

单利现值 = 单利终值 - 利息

用公式表示为：

$$P=F-I=\frac{F}{1+i\cdot n}$$

例 2–3 某酒店计划2年后获得112000元，年利率为6%，问饭店现在应存入银行多少钱？

$$P=F-I=112000-12000=100000\text{（元）}$$

或者是

$$P=\frac{112000}{1+6\%\times 2}=100000\text{（元）}$$

例 2–4 李先生打算在每年年初存入银行一笔相等的资金以备第三年年末使用。假定存款年利率为 3%，单利计息，李先生第三年年末需用的资金总额为 31800 元，则每年年初需存入的资金额是多少？

假定每年年初存入的资金额为 Y 元，则

第一年年初存入的资金到期利息 $=Y\times 3\%\times 3$

第二年年初存入的资金到期利息 $=Y\times 3\%\times 2$

第三年年初存入的资金到期利息 $=Y\times 3\%\times 1$

已知三年的本利和为 31800 元，则

$$F=P+I$$
$$31800=3\times Y+（Y\times 3\%\times 3）+（Y\times 3\%\times 2）+Y\times 3\%\times 1$$

解得 $Y=10000$（元）

相关链接 搜索

中国人民银行关于人民币存贷款计结息问题的通知

中国人民银行文件银发〔2005〕129 号

一、人民银行对金融机构的存款计、结息规定

1. 金融机构的法定准备金存款和超额准备金存款按日计息，按季结息，计息期间遇利率调

整分段计息，每季度末月的 20 日为结息日。

2. 邮政汇兑资金在人民银行贷方余额执行超额准备金利率，按日计息，按季结息，计息期间遇利率调整分段计息，每季度末月的 20 日为结息日。

二、金融机构存款的计、结息规定

个人活期存款按季结息，按结息日挂牌活期利率计息，每季末月的 20 日为结息日，未到结息日清户时，按清户日挂牌公告的活期利率计息到清户前一日止。

单位活期存款按日计息，按季结息，计息期间遇利率调整分段计息，每季度末月的 20 日为结息日。

三、存贷款利率换算和计息公式

1. 人民币业务的利率换算公式为：

日利率（‱）= 年利率（%）÷360

月利率（‰）= 年利率（%）÷12

2. 银行可采用积数计息法和逐笔计息法计算利息。

3. 积数计息法按实际天数每日累计账户余额，以累计积数乘以日利率计算利息。计息公式为：

利息 = 累计计息积数 × 日利率

其中，累计计息积数 = 每日余额合计数

4. 逐笔计息法按预先确定的计息公式逐笔计算利息。

计息期为整年（月）的，计息公式为：

利息 = 本金 × 年（月）数 × 年（月）利率

计息期有整年（月）又有零头天数的，计息公式为：

利息 = 本金 × 年（月）数 × 年（月）利率 + 本金 × 零头天数 × 日利率

同时，银行可选择将计息期全部化为实际天数计算利息，即每年为 365 天（闰年 366 天），每月为当月公历实际天数，计息公式为：

利息 = 本金 × 实际天数 × 日利率

——资料来源：http://www.pbc.gov.cn/tiaofasi/144941/3581332/3583282/2018072314203091149.pdf.

（二）复利的终值和现值

1. 复利终值的计算

复利终值是本金和利息之和，其中利息还需计算利息，因此按复利计息方式计算的终值要大于按单利计算的终值。其计算公式为：

$$F=P\cdot(1+i)^n$$

式中：$(1+i)^n$ 被称为复利终值系数，或利率为 i，期限为 n 的 1 元复利终值，用符号

（*F/P*，*i*，*n*）表示。例如，（*F/P*，6%，2）表示利率为 6%、2 年期的复利终值系数。通过查复利终值表（表 2–1），复利终值系数为 1.124。

表2–1　复利终值系数表

期数 n ＼ 贴现率 i	6%	7%	8%	9%	10%
1	1.060	1.070	1.080	1.090	1.100
2	1.124	1.145	1.166	1.188	1.210
3	1.191	1.225	1.260	1.295	1.331
4	1.262	1.311	1.360	1.412	1.464
5	1.338	1.403	1.469	1.539	1.611
6	1.419	1.501	1.587	1.667	1.772
7	1.504	1.606	1.714	1.828	1.949
8	1.594	1.718	1.851	1.993	2.144
9	1.689	1.838	1.999	2.172	2.385
10	1.791	1.967	2.159	2.367	2.594

例 2–5　某酒店存入银行周转资金 10 万元，年利率为 6%，按复利计息，问 2 年后的本利和是多少？

$$F=P\cdot(1+i)^n=100000\times(1+6\%)^2=100000\times1.124=112400\text{（元）}$$

其中 1.124 是通过查询复利终值系数表得来的。在系数表中，纵向为利率，横向为期数，两者的交叉点即为查找的系数。

此题可以复利终值计算示意图表示（见图 2–2）。

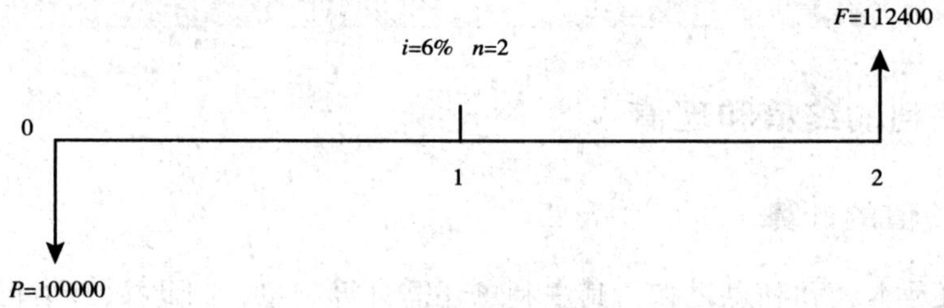

图2–2　复利终值计算示意图

2. 复利的现值计算

复利终值是未来某个时点的资金价值折合到现在的价值，其计算公式为：

$$P=\frac{F}{(1+i)^n}=F(1+i)^{-n}$$

式中：$(1+i)^{-n}$ 是把终值折算为现值的系数，被称为复利现值系数，或利率为 i，期限为 n 的 1 元的复利现值，用符号（P/F，i，n）来表示。例如（P/F，10%，5），表示利率为 10%、5 年期的复利现值系数。计算时可查复利现值表（表 2–2），其用法与复利终值系数表相同。

表2–2　复利现值系数表

期数 n \ 贴现率 i	6%	7%	8%	9%	10%
1	0.943	0.935	0.926	0.917	0.909
2	0.890	0.873	0.857	0.842	0.826
3	0.840	0.816	0.794	0.772	0.751
4	0.792	0.763	0.735	0.708	0.683
5	0.747	0.713	0.681	0.650	0.621
6	0.705	0.666	0.630	0.596	0.564
7	0.665	0.623	0.583	0.547	0.513
8	0.627	0.582	0.540	0.502	0.467
9	0.592	0.544	0.500	0.460	0.424
10	0.558	0.508	0.463	0.422	0.386

例 2–6　酒店期望 5 年后获得资金 200000 元，用于改造餐厅，假定利率为 10%，问酒店现在应投入多少资金？

$$P=\frac{200000}{(1+10\%)^5}=200000\times0.621=124200\text{（元）}$$

此题可用复利现值计算示意图表示（见图 2–3）。

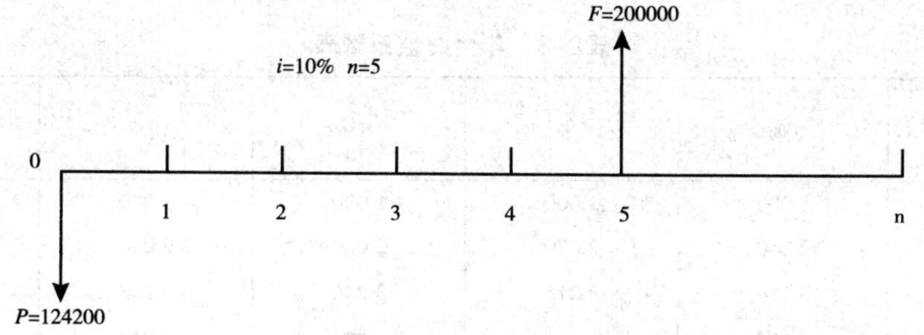

图2–3　复利现值计算示意图

课堂思考

某人采用分期付款方式购买一套房子，贷款共计为50万元，在10年内等额偿还，年利率为6%，按复利计息，计算每年应偿还的金额为多少？

（三）年金的终值和现值

年金是在一定时期内每隔相等时间、发生相等数额的收付款项。用字母表示为A（英文单词为annuity）。在经济生活中，年金的现象十分普遍，如房屋按揭贷款采用等额（本息）还款、按季支付设备维护费等。年金的发生按时间的不同分为普通年金和预付年金。

1. 普通年金的终值和现值

普通年金也叫期末年金或后付年金，是指每期期末支出或收入的年金。

（1）普通年金终值的计算。普通年金终值是指其最后一次支付时的本利和，它是每次支付的复利终值的求和。计算公式如下：

$$F=A\cdot\left(\frac{(1+i)^n-1}{i}\right)$$

式中：$\left(\frac{(1+i)^n-1}{i}\right)$为年金终值系数，如利率为$i$，期限为$n$的1元的年金终值，用符号（$F/A$，$i$，$n$）来表示，在计算时，可通过查年金终值系数表（表2-3）。简化计算公式为$F=A\cdot(F/A, i, n)$。

表2-3　年金终值系数表

期数 n ＼ 贴现率 i	6%	7%	8%	9%	10%
1	1.000	1.000	1.000	1.000	1.000
2	2.060	2.070	2.080	2.090	2.100
3	3.184	3.215	3.246	3.278	3.310
4	4.375	4.440	4.506	4.573	4.641

续表

期数 n \ 贴现率 i	6%	7%	8%	9%	10%
5	5.637	5.751	5.867	5.985	6.105
6	6.975	7.153	7.336	7.523	7.716
7	8.394	8.654	8.923	9.200	9.487
8	9.897	10.260	10.637	11.028	11.436
9	11.491	11.978	12.488	13.021	13.579
10	13.181	13.816	14.487	15.193	15.937

例 2–7　酒店客房改造项目计划在 5 年建设期内每年年末向银行借款 100 万元，借款年利率为 10%，问项目改造完成时酒店应付本利和是多少？

$$F=100\times(F/A,\ 10\%,\ 5)=100\times 6.105=610.50\text{（万元）}$$

此题可以年金终值计算示意图表示（见图 2–4）。

偿债基金是指为使年金终值达到既定金额应支付的年金数额，它是普通年金的倒数。计算公式为：

$$A=F\cdot\left(\frac{i}{(1+i)^n-1}\right)$$

式中：$\left(\frac{i}{(1+i)^n-1}\right)$为偿债基金系数，记为（$A/F$，$i$，$n$）。

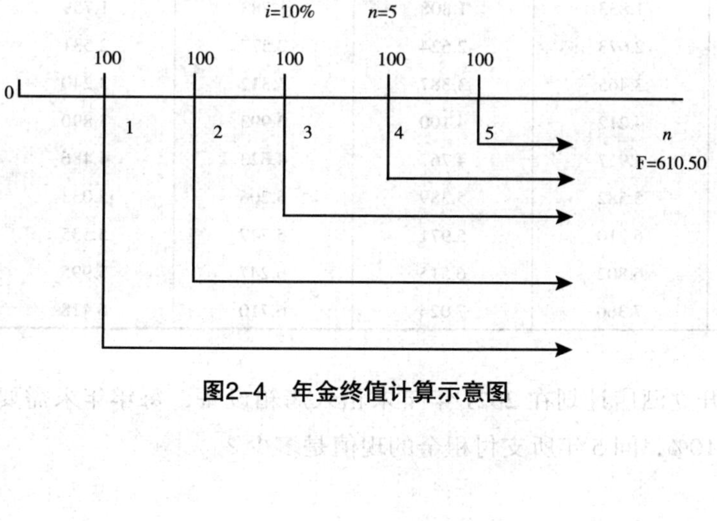

图2–4　年金终值计算示意图

例 2-8 开立酒店有一笔 4 年后到期的借款，数额为 1000 万元，为此设立偿债基金，年利率为 10%，到期一次还清借款，问每年年末应存入的金额是多少？

$$A=1000\times\left(\frac{10\%}{(1+10\%)^{4}-1}\right)=1000\times0.21547=215.47\text{（万元）}$$

或

$$A=1000\times\left(\frac{1}{(F/A,10\%,4)}\right)=1000\times(1\div4.641)=215.47\text{（万元）}$$

（2）普通年金现值的计算。普通年金现值是指为在每期期末取得相等金额的款项而现在需要投入的金额。计算公式为：

$$P=A\cdot\left(\frac{1-(1+i)^{-n}}{i}\right)$$

式中：$\frac{1-(1+i)^{-n}}{i}$为年金现值系数，可以用（P/A，i，n）表示，即上述公式可简化为 $P=A\cdot$（P/A，i，n）。在计算时，可查年金现值系数表（表 2-4）求得。

表2-4　年金现值系数表

期数 n \ 贴现率 i	6%	7%	8%	9%	10%
1	0.943	0.935	0.926	0.917	0.909
2	1.833	1.808	1.783	1.759	1.736
3	2.673	2.624	2.577	2.531	2.487
4	3.465	3.387	3.312	3.240	3.170
5	4.212	4.100	3.993	3.890	3.791
6	4.917	4.767	4.623	4.486	4.355
7	5.582	5.389	5.206	5.033	4.868
8	6.210	5.971	5.747	5.535	5.335
9	6.802	6.515	6.247	5.995	5.759
10	7.360	7.024	6.710	6.418	6.145

例 2-9 开立酒店计划在 2021 年年末租入烤箱设备，每年年末需要支付租金 5000 元，年利率为 10%，问 5 年所支付租金的现值是多少？

$$P=5000\times\frac{1-(1+10\%)^{-5}}{10\%}=5000\times3.791=18955\text{（元）}$$

或

$$P=5000\times(P/A,\ 10\%,\ 5)=5000\times3.791=18955\text{（元）}$$

此题可以年金现值计算示意图表示（见图 2-5）。

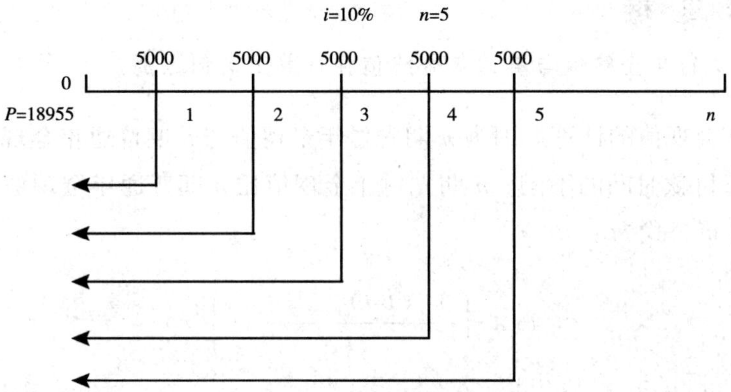

图2-5　年金现值计算示意图

2. 先付年金的终值与现值

先付年金是指在一定时期内，各期期初等额的系列收付款项。先付年金与普通年金的区别仅仅是付款时间的不同，前者是在每期期初，后者则在每期期末。

（1）先付年金的终值的计算。由于 n 期先付年金与 n 期普通年金的付款次数相同，但付款时间不同，所以，n 期先付年金终值比 n 期普通年金终值要多计算一期利息。其计算公式为：

$$F=A\cdot\left(\frac{(1+i)^{n+1}-1}{i}-1\right)$$

先付年金终值计算公式是由

$$F=A\cdot\frac{(1+i)^{n}-1}{i}\cdot(1+i)$$

推导得出的。

例 2–10　某人每年年初支付保险公司 5000 元保险费，连续支付 5 年，假定保险公司的投资报酬率为 8%，问此人在第 5 年年末可得多少款项？

$$F=A\cdot[(F/A,\ i,\ n+1)-1]$$
$$F=5000\times[(F/A,\ 8\%,\ 5+1)-1]=5000\times[(F/A,\ 8\%,\ 6)-1]$$
$$=5000\times(7.336-1)=31680（元）$$

课堂思考

比较先付年金终值与普通年金终值在计算上有何区别？

（2）先付年金现值的计算。因为 n 期先付年金现值与 n 期普通年金现值的付款次数相同，但是由于付款时间的不同，n 期先付年金现值比 n 期普通年金现值少计算一期利息，所以，其计算公式为：

$$P=A\cdot\left(\frac{1-(1+i)^{-(n-1)}}{i}+1\right)$$

先付年金现值的计算公式是由

$$P=A\cdot\frac{1-(1+i)^{-n}}{i}\cdot(1+i)$$

推导得出的。

与普通年金现值系数相比，期数要减去 1，但是系数要加 1，可记为 $P=A\cdot[(P/A,i,n-1)+1]$。

例 2–11　乙公司拟向甲公司购置一处房产，用于改建成酒店式公寓，甲公司提出付款方案为：每年年初支付 30 万元，连续支付 5 次，共 150 万元，假设乙公司的资金成本率（最低报酬率）为 8%，则乙公司现在购买此处房产应支付多少款项？

$$P=30\times[(P/A,\ 8\%,\ 5-1)+1]$$
$$=30\times(3.312+1)\approx 129.36（万元）$$

此题可以先付年金现值计算示意图表示（见图 2–6）。

3. 递延年金

递延年金又称延期年金，是指在若干期以后收到或支付在每期期末的年金，它是普通年金的一种特殊形式，如图 2–7 所示。

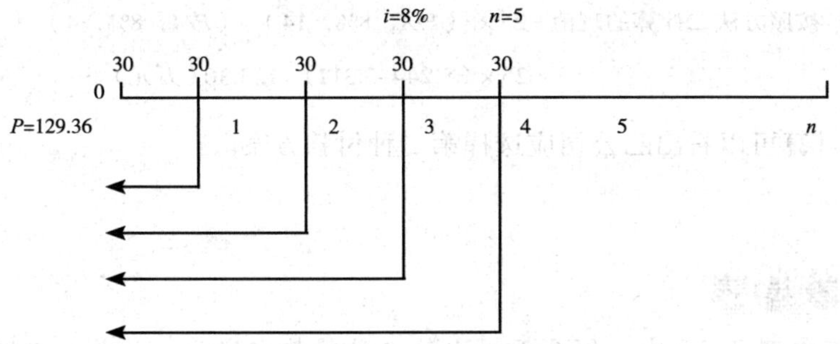

图2–6　先付年金现值计算示意图

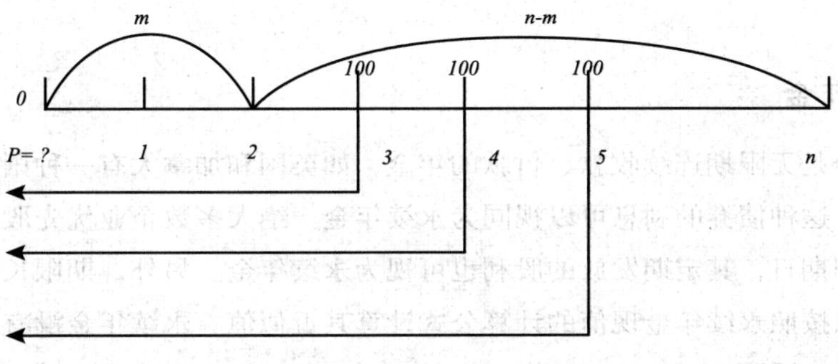

图2–7　递延年金终值计算示意图

递延年金的计算方法有两种：

第一种方法是先将（$n-m$）期的年金按普通年金求现值方法折算到递延期末 m 的现值，再按复利现值的计算方法将其再折算到最初（0）这一时间点。即

$$P=A\cdot(P/A,\ i,\ n-m)\times(P/F,\ i,\ m)$$

第二种方法是假设递延期（m）中有发生支付，这 n 期的各期支付成为一个普通年金。先求出（n）期的年金现值，然后再减去并未支付的递延期（m）的年金现值，即

$$P=A\cdot[(P/A,\ i,\ n)-(P/A,\ i,\ m)]$$

例 2–12　接例 2–11，假定甲公司提出第二种付款方案为：从第 5 年开始，每年年末支付 25 万元，连续支付 10 次，共 250 万元。假设乙公司的资金成本率（最低报酬率）为 8%，则乙公司现在购买此处房产应支付多少款项？

按照方法一计算的现值 $=25\times(P/A,\ 8\%,\ 14-4)\times(P/F,\ 8\%,\ 4)$

$=25\times6.7101\times0.7350\approx123.30$（万元）

按照方法二计算的现值 =25×[（P/A，8%，14）-（P/A，8%，4）]

=25×（8.244-3.312）=123.30（万元）

通过以上计算可以看出乙公司应选择第二种付款方案。

课堂思考

假定在例 2-12 中，甲公司提出第二种付款方案为：从第 6 年开始，每年年末支付 25 万元，连续支付 10 次，共 250 万元。其他条件不变，问乙公司将选择哪个方案？

4. 永续年金

永续年金是无限期连续收款、付款的年金，如英国和加拿大有一种国债就是没有到期日的债券，这种债券的利息可以视同为永续年金。绝大多数企业优先股因为有固定的股利而又无到期日，其定期发放的股利也可视为永续年金。另外，期限长、利率高的年金现值，可以按照永续年金现值的计算公式计算其近似值。永续年金没有终值，只计算现值，如图 2-8 所示。

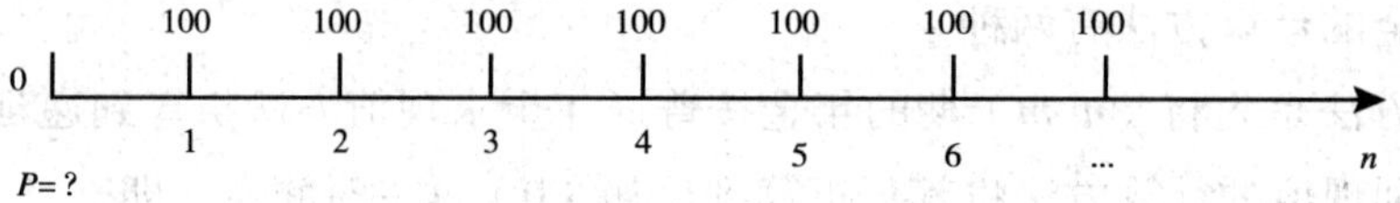

图2-8　永续年金现值计算示意图

永续年金计算公式为：

$$P=A\cdot\frac{1}{i}$$

例 2-13　某酒店拟设立永久性的高质量服务奖，奖励当年为饭店发展做出特殊贡献的员工，计划每年颁发资金 100000 元，假定同期银行利率为 5%，问酒店应在年初一次性存入多少钱？

根据公式：

$$P=10\times\frac{1}{5\%}=200\text{（万元）}$$

酒店应于年初一次性存入 200 万元。

相关链接　搜索

资金时间价值系数之间关系总结

互为倒数关系	和的关系	期数、系数变动关系
复利终值系数与复利现值系数	利率不变，同期复利现值系数之和等于相同期间的年金现值系数	预付年金终值系数与普通年金终值系数：期数＋1，系数－1
偿债基金系数与普通年金终值系数	利率不变，同期复利终值系数之和等于相同期间的年金终值系数	预付年金现值系数与普通年金现值系数：期数－1，系数＋1

——资料来源：作者收集并整理。

三、货币时间价值在决策方案中的综合运用法

（一）购买固定资产的决策

例 2–14　A 饭店需用一辆行李车，买价为 9000 元，可使用 6 年，如果租用，则每年年初需支付租金 1700 元（不包含修理费）。假定年资金成本率为 5%。究竟是租用还是购买，请你帮 A 饭店做出决策。

分析：本决策方案中租用行李车每年年初支付租金金额固定，可按照先付年金现值进行计算，如果计算结果（折现值）小于买价 9000 元，则租用行李车合算；反之则采用购买行李车方案。具体计算过程如下：

$$租用设备的折现值 =1700\times［（P/A，5\%，6\text{-}1）+1］$$

$$=1700\times（4.329+1）=9059.30（元）$$

租用设备的折现值为 9059.30 元，高于买价 9000 元，因此，应采用购买方案。

（二）酒店投资项目的决策

例 2–15　C 酒店集团公司拟投资建设酒店式公寓，行业基准年折现率为 10%，现在财务总监提供两个选择方案，方案中相关的每年净现金流量数据如表 2–5 所示（假定每年现金净流量以期末数据为准）。

表2–5　C酒店集团投资酒店式公寓项目每年净现金流量表

单位：万元

方　案	0	1	2	3	4	5	6	7	8	9	10	合计
甲方案	–900	–100	500	450	400	350	300	250	200	150	100	1700
乙方案	–1000	0	300	300	300	300	300	300	300	300	300	1700

分析：甲、乙两个方案将全部的投入资金与未来现金净流量相加后，金额为 1700 万元，这是一种未考虑时间价值的计算结果，无法对投资方案做出正确决策。因此，我们需要把这两个方案所有的资金投入与资金收入都按照折现率计算出投资期初时点的现值（这个现值又被称为净现值），现值越大，说明资金的收入可以弥补资金的投入，则为最优方案。

甲方案采用分次资金投入方式，在项目正式投入使用后每年产生的现金净流量是不相等的，可采用复利的现值系数计算各期的现值；乙方案采用一次资金投入方式，在项目正式投入使用后每年产生的现金净流量是相等的，可采用普通年金的现值系数计算各期的现值（见表 2–6）。

表2–6　甲、乙方案现金流量净现值计算表

单位：万元

甲方案现金流量净现值				乙方案现金流量净现值			
期　数	现金流量	复利现值系数	折现值	期　数	现金流量	复利现值系数	折现值
0	–900	1	–900	0	–1000	1	–1000
1	–100	0.909	–90.9	1	0	0.909	0
2	500	0.826	413	2	300	0.826	247.80
3	450	0.751	337.95	3	300	0.751	225.30
4	400	0.683	273.20	4	300	0.683	204.90
5	350	0.621	217.35	5	300	0.621	186.30
6	300	0.564	169.20	6	300	0.564	169.20
7	250	0.513	128.25	7	300	0.513	153.90
8	200	0.467	93.40	8	300	0.467	140.10
9	150	0.424	63.60	9	300	0.424	127.20
10	100	0.386	38.60	10	300	0.386	115.80
合　计			743.65	合　计			570.50

从计算结果可知，甲方案的净现值为 743.65 万元，比乙方案的净现值 570.50 万元大，因此，最优方案为甲方案。

当然由于本案中乙方案的项目投产后每年产生的现金流量相等，因此，可用另一种方法计算现金流量净现值，计算办法为：

$$[300\times(P/A,10\%,10)-(P/A,10\%,1)]-1000$$

$$=[300\times(6.145-0.909)]-1000=570.80\text{（万元）}$$

课堂思考

通过例 2–15，请分析计算现金流量净现值有哪几种方法？在计算中应注意哪些问题？

（三）酒店融资方案的决策

例 2–16　B 酒店为了改建附楼，计划采用发行债券的方式获得资金 30 万元，债券年利率为 10%，债券发行期限为 5 年，每年年末等额支付债券本息。附楼建成后每年可获得净收益 10 万元（含折旧费）。问此方案是否可行？

分析：如果每年支付的债券本息和小于每年可获得的收益，则方案可行。具体计算过程如下：

设每年支付的债券本息和为 A，则：

$$30=A\times(P/A,10\%,5)$$

$$30=A\times3.791$$

$$A\approx7.91\text{（万元）}$$

计算表明，每年支付的债券年息和为 7.91 万元小于附楼建成后每年可获得净收益 10 万元，因此发行 30 万元债券改建附楼的方案可行。

第二节　投资风险价值

与其他行业相比，酒店投资的风险较大，因为酒店的产品是依赖各种设施设备提供客人多样化的服务，这种服务产品是难以储存的，一旦旅游市场需求发生变化，或者出现重大事件，如金融危机、通货膨胀、战争、自然灾害、疾病流行等都会影响酒店的经营。所以，酒店经营中风险时刻存在，因此要加强风险管理，降低风险可能带来的损失。

一、风险

（一）风险的含义

风险是指在一定条件下和一定时期内可能发生的各种结果的变动程度，是事件本身的不确定性。例如，一名投资人准备投资1000万元，有两个方案供其选择。他可以购买国库券，年利率为5%。到年末，投资可收回1050万元。这一投资的唯一风险是政府可能无力偿还本息，但这个事件发生的概率不大。因此这一投资方案基本上没有风险（只有一个结果）。第二个方案是投资兴建一家饭店。如果饭店经营成功，5年之内就会达到1000万元的总体规模；如果经营不成功，5年之内可能拍卖酒店获得200万元。假设经营成功的概率为75%，经营不成功的概率为25%，那如何进行决策，这种选择就是风险决策问题，可能的结果变动范围较大（200万～1000万元）。由此可见，结果的波动范围越大，风险也就越大。

（二）风险的分类

1. 从企业理财角度分析

从企业角度看，风险可分为市场风险和企业特别风险两类。

市场风险又称不可分散风险，是指那些影响所有酒店的风险，如战争、自然灾害、经济衰退、通货膨胀等。

企业特别风险又称可分散风险，是指发生于个别酒店的特有事项造成的风险，如某投资项目决策失误、工人罢工、诉讼失败、新产品开发失败、失去市场份额等。

2. 从企业经营角度分析

从企业经营角度分析，按风险形成的原因，可以将企业特有风险划分为经营风险和财务风险。

（1）经营风险。经营风险是指因生产经营不确定性带来的风险，是任何商业活动都有的，也叫商业风险。比如，服务人员的工资和奖金、新的酒店的出现、市场需求、市场价格等，所有这些经营方面的不确定性，都会引起企业的利润或利润率的高低变化。财务管理中主要用经营杠杆这一指标来计量经营风险的大小。

（2）财务风险。财务风险可以分为广义的财务风险和狭义的财务风险。广义的财务风险指酒店所有理财活动（资本预算、筹资活动、投资活动、收益分配活动等）所引起的风险，包括资本预算风险、筹资风险、资金运用风险和收益分配风险等。狭义的财务风险指由于举债而增加的风险，也即筹资风险。酒店如果不借钱，全部使用股东的资本，那么该酒店只有经营风险，没有财务风险。

对财务风险的管理，关键是要保证一个合理的资金结构，维持适当的负债水平，既要充分利用负债经营这一手段获取财务杠杆收益，同时又要注意防止过度负债而引起的财务风险的加大，避免陷入财务困境。

二、风险报酬

（一）风险报酬的含义

投资者由于冒风险进行投资而获得的超过资金时间价值的额外收益，称为风险报酬或投资的风险报酬。

（二）风险与报酬的关系

一般而言，各项投资的风险大小是不同的，在投资报酬率相同的情况下，人们都会选择风险小的投资，结果竞争使其风险增加，报酬率下降。最终，高风险的项目必须要有高报酬，否则就没有人投资；低报酬的项目必须风险很低，否则也没有人投资。

在不考虑通货膨胀的情况下，酒店期望投资报酬率由两部分组成：一是资金时间价值，由于它是不经过风险而得到的价值，故又称为无风险价值，即无风险报酬率；二是风险价值，即风险报酬率，用公式表示为：

$$\text{期望投资报酬率} = \text{无风险报酬率} + \text{风险报酬率}$$

其中，无风险报酬率一般用不存在通货膨胀情况下的同期国债利率反映；风险报酬率与风险大小有关，风险越大则要求的报酬率就越高，它是风险的函数。由此可知：

$$\text{风险报酬率} = \text{风险报酬斜率} \times \text{风险价值系数}$$

可推出：

$$\text{期望投资报酬率} = \text{无风险报酬率} + \text{风险报酬斜率} \times \text{风险价值系数}$$

公式中，风险报酬斜率取决于所有投资者对风险的态度，一般用标准离差或标准离差率表示。一般情况下，风险价值系数是一个经验值。

三、风险的计量

风险是客观存在并可以预测的，因此，对风险进行较为准确的衡量，成为酒店理财的一项重要工作。风险预测有定性的方法，也有定量的方法，但一般采用概率与数理统计相结合的方法比较多，下面将重点介绍。

（一）概率分布

在经济活动中，某一事件在相同的条件下可能发生也可能不发生，这类事件称为随机事件。概率就是用来表示随机事件发生的可能性及出现某种结果可能性大小的数值。

概率分布必须符合以下两个要求：所有的概率是介于 0 与 1 之间的一个数；所有结果的概率之和应等于 1 。概率越大表示该事件发生的可能性越大，如随机抛出硬币的概率分布如表 2–7 所示。

表2–7　抛出硬币的概率分布表

可能出现的结果	概率（P）	可能出现的结果	概率（P）
国徽朝上	50%	合　计	100%
国徽朝下	50%		

（二）期望值

期望值是各种可能的结果按其概率进行加权平均得到的平均值，又称期望报酬率，它反映随机变量取值的平均化。其计算公式为：

$$\bar{K}=\sum_{i=1}^{n} K_i \cdot P_i$$

式中：K_i 为第 i 个可能结果下的报酬率；P_i 为第 i 个可能结果出现的概率；n 为可能出现的结果。

例 2–17　某酒店有两个投资方案可供选择，两个方案的投资总额均为 200 万元，实际可能获得的利润额及概率如表 2–8 所示。

表2–8　甲、乙投资方案的选择

经济情况	甲方案		乙方案	
	利润（万元）	概　率	利润（万元）	概　率
繁荣	45	0.3	50	0.3
一般	35	0.5	30	0.5
衰退	20	0.2	25	0.2

甲、乙方案的期望值分别为：

$$\overline{K}_{甲}=45\times0.3+35\times0.5+20\times0.2=35\text{（万元）}$$
$$\overline{K}_{乙}=50\times0.3+30\times0.5+25\times0.2=35\text{（万元）}$$

期望值只是表示投资者在不同时期的平均报酬率无法表示风险的大小，在上例中，甲、乙方案的报酬率分布均在20% ~ 50%，期望报酬均为35万元，无法做出方案选择，所以还要使用衡量概率分布离散程度的指标，即标准离差或标准离差率。

（三）标准离差

标准离差是衡量变量的分布与其平均数偏离的统计量，一般情况下，当期望值相同时，标准离差越小，说明离散程度越小，风险也就越小；反之，标准离差越大，则风险越大。标准离差（δ）的计算公式为：

$$\delta=\sqrt{\sum_{i=1}^{n}(K_i-\overline{K})^2\cdot P_i}$$

例2–18　接例2–17，甲方案与乙方案的标准离差分别为：

$$\delta_{甲}=\sqrt{(45-35)^2\times0.3+(35-35)^2\times0.5+(20-35)^2\times0.2}\approx8.66$$

$$\delta_{乙}=\sqrt{(50-35)^2\times0.3+(30-35)^2\times0.5+(25-35)^2\times0.2}\approx10$$

比较甲、乙方案的标准离差，显然乙方案的风险要比甲方案的风险大。

（四）标准离差率

标准离差无法用来比较期望值不同的各项投资风险程度，解决这一问题的思路是计算反映离散程度的相对指标，即标准离差率。

标准离差率是标准离差与期望值之间的比值的比率，其计算公式为：

$$v=\frac{\delta}{K}\times 100\%$$

标准离差率越大，则风险也越大。

例 2–19 接例 2–18，甲方案与乙方案的标准离差率分别为：

$$v_{甲}=\frac{\delta}{K}\times 100\%=\frac{8.66}{35}\times 100\%=24.74\%$$

$$v_{乙}=\frac{\delta}{K}\times 100\%=\frac{10}{35}\times 100\%=28.57\%$$

通过上述计算可知，甲方案比乙方案风险小。

课堂思考

通过上述各项指标计算的介绍，你认为能够衡量风险的指标有哪些？

（五）确定风险报酬额

例 2–20 假定投资者确定的甲方案和乙方案风险价值系数分别为 0.1、0.12，根据前述公式：风险报酬率 = 风险报酬斜率 × 风险价值系数，可知两个方案的风险报酬率分别为：

风险报酬率（甲）=24.74% × 0.1 ≈ 2.5%

风险报酬率（乙）=28.57% × 0.12 ≈ 3.4%

如果同期银行国债利率为 12%，那么由公式（期望投资报酬率 = 无风险报酬率 + 风险报酬斜率 × 风险价值系数）可知：

期望投资报酬率（甲）=12%+2.5%=14.5%

期望投资报酬率（乙）=12%+3.4%=15.4%

只要投资利润率超过期望投资报酬率，方案即可行。甲、乙两个方案投资额均为 200 万元，我们来计算两个方案的投资利润率。

投资利润率 =（期望值 / 原始投资总额）× 100%

投资利润率 =（35 ÷ 200）× 100%=17.5%

计算得出两个方案的投资利润率均大于期望投资报酬率，两个方案均可行，但是应在备选方案中选择风险较小的方案，通过上述计算确定最优方案为甲方案，那么甲方案给企业带来的投资风险报酬究竟有多少？

甲方案的投资风险报酬 =200 × 2.5%=5（万元）

通过计算，甲方案的投资风险报酬为 5 万元，低于乙方案的投资风险报酬 1.8 万元（200 × 3.4%=6.8 万元），这也说明了风险与报酬的关系，即风险越大，报酬越高；风险越小，报酬越低。

四、风险的控制

财务管理研究风险的意义，主要在于进行经营决策时树立风险价值观念，认真权衡风险与报酬的关系，选择有可能避免风险、分散风险并获得较多收益的方案。随着市场经济体制的建立，如何防范风险，最大限度地实现资本的保值增值，已逐渐成为企业财务管理的核心问题。

（一）风险的预防

风险的预防要求充分考虑市场经营中可能出现的各种情况，对各种方案进行权衡，尽可能选择风险较小并能获得较多收益的方案。例如，预防筹资风险可以从控制借款规模和负债比率、选择更有利的借款对象、提高资金使用效益等方面采取措施；预防投资风险则需要进行周密的市场调查，加强投资方案的可行性研究，尽量减少决策失误。

（二）风险的分散

风险的分散要求通过方案组合，抵消或分散风险，从而达到控制风险的目的。比如，现在很多酒店也会涉足其他的经营方向，如房地产、旅游交通、旅游景区、连锁商贸等，不同的经营品种，景气程度不同，盈利和亏损可以相互补充，减少风险。

分散筹资风险应注意分散借款的归还期；酒店业务开展过程中会涉及外汇的业务，应通过选择多种外币来分散外汇风险；针对投资环境的不同，酒店也可以通过多元化投资组合来分散投资风险。

（三）风险的转移

转移风险是指采取特定的方式将酒店自身的风险转嫁到酒店以外的经济实体或个人。酒店转移风险的能力取决于良好的信誉，同时在很大程度上还受社会金融市场发展水平的制约。完善的金融市场能广泛吸收社会资金，并将其投放到需要资金的企业中，进而为酒店转移了风险。

复习与思考

一、名词解释

货币时间价值　复利现值　复利终值　普通年金终值

普通年金现值　风险报酬率

二、简答题

1. 货币时间价值在酒店财务管理中起到哪些作用？

2. 什么是单利、复利、年金？比较三者的不同。

3. 终值系数与现值系数有何不同？

4. 普通年金与先付年金在计算中应注意哪些问题？

5. 试比较普通年金、先付年金、递延年金、永续年金的不同。

6. 风险和报酬的关系是什么？如何确定风险报酬额？

7. 风险控制的方法有哪些？

8. 了解你所熟悉的酒店管理者对资金时间价值和风险价值的态度，是否引起足够的重视，建立了哪些管理制度？还需进行哪些改进？并请与同学们进行交流。

三、单项选择题

1. 已知（F/A，10%，9）＝13.579，（F/A，10%，11）＝18.531，10 年期，利率为 10% 的即付年金终值系数值为（　）。

A. 17.531　B. 15.937　C. 14.579　D. 12.579

2. 某公司拟于 5 年后一次还清所欠债务 100000 元，假定银行利息率为 10%，5 年 10% 的年金终值系数为 6.1051，5 年 10% 的年金现值系数为 3.7908，则从现在起每年年末应等额存入银行的偿债基金为（　）元。

A. 16379.75　B. 26379.66　C. 379080　D. 610510

3. 假设某旅游企业计划购入一台设备，付款条件是从第三年起每年年末支付5万元，连续支付10年，如果资金成本率为10%，则相当于该公司现在一次性支付（　）万元。

A. 5［（P/A，10%，12）－（P/A，10%，2）］

B. 5［（P/A，10%，13）－（P/A，10%，3）］

C. 5［（P/A，10%，10）－（P/A，10%，2）］

D. 5［（P/A，10%，11）－（P/A，10%，2）］

四、判断题

1. 在财务管理中，可以用来衡量风险大小的指标有风险报酬率、标准离差、方差、期望值、标准离差率。（　）

2. 在相同的期间内，如果复利折现率相同，复利次数越多，则复利终值就越大。（　）

3. 通过多元化经营和多角度筹资可以使风险控制在投资人可接受的水平之内。（　）

五、实践单元

1. 某房产开发商以100万元投资建设游乐场，假定该项目年平均报酬率为8%，10年后企业可收回的投资收益是多少？

2. 酒店将闲余资金20万元投放于基金，持有期为18个月，该基金投资年利率为5%，每半年复利一次，问持有至到期时，酒店可获得多少钱？

3.W酒店集团公司拟投资建设连锁酒店，行业基准年折现率为10%，现在财务总监提供三个选择方案，方案中相关的每年净现金流量数据如下表所示（假定每年现金净流量以期末数据为准）。

W酒店集团投资连锁项目每年净现金流量表

单位：万元

方　案	0	1	2	3	4	5	6	7	8	9	10	合计
甲方案	−1000	−100	320	340	390	400	400	400	400	400	400	2350
乙方案	−1100	0	350	350	350	400	400	400	400	400	400	2350
丙方案	—	−1250	400	400	400	400	400	400	400	400	400	2350

根据资料，判断哪个方案为最优。

六、案例分析

案例分析 1：Z 公司长达 5 年的临时存款

Z 公司在建设银行设立一个临时账户。2019 年 5 月 1 日存入 15 万元人民币，银行存款年利率为 3.6%。因资金比较宽松，该笔存款一直未动用。到了第二年的 5 月 1 日，Z 公司撤销该临时账户，在与银行办理销户时，银行共付给 Z 公司 16.08 万元。

根据以上案例回答如下问题：

1. 如果Z公司将15万元资金存放在单位保险柜里，存放到第二年的5月1日，将有多少钱？

2. 如果将该笔资金投放在债券市场，预计投资收益率为 8%，那么存放到第二年的 5 月 1 日，将有多少钱？比存放在银行的金额是高还是低？请分析原因。

3.Z 公司将 15 万元的资金存放在企业的保险柜里期限长达 1 年，你认为是否符合企业财务管理制度中的现金管理规定（此内容可参考本书第五章营运资本管理中现金管理的相关内容）？

案例分析 2：开立酒店的租赁协议

开立酒店与安吉租赁公司洽谈租车事宜，计划租用安吉公司的君威轿车 1 辆，租期 3 年。安吉公司要求每年年初支付租金，而开立酒店则希望每年年末支付租金。经过多次沟通，最后双方约定，如果市场利率为 10% 时，采用年初支付方式，每年年初支付 25000 元；若采用年末支付方式，则每年年末支付 28000 元。

根据以上案例回答如下问题：

1. 为什么开立酒店与租赁公司关于租金的年初与年末支付上发生如此大的争执？

2. 考虑货币时间价值因素分析年初与年末支付租金有何不同？

推荐阅读

1. 王化成，刘俊彦，荆新．财务管理学［M］．9 版．北京：中国人民大学出版社，2022.

2. 党印，刘彤．锦江酒店和首旅酒店财务风险与预防分析［J］．国际商务财会，2021（12）：55−61.

第三章 酒店筹资管理

酒店筹资管理是酒店根据自身的经营状况、资金运用情况，以及调整资本结构的需要，预测一定期间内酒店的财务变动状况，确定资金需要量及其特性，正确选择资金筹集渠道和筹集方式，通过金融机构和非金融机构或个人，经济、有效地向酒店的投资者及债权人合理筹集资金的财务活动，以使企业的最优资本结构获得最大企业价值。

本章介绍了不同的筹资渠道和筹资方式；如何预测资金需要量；企业在资金使用过程中的个别资金成本、综合资金成本、边际资金成本的概念及运用；确定最优资本结构的方法；企业在筹资中的经营风险、财务风险和企业风险的控制。

学习目标

知识目标

1. 了解企业筹资渠道和筹资方式。
2. 掌握资金需要量的预测方法。
3. 能结合企业所处的经济环境、金融环境、法律环境分析企业筹资中所面临的经营风险、财务风险。

能力目标

1. 能通过各种筹资方式和筹资渠道的比较，为筹资方案提供信息。
2. 熟悉各种筹资方式的资本成本计算，能进行筹资结构分析。
3. 能运用杠杆原理对企业风险做出评价。
4. 熟悉比较资本成本法、每股利润法在筹资决策中的运用。

案 例

天香酒店筹资方案的选择

海滨天仙酒店有限公司于2000年成立，是一座现代化的五星级豪华酒店。由于当地购物、旅游条件的改善，吸引了大量国内外旅游者，每年的春夏旅游旺季，酒店常常爆满。为此2005年10月，酒店董事会决定在天仙酒店毗邻之地再建一座酒店，暂名为天香酒店。

新成立的天香酒店为独立的法人实体。经过测算酒店资本预算为32500万元，其中营运资金4500万元，地价4000万元，建筑费13000万元，装修费3000万元，无形资产投入8000万元（天仙酒店以无形资产出资，无形资产折合200万股优先股，优先股利率为8%，每股面值25元，另折合为600万股5元面值的普通股）。

作为融资计划的第一步，天香酒店将出资4000万元，从天仙酒店购买酒店所需的地皮，根据该协议，天仙酒店以土地出资，获得800万股普通股。

融资计划的第二步是融资装修工程费用。天香酒店管理者暂定实施5年长期贷款3000万元，年利率10‰。从第一个会计年度末开始，每年本息合计偿付750万元。

对于17500万元的资金缺口（32500−4000−3000−8000），酒店董事会主席李慧樱女士面对三种筹资方案，不清楚这些方案将对天香酒店的财务状况、融资风险和对她及其他投资者回报会产生多大的影响。

三种方案简单地概括为：

方案一：17500万元全部通过抵押贷款解决，由于其贷款还款方式为分期等额偿还，利率为12%。

方案二：发行新股4000万股，以每股发行价5元计，筹资20000万元，扣除券商承销费用及固定费用2500万元，实际筹资17500万元。

方案三：发行总额度为20000万元的优先股和普通股组合，因为每购一股优先股可免费认购一股普通股，因此两者是等比例发行，发行额均为667万股，筹集资金20000万元，扣除券商发行费用和固定费用2500万元，实际筹资17500万元。

在筹资决策前，首先要对天香酒店的盈利状况进行预测，出租率分别为100%、75%、50%三种情况的预测表，如下表所示。

天香酒店盈利状况预测表

单位：万元

测算项目	出租率100%	出租率75%	出租率50%
收入	15800	11850	7900
固定成本	1800	1800	1800
变动成本	2700	2025	1350
利息（3000万元贷款）	300	300	300

续表

测算项目	出租率 100%	出租率 75%	出租率 50%
利润总额	11000	7725	4450
所得税	3630	2549	1469
净利润	7370	5176	2982

——资料来源：作者收集并整理。

案例分析

请结合上述案例，思考如下问题：

1. 投资建造天香饭店，资金可以通过哪些渠道筹集？
2. 不同筹资方式下的资金成本是否一致？
3. 案例中的债务筹资和发行股票筹资方式有何区别？
4. 请你对以上三种融资方案进行评价。

第一节　酒店资金筹集的渠道和方式

资金筹集是酒店根据经营需要，通过金融市场，采用合理的融资方式，获得酒店经营所需资金的一种财务活动。经济而有效地筹集适当的资金是酒店生存和发展的基础。对于新建酒店来说，需要筹集一定量的资金用于购建客房、餐厅等建筑设施；需要购买机器设备以及原材料、商品、物料用品等物资维持生产经营；需要支付员工薪酬、缴纳税金等，所以，保证酒店正常的经营与管理均需要筹集一定量的资金。

一、酒店资金筹集的渠道

筹资渠道是指所筹集资金的来源与渠道，目前酒店的筹资渠道主要包括：国家财政资金、银行信贷资金、非银行金融机构资金、其他企业资金、居民个人资金、外商资金、企业自有资金。

二、酒店资金筹集的方式

（一）筹资方式的分类

酒店筹集资金可以通过权益筹资和负债筹资两种方式进行。

1. 权益筹资

权益筹资方式主要包括留存收益、吸收直接投资、发行股票等几种。权益筹资所筹集的资金一般属于酒店的内部积累形成的资金，这些资金无须支付资金使用成本或资金成本较低，从而可以提高酒店的偿债能力，且支付的方式较为灵活，尤其是在酒店经营业绩良好的情况下，可用于支配的自有资金较多。

权益筹资的缺点：权益筹资的资金成本较负债筹资高，而且发行股票筹资容易造成股权分散，使得原股东丧失对酒店的控制权。

2. 负债筹资

负债筹资方式主要包括商业信用、发行债券、借款、融资租赁等几种。负债筹资的利息是在税前支付的，资金成本相对较低，当酒店的投资收益率大于负债筹资利息率时，通过扩大负债筹资的比例，能提高酒店自有资金利润率，同时负债筹资不易分散原股东对酒店的控制权。

负债筹资的缺点：负债筹资需要定期偿还本金和利息，财务风险较高，而且筹资时限制的条款较多，筹资额有限。

课堂思考

权益资金的筹资与负债资金的筹资有何区别？如果你计划筹建一家面包房，你将如何筹措资金？你会考虑哪些因素？

（二）各种筹资方式的比较及评价

1. 吸收直接投资

吸收直接投资是指企业以协议等形式吸收国家、其他企业、个人和外商等直接投入的资金，而形成企业资本的一种筹资方式。吸收直接投资不以股票为媒介，是非股份制企业筹措自由资本的一种基本方式。

2. 发行股票

发行股票分为发行普通股和发行优先股筹资两种。

（1）发行普通股。普通股筹资是股份公司获取其他类型资金的基础，股票作为一种所有者权凭证，代表着一定经济利益的分配权和支配权，公司股东作为出资人按投入公司的资本数量享有所有者的权利，并以其所持股份为限对公司承担责任。

（2）发行优先股。优先股是介于普通股和债券之间的资金来源，是一种混合性证券。通过发行优先股可以防止股权分散化、调剂现金余额、改善资金结构、维持企业举债能力。

课堂思考

试比较普通股和优先股在股东权利和义务、筹资方式上有何区别？

3. 留存收益

留存收益是企业在经营中创造的收益，用于企业的后续发展，是指企业将留存收益转化为投资的过程，将企业生产经营所实现的净收益留在企业，而不作为股利分配给股东，实际上是原股东对企业的追加投资。

4. 借款

银行借款是指企业根据借款合同，从有关银行或非银行金融机构借入的需要还本付息的款项。

5. 发行债券

债券是债权人为募集债务资金而发行的，承诺定期付息、到期还本的有价证券。发行债券是企业负债筹资的一种重要方式。

债券的发行有时高于面值，有时低于面值，其发行规律为：

当市场利率 = 票面利率时，债券发行价格 = 面值，债券应采用平价发行方式。

当市场利率＞票面利率时，债券发行价格＜面值，债券应采用折价发行方式。

当市场利率＜票面利率时，债券发行价格＞面值，债券应采用溢价发行方式。

6. 融资租赁

融资租赁又称财务租赁，通常是一种长期租赁，可以解决企业对长期资产的需要，在这种租赁方式下，出租人根据承租人对供货人和租赁标的物的选择，由出租人向供货人购买租赁标的物，然后租给承租人使用。如果是承租人对租赁资产不承担租赁资产日常维护的义务，仅仅支付较短期限内的租金，这种租赁方式为经营租赁。

7. 商业信用

商业信用指商品交易中的延期付款或延期交货所形成的借贷关系。它主要是因为商品交易中货款在时间上的分离而产生的。

三、酒店资金筹集的渠道与方式的综合运用

筹资渠道解决的是“哪里有资金”的问题，筹资方式解决的是“如何获取资金”的问题，它们之间存在着一定的关系：一种筹资方式可能获得某一特定渠道或不同渠道的资金，也可能是同一渠道的资金可以用不同的筹资方式获得，这种关系如表 3–1 所示。

表3–1　筹资方式比较表

筹资方式 筹资渠道	吸收 直接投资	发行 股票	利用 留存收益	借款	发行 债券	融资 租赁	利用 商业信用
国家财政资金	○	○					
银行信贷资金				○			
非银行金融机构资金				○	○	○	
其他企业资金	○	○		○	○	○	○
居民个人资金	○	○				○	
外商资金	○	○			○		○
企业自有资金			○				

由表 3–1 可知，吸收直接投资的筹资来源于国家财政资金、其他企业资金、个人资金、外国资金。

酒店在选择不同的筹资方式时需要考虑以下因素：资金成本、筹资风险、筹资期限、资金灵活性、筹资方便程度、资金使用限制等因素。各种筹资方式按上述因素进行比较，结果如表 3–2 所示。

表3–2　各种筹资方式比较表

考虑因素	顺　序	各种筹资方式
资金成本	低→高	商业信用、留存收益、银行借款、发行债券、融资租赁、优先股、普通股
筹资风险	小→大	普通股、优先股、商业信用、融资租赁、发行债券、银行借款、留存收益
筹资期限	长→短	留存收益、普通股、优先股、融资租赁、发行债券、银行借款、商业信用
资金灵活性	大→小	留存收益、商业信用、银行借款、融资租赁、发行债券、普通股、优先股
筹资方便程度	易→难	商业信用、留存收益、融资租赁、银行借款、发行债券、优先股、普通股
资金使用限制	小→大	普通股、优先股、发行债券、银行借款、商业信用、融资租赁、留存收益

相关链接　搜索

酒店业的主要资本运营模式

西方社会现代产权制度的健全和多层次资本市场的完善为品牌酒店的快速成长与资本运营提供了良好的发育环境，并成就了今天在业界影响力卓著的酒店品牌管理集团。2006 年全球酒店管理集团排名如下表所示。

2006年全球酒店管理集团排名

排名	酒店管理集团	酒店数（家）	客房数（间）	品　牌	运营模式
1	洲际酒店集团	3606	537533	洲际酒店、皇冠假日酒店、假日酒店、假日快捷酒店等	特许经营约占 88.9%，委托管理约占 6%，带资管理及其他约占 5.1%
2	升腾	6344	532284	速 8、戴斯、华美达等	升腾集团在纽约上市，是集旅游和房地产业务于一体的集团公司

续表

排名	酒店管理集团	酒店数（家）	客房数（间）	品　　牌	运营模式
3	万豪国际集团	2672	485979	万豪、JW万豪、丽思·卡尔顿、万丽、万怡等	特许经营占53.1%，委托管理占42.3%，带资管理及其他占4.6%；华美达完全实行特许经营
4	雅高	4065	475433	索菲特、诺富特、美居、佛谬勒第1、汽车旅馆第6、宜必思等	带资管理占46.5%，租赁饭店占21.8%，特许经营占16.3%，委托管理占15.4%
5	希尔顿	2747	472720	希尔顿、斯堪的克等品牌	以谨慎著称，通过并购壮大
6	精选	5132	417631	品质客栈、舒适客栈等	精选纽约上市，实行连锁经营
7	最佳西方	4195	315875	最佳西方等	单一品牌，最大连锁店，网上预订量已达到总预订的44%
8	喜达屋	845	257889	威斯汀、喜来登、圣·瑞吉斯、福朋、寰鼎、至尊精选、W饭店等	特许经营占41.8%，委托管理占28.5%，带资管理及其他占29.7%
9	卡尔森	922	147129	丽晶、丽笙等	合资、合作、品牌加盟
10	凯悦	738	144671	凯悦、君悦、柏悦	以特许经营为主

这些酒店的主要资本运营模式归纳起来有以下几种：

1. 股票融资方式

通过发行股票直接从市场融资，这是境内外酒店管理企业采用的最主要的资本运营方式。酒店管理企业可以采取股票质押、抵押、增发、配股、发行可转换债券、换股、合并公司股票等多种金融创新融资方式，直接做大做强企业。

2. 负债融资方式

通过与银行、券商、投资银行的结合，发行抵押债券、信用债券，通过直接租赁、售后租回等方式放大企业的财务杠杆效益，达到以小博大的目的。

3. 资源优化组合方式

通过战略联盟、虚拟经营、产业链重组、供应链优化、资产置换、债务重组等方式，优化资源配置。如酒店管理集团的非核心业务打包出售、债务合同出售、直接组建大的酒店管理集团等。

4. 品牌资产运营方式

通过品牌加盟、品牌服务、管理咨询等方式，放大品牌酒店管理的“西瓜效应”，以轻资产运营的模式扩大酒店的品牌影响力，提升酒店的净资产收益率，最大化股东价值。这是目前国内外主要酒店管理集团习惯采用的一种主流发展模式。

5. 知识资产运营模式

通过委托管理、承包经营、外包服务等方式输出酒店的管理知识、管理流程、管理资源，短时期内迅速提高品牌占有率，获取规模经济和范围经济。

——资料来源：黄慧敏．品牌酒店资本运营模式研究——基于华天酒店“杠杆收购模式”的案例［J］．北京第二外国语学院学报，2008（7）：46-50.

课堂思考

根据相关链接中“酒店业的主要资本运营模式”资料，分析华天酒店、东方宾馆上市公司的资本运营方式。

第二节　酒店资金需要量的预测

前面介绍了酒店筹集的资金从何处来的问题，也比较了不同筹资方式可能给企业带来的风险。作为酒店管理者面对复杂的经营环境还需要合理预测酒店资金需要量。过高估计资金需要量会加重酒店资金负担或造成资金浪费，过低估计资金需要量则将无法满足生产经营的需要，影响正常业务的开展。

一、酒店预测资金需要量的基本步骤

（一）销售量及销售收入预测

一般而言，酒店餐饮、商场、商务中心、康乐等各营业部门的销售量预测是以酒店客房销售为基础的。所以酒店资金需要量的预测是以客房销售预测为起点。

客房销售预测要综合考虑各种外部和内部因素。外部因素有：国家宏观经济形势、酒店所处城市及区域经济发展趋势、可能的突发事件、客源结构的变化、旅游消费模式的转变等。内部因素有：广告的投放及其产生的效果、促销手段的选择及定价策略等。

酒店确定各营业部门的销售量后，按照酒店内部管理制度，如应收账款管理制度（现销与赊销的考核指标、酒店的信用政策），确定酒店预算期的现金流入量。

（二）酒店投资额的预测

酒店投资的预测主要取决于酒店计划建造的客房总数和酒店所确定的建造标准。

客房是酒店收入的重要来源，一般在预测建造的客房数时需要结合酒店的预计出租率、计划接待的顾客人数、顾客平均停留天数考虑。

$$\text{酒店建造规模（客房间数）}=\frac{\text{酒店预计年接待人数}\times\text{平均每人停留天数}}{\text{预计客房出租率}\times\text{全年天数}\times\text{平均每间客房住宿人数}}$$

其中需注意，酒店客房的出租率为100%的情况较少，一般酒店有淡季和旺季之分，或者酒店因某些需要预留空房待售，所以预计客房出租率为75% ~ 85%是较为合理的。

增加投资数额主要考虑两方面因素：旅游人数的增加对酒店规模的扩大产生影响，酒店服务质量的提高对酒店软硬件设施建设产生影响。

酒店的建设规模取决于客房出租率等因素。

酒店建造规模（投资）= 预计建造的客房间数（标准间）× 每一标准间的平均建造成本

例 3–1 某业主自主投资建造一家400间客房的酒店，平均每间房的建造成本为30万元，按照四星级酒店标准打造，则：

酒店建造规模（投资）=400 × 30 万元 =1.2（亿元）

相关链接 搜索

酒店投资所包含的内容

酒店的投资总额是指用于酒店建设在准备开业中所用的全部资金。一般包括土地使用费、建筑物的建造费、设备和家具费、低值易耗品费、库存的物料费、开业前开支及建设期利息等所有费用。

——资料来源：作者收集并整理。

（三）预计成本费用开支数额

酒店成本费用开支依据与酒店销量之间的数量关系，可以分为固定费用和变动费用。合理预计酒店销售量的指标后，可以依据变动费用与销售量之间的函数关系合理确定变动费用的开支，并逐项分析固定费用的影响因素，确定固定费用的开支范围，从而准确预计酒店成本费用开支。

（四）预计利润和留存收益数额

预计酒店销售收入和成本费用开支的关系，可以测算酒店的利润，利用测算的酒店利润和酒店股利支付政策，确定酒店的留存收益。

（五）预测筹资金额

酒店依据以上的预测结果，合理预测所筹集的资金数额。

课堂思考

你认为要做好酒店资金需要量的预测，最关键的是哪一步？如何进行操作？

二、酒店预测资金需要量的方法

（一）现金收支法

利用现金收支法预测资金需要量，是通过预测酒店现金流入量、现金流出量来预计酒店现金的多余或不足，从而确定酒店是否需要筹集资金以及所筹集资金的数额。

1. 预测酒店的现金流入量

合理预计酒店的营业收入，根据酒店赊销政策预计可能在预算期的现金回收情况，并对变卖固定资产、无形资产等非营业现金收入做出合理估计，由此综合考虑计算出酒店的现金流入量。

2. 预测酒店的现金流出量

预计酒店各部门的成本费用支付金额、酒店的赊销政策，由此综合考虑计算出酒店的现金流出量。

3. 确定计划期现金的盈余情况

将预计的现金流入量和现金流出量进行比较，计算出期末现金盈余或不足。当计算结果为负值时，即表明现金不足，需要向外筹资以弥补现金的不足；当计算结果为正值时，即表明现金充裕，根据存量资金的多少考虑对外投资，以提高现金的使用效率。

（二）销售百分比法

销售百分比法是根据销售与资产负债表、利润表之间的关系，预测资金需要量的方法。

1. 基本思路

在分析基期资产负债表有关项目与销售额关系的基础上，根据市场调查和销售预测取得的资料，确定资产、负债、所有者权益的有关项目与销售额的百分比。在假定销售额百分比不变的情况下，根据计划期的销售额及企业内部资金供给状况预测未来资金需要量。

2. 基本步骤

（1）将资产负债表上的全部项目，按敏感性项目和非敏感性项目进行分类。通常在酒店的资产负债表中，敏感性资产类项目有：现金、应收账款、存货等；敏感性负债类项目有：应付账款、应缴税金等；非敏感性项目是不随销售的变化而变化的，一般有长期资产、长期负债、实收资本。这些项目的性质划分应与酒店的经营模式相关，并非一成不变。

（2）计算各敏感性项目其基期的金额占基期销售收入的百分比，并分别计算敏感性资产项目和敏感性负债项目所占基期收入的百分比。

$$\text{敏感性资产项目占基期收入的百分比}=\frac{\text{敏感性资产项目}}{\text{基期销售收入}}\times 100\%$$

$$\text{敏感性负债项目占基期收入的百分比}=\frac{\text{敏感性负债项目}}{\text{基期销售收入}}\times 100\%$$

（3）假设销售百分比不变，利用计划期的销售增加额确定计划期酒店资金需要量。

（4）根据计划期的销售收入和销售净利润率，结合计划期支付股利的比率，确定计划期内留存收益的增加额。

$$\text{计划期留存收益的增加额}=\text{计划期销售额}\times\text{销售净利率}\times(1-\text{股利支付率})$$

式中：股利支付率是公司按照经营业绩向股东发放的现金股利和股票股利。在销售百分比法下，视同发放的是现金股利。

$$\text{股利支付率}=\frac{\text{支付的现金股利}}{\text{净利润}}\times 100\%$$

留存收益的增加意味着酒店可以通过内部积累筹集到更多的资金。在酒店资金需求量一定的情况下，留存收益的增加额越大，说明酒店从外部筹集资金的数额就越小。

（5）根据销售收入的增加额，确定酒店计划期需要从外部筹集的资金需要量。

酒店需要从外部筹集的资金数额 = 酒店资金需求量 – 计划期留存收益的增加额

例 3–2　某酒店 2019 年的营业收入为 200000 元，2020 年的营业收入为 240000 元。预计 2020 年股利发放比例达 70%，两年的销售净利润率均为 10%。该酒店 2019 年的资产负债表如表 3–3 所示。

表3–3　酒店2019年资产负债表

单位：元

资　产	金　额	负债与所有者权益	金　额
现金	10000	应付票据	8000
应收账款	24000	应付费用	4000
存货	50000	应付账款	20000
预付费用	4000	短期借款	50000
固定资产净值	212000	长期负债	80000
		实收资本	128000
		留存收益	10000
资产总计	300000	负债和所有者权益总计	300000

分析：

第一步，计算敏感性项目百分比，编制 2020 年资产负债表，计算结果如表 3–4 所示。本题假定短期借款是非敏感性项目。

表3–4　酒店2020年资产负债表中敏感性项目百分比计算表

单位：元

项　目	销售百分比（%）	预计数	项　目	销售百分比（%）	预计数
现金	5	12000	应付票据	4	9600
应收账款	12	28800	应付费用	2	4800
存货	25	60000	应付账款	10	24000
预付费用	2	4800	短期借款	—	50000
固定资产净值	—	212000	长期负债	—	80000
			实收资本	—	128000
			留存收益	—	10000
合 计	44	317600	合 计	16	306400

注：表中“—”为非敏感性项目。

其中：

$$现金占基期收入的百分比=\frac{10000}{200000}\times 100\%=5\%$$

$$2020年现金预计数=现金占基期收入的百分比\times 2020年预计营业收入$$
$$=5\%\times 240000=12000（元）$$

其他敏感性资产项目和敏感性负债项目依次按照现金项目的方法进行计算。

第二步，假设销售百分比不变，利用2020年的销售增加额确定2020年酒店资金需要量。

已知2020年的营业收入比2019年增加40000元（240000−200000），敏感性资产项目百分比之和与敏感性负债项目百分比之和的差额为28%（44%−16%）。这表明每增加100元的资产需要增加企业16元的负债和28元的资金需要量。那么通过计算2020年比2019年增加的营业收入就可以求得酒店尚需筹资的数额。

$$（240000-200000）\times（44\%-16\%）=40000\times 28\% = 11200（元）$$

或者采用另外一种计算方法：

从表中可见，317600−306400=11200（元），即按照会计的基本等式“资产＝负债＋所有者权益”要保证资金的运用与资金来源相等酒店尚需筹资11200元。

第三步，确定酒店2020年留存收益增加额。

可知酒店2020年预计实现的净利润为240000×10%=24000（元），当年股利支付率为70%，扣除发放股利后结存的利润就是2020年增加的留存收益。

$$2020年留存收益增加额=240000\times 10\%\times（1-70\%）=7200（元）$$

第四步，确定2020年酒店从外部筹集资金的需要量。

$$酒店需要从外部筹集的资金数额=酒店资金需求量-计划期留存收益的增加额$$
$$=11200-7200=4000（元）$$

根据上述资料，编制该酒店2020年预计资产负债表如表3−5所示。

表3−5　酒店2020年资产负债表

单位：元

项　目	2019年	2020年	项　目	2019年	2020年
现金	10000	12000	应付票据	8000	9600
应收账款	24000	28800	应付费用	4000	4800
存货	50000	60000	应付账款	20000	24000

续表

项 目	2019 年	2020 年	项 目	2019 年	2020 年
预付费用	4000	4800	短期借款	50000	50000
固定资产净值	212000	212000	长期负债	80000	80000
			实收资本	128000	128000
			留存收益	10000	17200
			外部筹集资金		4000
合 计	300000	317600	合 计	300000	317600

三、综合实训

问题：在例 3–2 中，按照销售百分比预测对外需筹集资金为 4000 元，现在酒店总经理希望财务经理做一份资产负债率不超过 55% 的负债筹资方案，有关资料如表 3–6 所示。请你撰写一份简单的筹资方案书。

表3–6 酒店2020年资产负债表

单位：元

项 目	2019 年	2020 年	项 目	2019 年	2020 年
现金	10000	12000	应付票据	8000	9600
应收账款	24000	28800	应付费用	4000	4800
存货	50000	60000	应付账款	20000	24000
预付费用	4000	4800	短期借款	50000	50000
固定资产净值	212000	212000	长期负债	80000	80000
			实收资本	128000	128000
			留存收益	10000	17200
			外部筹集资金		4000
合 计	300000	317600	合 计	300000	317600

分析：根据 2020 年资产负债表计算可知，酒店此时负债总额为 168400 元，

$$168400=9600+4800+24000+50000+80000$$

加上外部筹资量 4000 元，则为：

$$168400+4000=172400\text{（元）}$$

$$\text{资产负债率}=\frac{\text{负债总额}}{\text{资产总额}}\times 100\%=\frac{172400}{317600}\times 100\%\approx 54.28\%$$

酒店财务经理根据酒店与各方的财务关系及目前所处的财务环境分析后，认为：

（1）利用商业信用筹资。酒店应付账款预计增加 2000 元。

（2）银行短期借款。经与银行沟通，可获得 3 个月短期借款 2000 元。

（3）发行债券。企业资金需要量小，如果采用发行债券方式筹资时间长，还需支付本息，不建议采用。

（4）融资租赁。酒店当期并无购置设备的计划，且本次资金需要量小，不建议采用。

酒店总经理审批通过了财务经理提交的筹资方案后，最终确定的 2020 年资产负债如表 3–7 所示。

表3–7　酒店2020年资产负债表

单位：元

项　目	2019 年	2020 年	项　目	2019 年	2020 年
现金	10000	12000	应付票据	8000	9600
应收账款	24000	28800	应付费用	4000	4800
存货	50000	60000	应付账款	20000	26000
预付费用	4000	4800	短期借款	50000	52000
固定资产净值	212000	212000	长期负债	80000	80000
			实收资本	128000	128000
			留存收益	10000	17200
合　计	300000	317600	合　计	300000	317600

课堂思考

资金需要量的预测可以采用哪些方法？这些方法有何区别？如何根据确定的资金需要量进行融资？如何撰写简单的融资方案？

第三节　酒店资金成本管理

酒店可以通过权益筹资和负债筹资获得所需资金，进行扩大生产、新建酒店、更新设备。但是酒店在取得这些资金时是要付出代价的，如发行股票，需要向股东支付股息；银行借款，需要定期还本付息；融资租赁则要支付固定租金和承担设备设施的日常维护保养费，这些都是酒店在使用资金时所付出的代价。酒店要综合考虑做好资金成本的管理，以使企业以最小的成本来使用资金。

一、资金成本的含义及分类

（一）资金成本

资金成本又称资本成本，是指酒店为了筹措和使用资金所必须支付的各种费用。资金成本包括筹资费用和用资费用。

筹资费用，是指酒店为了筹措和使用资金所必须支付的费用。如华侨城 2009 年第一期短期融资方案中需要向发行机构支付的发行费用、律师费、资信评估费、公证费和广告费、担保费等，如采用借款方式则要向银行等金融机构支付手续费。筹资费用一般是在筹集资金时一次性支付，在使用过程中不再发生，具有种类多、金额小，一次发生、与资金占用时间无关等特点。

用资费用，是指酒店在使用资金的过程中所支付的费用。如华侨城 2009 年第一期短期融资方案中需要向投资者支付的债券利息；向银行借款而支付给银行的利息；发行股票向股东支付的股利等。用资费用一般是在资金使用过程中发生的，具有种类少、金额小、多次发生、与资金占用时间相关的特点（资金使用时间越长，用资费用就越多）。

（二）资金成本的分类

资金成本有多种形式，按资金成本的用途不同分为：个别资金成本、综合资金成本和边际资金成本。

（1）个别资金成本。是指单个筹资方式的资金成本，包括债券成本、银行借款成本、普通股成本等。

（2）综合资金成本。是指分别以各种资金成本占全部成本比重为权数计算的资金成本。

（3）边际资金成本。是指每增加一个单位而增加的成本。

酒店在比较各种筹资方式时，使用个别资金成本，如长期借款成本、债券成本、股票成本等；酒店在进行全部资本结构决策时，使用综合资金成本；酒店在追加筹资决策时，使用边际资金成本。

（三）资金成本在决策中的作用

（1）资金成本在酒店筹资决策中的作用。运用资金成本可以计算并确定酒店筹资来源、酒店筹资规模的大小、酒店筹资方式及确定最优资本结构。进行比较时，资金成本低者为首选方案。

（2）资金成本在酒店投资决策中的作用。运用资金成本可以计算投资项目的净现值，净现值越大，方案可行度越高；利用内含报酬率对投资项目作评价时，如果投资项目的内含报酬率不低于资金成本时，投资项目才可行。

（3）资金成本在酒店经营业绩评价中的作用。运用资金成本可以作为衡量酒店经营业绩的标准，如投资利润率低于资金成本，说明酒店经营不力，需要改善经营。

二、个别资金成本的计算

资金成本可以用绝对数表示，也可以用相对数来表示。在财务管理中，一般用相对数表示为多。即资金成本为用资费用与筹资净额（筹资总额扣除筹资费用后的差额）之间的比率。其计算公式如下：

$$资金成本=\frac{用资费用}{筹资总额（1-筹资费率）}\times 100\%$$

或

$$K=\frac{D}{P-f}\times 100\%=\frac{D}{P（1-F）}\times 100\%$$

式中：K 为资本成本，用百分率表示；D 为用资费用；P 为筹资数额；f 为筹资费用；F 为筹资费用率，即筹资费用与筹资数额的比率。

（一）长期借款成本

酒店长期借款的成本（Cost of Long-Term Loan）可用下列公式计算：

$$K_l=\frac{I_l（1-T）}{L（1-F_l）}\times 100\%$$

式中：K_l 为长期借款成本；I_l 为长期借款年利息；T 为酒店所得税税率；L 为长期借款筹资额，即借款金额；F_l 为长期借款筹资费用率。

因为长期借款的利息可以在所得税税前支付，所以，酒店实际负担的利息（用资费用）为 I_l（1–T）；同时利息的 $I_l=L\times i$（利息率），由此，长期借款资金成本公式还可以写为：

$$K_l=\frac{i(1-T)}{1-F_l}\times 100\%$$

例 3–3 某酒店筹得长期借款 150 万元，年利率 10%，期限 3 年，每年付息一次，到期一次还本。筹措这笔借款的费用率为 0.5%。酒店所得税率为 20%。则长期借款的资金成本为：

$$K_l=\frac{150\times 10\%\times(1-20\%)}{150\times(1-0.5\%)}=8.04\%$$

（二）债券成本

债券成本（Cost of Bond）中的利息也在所得税前列支，但发行债券的筹资费用一般较高，所以在计算时不得忽略。债券的筹资费用即债券发行费用，包括申请发行债券的手续费、债券注册费、印刷费、上市费以及推销费用等。其中有些费用按一定的标准（定额或定率）支付，有的并无固定的标准。债券成本的计算公式为：

$$K_b=\frac{I_b(1-T)}{B(1-F_b)}$$

式中：K_b 为债券成本；I_b 为债券年利息；B 为债券筹资额，按发行价格和发行数量确定；F_b 为债券筹资费用率。

例 3–4 某公司发行一种面值为 1000 元、票面利率 12%、10 年期、每年付息一次、到期还本的债券。若发行价格为 980 元，发行费用占发行价格的 5%，公司所得税税率为 25%，则该债券成本可计算如下：

$$K_b=\frac{1000\times 12\%\times(1-25\%)}{980\times(1-5\%)}=9.67\%$$

上例中的债券是按折价发行，如果采用平价发行方式，则债券成本为：

$$K_b=\frac{1000\times 12\%\times(1-25\%)}{1000\times(1-5\%)}=9.47\%$$

课堂思考

如果例 3-4 中采用溢价发行方式，债券资金成本为多少？请问为什么债券溢价发行后，债券资金成本反而要比折价低？

（三）普通股成本

普通股成本（Cost of Common Stock）是股东所要求的最低投资报酬率，正常情况下，这种最低报酬率应表现为逐渐递增的趋势。如果股利每年以固定比率增长，第一年股利为 D_c，则第二年为 $D_c(1+G)$，第三年为 $D_c(1+G)^2$，…，第 n 年为 $D_c(1+G)^n$。因此，普通股成本的计算公式经推导可简化为：

$$K_c=\frac{D_c}{P_c(1-F_c)}+G$$

式中：K_c 为普通股成本；D_c 为第一年预计股利额；P_c 为普通股筹资额；F_c 为普通股筹资费用率；G 为股利预计年增长率。

例 3–5 某公司发行普通股总价格为 500 万元，筹资费用率为 4%，第一年股利率为 12%，以后每年增长 5%。普通股成本为：

$$K_c=\frac{500\times 12\%}{500\times(1-4\%)}+5\%=12.5\%+5\%=17.50\%$$

（四）优先股成本

优先股成本（Cost of Preferred Stock），酒店发行优先股筹资需支付发行费用如注册费、代销费，还要定期支付股利。它与负债的区别：股利是在税后支付，不减少应上缴的所得税，且没有固定到期日。一般优先股股利通常是固定的，其计算公式为：

$$K_p=\frac{D_p}{P_p(1-F_p)}$$

式中：K_p 为优先股成本；D_p 为优先股年股利；P_p 为优先股筹资额（应按实际发行价格确定）；F_p 为优先股筹资费用率。

例 3–6 某旅游企业发行优先股总面额为 100 万元，总价为 125 万元，筹资费用率为 6%，规定年股利率为 14%，则优先股成本计算如下：

$$K_p=\frac{100\times 14\%}{125\times(1-6\%)}=11.91\%$$

由于优先股股利在税后支付，而债券利息在税前支付。当企业破产清算时，优先股持有人的求偿权在债券持有人之后，故其风险大于债券。因此，优先股成本明显高于债券成本。

相关链接 搜索

中国新住宿经济第一股

亚朵集团于 2022 年 11 月 11 日在纳斯达克挂牌上市，正式成为“中国新住宿经济第一股”。

招股说明书显示：亚朵发行股票代码 ATAT，公开发行 475 万股，发行价为 11 美元 / 股，以 14.11 美元 / 股报收，上涨 28.27%，共募集资金超 5225 万美元。亚朵连续三年均实现盈利，2019 ~ 2021 年及 2022 年前三季度，亚朵分别实现营收 15.68 亿元、15.67 亿元、21.48 亿元及 16.37 亿元；净利润分别为 0.61 亿元、0.38 亿元、1.40 亿元及 1.79 亿元。其中，2022 年第三季度的净利润为 1.11 亿元，净利率达 16.6%，创下历史新高。截至 2022 年 9 月 30 日，亚朵业务遍及中国 151 座城市，共有 880 家酒店，拥有酒店客房 102707 间。

作为亚朵集团的创始人耶律胤始终心系亚朵村。亚朵村当地原本有一些茶园，但因为缺少销路，茶叶卖不出去，最终茶园也荒废了。2017 年，耶律胤承诺要帮助亚朵村重建茶园，并且所有茶叶的销售渠道由亚朵集团负责。5 年间，亚朵集团在当地的成品茶采购金额累计超 2300 万元，在亚朵集团的帮助下，亚朵村成了怒江州第一批实现脱贫的村。

——资料来源：作者收集并整理。

（五）留存收益成本

留存收益（Cost of Retained Earning）是酒店内部积累形成的资金来源，相当于股东对企业的追加投资。从表面上分析，留存收益好像没有资金成本，但是股东愿意放弃股利而将资金留存企业并再予以投资，是期望获得与普通股相同的报酬，至少是应该与股东自行从事风险相近投资项目所能获得的报酬相等。因此，留存收益也有资金成本，不过是机会成本。

留存收益的确定方法与普通股成本基本相同，只是不考虑筹资费用。其计算公式为：

$$K_R=\frac{D}{P}+G$$

例 3–7 某公司发行普通股总价格为 500 万元，筹资费用率为 4%，第一年股利率为 12%，以后每年增长 5%，该公司的留存收益为 50 万元，则：

$$K_R=\frac{50\times 12\%}{50}+5\%=17\%$$

课堂思考

试比较上述五种筹资方式资金成本的大小。如果你是一名稳健型的投资者，你将会采用哪些方式进行筹资？

三、综合资金成本的计算

酒店可以从多种渠道，采用多种方式来筹集资金，而不同方式和渠道下的筹资成本是不一样的。为了正确进行筹资和投资决策，就必须计算酒店综合资金成本。

综合资金成本（Overall Cost of Capital）是分别以各种资金成本为基础，以各种资金占全部资金的比重为权数，对个别资金成本进行加权平均确定的，故也称加权平均资金成本（Weighted Average Cost of Capital，WACC）。其计算公式为：

$$K_w=\sum_{j=1}^{n}K_jW_j\text{（其中，}\sum_{j=1}^{n}W_j=1\text{）}$$

式中：K_w 为综合资本成本，即加权平均资金成本；K_j 为第 j 种个别资金成本；W_j 为第 j 种个别资金占全部资金的比重，即权数。

例 3–8 某酒店股份有限公司共有长期资本（账面价值）1000 万元，其中长期借款 150 万元、债券 200 万元、优先股 100 万元、普通股 300 万元、留存收益 250 万元，其成本分别为 5.64%、6.25%、10.50%、15.70%、15%。该公司的综合资金成本可分两步计算：

第一步，计算各种资金占全部资金的比重。

长期借款：$W_l=\frac{150}{1000}=0.15$

债券：$W_b=\frac{200}{1000}=0.20$

优先股：$W_p=\frac{100}{1000}=0.10$

普通股：$W_c=\dfrac{300}{1000}=0.30$

留存收益：$W_R=\dfrac{250}{1000}=0.25$

第二步，计算加权平均资金成本。

$$K_v=5.64\%\times0.15+6.25\%\times0.20+10.50\%\times0.10+15.70\%\times0.30+15.00\%\times0.25$$
$$\approx0.85\%+1.25\%+1.05\%+4.71\%+3.75\%=11.61\%$$

值得注意的是，上述综合资金成本计算中的权数是按账面价值确定的。使用账面价值权数易于从资产负债表上取得这种资料，但若债券和股票的市场价值与账面价值出现较大差距时，就会误估加权平均资本成本，不利于筹资决策。

在实际工作中，权数还有两种选择，即市场价值权数和目标价值权数。市场价值权数（Market Value Weights）是指债券、股票等以及以现行市场价格确定权数，用以计算加权平均资金成本。目标价值权数（Target Value Weights）是指债券、股票等以未来预计的目标市场价值确定权数，用以估计加权平均资金成本。

四、边际资金成本

边际资金成本（Marginal Cost of Capital，MCC）是指资金每增加一个单位而增加的成本。随着时间的推移和筹资条件的变化，酒店不可能以某一固定不变的资本成本筹措无限的资金，当其筹措的资金超过一定限度时，原来的资本成本就会增加。在多种筹资方式下即使酒店的资本结构不变，随着追加筹资的不断增加，也会由于个别资本成本的变化而使企业加权平均资本成本发生变动。因此，边际资本成本是酒店追加筹资的成本，是追加筹资的依据。

例 3–9　旅游公司目标资本结构为：负债 0.2、优先股 0.05、普通股权益（包括普通股和留存收益）0.75。现拟追加筹资 300 万元，并保持原有资本结构不变。个别资本成本预计分别为：负债 7.50%，优先股 11.80%，普通股权益 14.80%。按加权平均法计算追加筹资 300 万元的边际资本成本如表 3–8 所示。

表3-8 边际资本成本计算表

资本种类	目标资本结构	追加投资	个别资本成本（%）	边际资本成本（%）
负　债	0.20	60	7.5	1.50
优先股	0.05	15	11.80	0.59
普通股权益	0.75	225	14.80	11.10
合　计	1.00	300	—	13.19

课堂思考

假定目标资本结构保持不变，在追加筹资前负债、优先股、普通股权益个别资金成本分别为7.2%、11.50%、14.80%，请问在例3-9中的个别资金成本为何都提高了？

第四节　酒店筹资决策与分析

酒店在各种筹资方案选择中需要考虑风险因素，并在杠杆利益与风险之间做出平衡，从而确定酒店最优资本结构。

一、酒店杠杆效应和风险

在酒店的财务管理中，杠杆是利用有固定成本的资产（如固定资产的折旧、保险费、租金等），或资金来源（如发行债券筹资支付的利息、发行优先股集资支付的优先股利）进行经营，由于存在固定费用，当某一财务变量以较小幅度变动时，另一相关变量会以较大幅度变动，这就是杠杆现象。财务管理中的杠杆，包括经营杠杆、财务杠杆和复合杠杆。

为了便于读者了解杠杆效应的原理，先介绍一些相关知识，如成本习性、边际贡献、息税前利润。

（一）成本习性、边际贡献和息税前利润

1. 成本习性及分类

成本习性是指成本总额与销售量之间在数量上存在的依存关系。成本按习性可以划分为固定成本、变动成本和混合成本三类。在实际工作中需要将混合成本分解为固定成本和变动成本，以便准确计算企业的总成本。

总成本 = 变动成本总额 + 固定成本总额

例 3–10 桦林饭店坐落在国内著名的白桦林区域，拥有豪华客房 15 间。表 3–9 为饭店 2015 年到 2020 年的房务成本，试计算饭店 2020 年的固定成本、变动成本、边际贡献和息税前利润。

表3–9 桦林饭店房务成本和清洁客房间数

年 份	房务成本（元）	清洁的客房数（间）	年 份	房务成本（元）	清洁的客房数（间）
2015	16880	1800	2018	17680	2000
2016	17280	1900	2019	17720	2010
2017	17600	1980	2020	18000	2080

从资料中我们可知各月的房务成本，但是会发现，各月房务成本的总额并非随着清洁客房数量的增加而增加，说明成本中有随销量增加而变化的成本，也有不随销量增加而变化的成本。

（1）固定成本，是指其总额在一定时期和一定销售量范围内，不随销售量变动的成本。如固定资产按直线法计提的折旧费、管理人员的工资、财产保险费、场地维修费等。

（2）变动成本，是指在一定时期、一定的销售量范围内，随销售量变动而变动的成本，如餐饮原材料、调料、计件人员工资等。

（3）混合成本，是指同时兼有固定成本和变动成本两种性质的成本。其基本特点是：有一个初始量保持固定成本不变，在初始量的基础上，随业务量的变动而变动。如一名酒店营销部经理的薪酬中有一部分是固定的，另外一部分是随着销售指标完成情况的多少而变化。他的薪酬即为混合成本。

接例 3–10，我们观察可知，由于多清洁了 210 间（2010–1800）客房，桦林饭店增加了 840 元（17720–16880）的房务成本，因此，每间客房的变动成本可知为 4 元

（840 ÷ 210）。

知道了每间客房的变动成本，任选 2015 ~ 2020 年的数据，通过总成本计算可知，固定成本为（假定选择 2015 年的数据）：

$$固定成本总额 = 总成本 - 变动成本总额 =16880-4 \times 1800=16880-7200=9680（元）$$

结论：桦林饭店 2020 年的房务总成本为 18000 元，其中固定成本为 9680 元，变动成本为 8320 元（4 × 2080）。

2. 边际贡献

边际贡献是指销售收入减去变动成本后的差额，它表明每增加一个销售量将给企业带来的额外收益。在固定成本一定的情况下，边际贡献越大，企业获得的利润就越高。

例 3–11 假定桦林饭店 2020 年的客房营业收入总额为 22000 元，则 2020 年的边际贡献为 22000–8320=13680（元）。

3. 息税前利润

息税前利润是指酒店支付债务利息和缴纳所得税之前的利润。其计算公式为：

$$\begin{aligned}息税前利润 &= 销售收入 - 变动成本 - 固定成本 = 边际贡献 - 固定成本\\ &=（销售单价 - 单位变动成本）\times 销售量 - 固定成本\end{aligned}$$

例 3–12 根据前述计算，已知桦林饭店 2020 年边际贡献为 13680 元，固定成本为 9680 元，则息税前利润为：

$$息税前利润 = 边际贡献 - 固定成本 =13680-9680=4000（元）$$

（二）经营杠杆与经营风险

经营杠杆又称营业杠杆或营运杠杆，反映销售和息税前利润的杠杆关系，计算销售量的变动水平对利润变动的影响。它是酒店在经营决策时对经营成本中固定成本的利用。也就是说，当酒店固定成本占很大比重时，只要销售量略有变化，就会导致其利润的大幅度变化。

1. 经营杠杆系数

为了反映经营杠杆的作用程度、估计经营杠杆利益的大小、评价经营风险的高低，需要测算经营杠杆系数。经营杠杆系数（Degree of Operational Leverage，DOL）是指息税前利润变动率相对于销售量变动率的倍数，其计算公式为：

$$经营杠杆系数=\frac{息税前利润变动率}{销售量变动率}=\frac{基期边际贡献}{基期息税前利润}$$

例 3–13　假定桦林饭店 2020 年和 2021 年的有关销售额成本数据罗列如表 3–10 所示。请计算桦林饭店 2021 年的经营杠杆系数。

表3–10　桦林饭店2020～2021年资料

单位：元

项　目	2020 年	2021 年	变动额（△）	变动率（%）
销售额	22000	23270	1270	5.77
变动成本	8320	8800	480	5.77
边际贡献	13680	14470	790	5.77
固定成本	9680	9680	0	0.00
息税前利润	4000	4790	790	19.75

$$DOL=\frac{\triangle EBIT/EBIT（息税前利润变动率）}{\triangle PX/PX（销售额变动率）}=\frac{19.75\%}{5.77\%}=3.42$$

或

$$DOL=\frac{M（基期边际贡献）}{EMIT_{2010}（基期总税前利润）}=\frac{13680}{4000}=3.42$$

此例表明，当饭店销售额增长 1 倍时，息税前利润将增长 3.42 倍；反之，息税前利润将会下降。前者表现为经营杠杆利益，后者表现为经营杠杆风险。

2. 经营杠杆与经营风险

企业的经营风险大小与经营杠杆系数有关。一般而言，企业的经营杠杆系数越大，经营杠杆风险就越高。在其他因素不变的条件下，固定成本越高，经营杠杆系数就越大，经营风险就越高，企业收益反而越低。

课堂思考

如果固定成本为零，则经营杠杆系数为多少？

例 3–14　接例 3–13，假定桦林饭店固定成本分别为 9680 元、10000 元、12000 元的情况下，请分别计算经营杠杆系数。计算结果如表 3–11 所示。

表3–11　固定资产的变动对经营杠杆系数的影响

项　目	2021 年	变动率
销售额（元）	23270	
变动成本（元）	8800	
边际贡献（元）	14470	
固定成本（基期）（元）	9680	
息税前利润（元）	4790	
经营杠杆系数（DOL）	3.42	
固定成本（元）（变化 1）	10000	3.31%
息税前利润（元）（变化 1）	4470	–6.68%
经营杠杆系数（DOL）（变化 1）	3.72	8.77%
固定成本（元）（变化 2）	12000	23.97%
息税前利润（元）（变化 2）	2470	–48.43%
经营杠杆系数（DOL）（变化 2）	8.15	138.30%

课堂思考

在息税前利润一定的情况下，固定成本变大，经营杠杆系数将发生哪些变化？

（三）财务杠杆与财务风险

财务杠杆又称融资杠杆，是指酒店在制定资本结构决策时对债务资本（资本成本事先固定，不随酒店收益情况变化的资本，包括长期负债资本和优先股股本）的利用，从而对酒店收益及股利产生影响。它反映销售利润和税后净利按普通股股数摊配计算的每股盈利的杠杆关系，计量销售利润的变动水平对每股盈利（指普通股，下同）变动的影响。

1. 财务杠杆系数

财务杠杆系数（Degree of Financial Leverage，DFL）又称财务杠杆程度，是普通股每股税后利润变动率相当于息税前利润变动率的倍数。它可以用来反映财务杠杆的作用程度，评价财务杠杆利益大小和筹资风险的高低。计算公式为：

$$财务杠杆系数=\frac{基期息税前利润}{基期息税前利润-基期利息-基期优先股股息/(1-所得税税率)}$$

例 3–15　桦林饭店 2020 年实现的息税前利润为 4000 元，发生利息费用 800 元，适用的所得税税率为 25%，其财务杠杆系数为：

$$DFL=\frac{基期息税前利润}{基期息税前利润-基期利息-基期优先股股息/(1-所得税税率)}=\frac{EBIT}{EBIT-I}=\frac{4000}{4000-800}=1.25$$

上例中财务杠杆系数为 1.25 的含义：当息税前利润增长 1 倍时，普通股每股收益将增长 1.25 倍；反之，普通股每股收益将下降。前种情形表现为财务杠杆利益，后种情形表现为财务风险。

2. 财务杠杆与财务风险

财务风险，主要是指与酒店筹资相关的风险，尤其是指财务杠杆导致酒店所有者收益变动的风险，甚至可能导致酒店破产的风险。由于财务杠杆的作用，当息税前利润下降时，税后利润下降得更快，从而给酒店带来筹资风险。一般而言，财务杠杆系数越大，企业的财务风险就越高；财务杠杆系数越小，企业的财务风险就越小。

例 3–16　某股份公司有资本 1000 万元，准备采用筹资方案，第一种是全部为权益资金；第二种是负债率占资本总额的 30%；第三种是负债率占资本总额的 60%，假定债务年利息率为 10%，息税前利润为 110 万元，试计算三种方案下的财务杠杆系数。计算结果如表 3–12 所示。

表3–12　股份公司财务杠杆系数计算表

单位：万元

项　目	负债比率		
	0%	30%	60%
资本总额	1000	1000	1000
其中：负债	0	300	600
权益资本	1000	700	400
息税前利润	110	110	110
利息费用（年利率 10%）	0	30	60
税前利润（利润总额）	110	80	50
所得税（所得税税率 25%）	27.5	20	12.5

续表

项　目	负债比率		
	0%	30%	60%
税后利润（净利润）	82.5	60	37.5
净资产收益率（%）	8.25	8.57	9.38
财务杠杆系数	1.00	1.38	2.20

由表 3–12 可知，当负债率占资本总额的 60% 时，财务杠杆系数最大，为 2.2，而反映企业盈利能力的指标净资产收益率也最大，为 9.38%。净资产收益率（净资产收益率 = 净利润 / 权益资本）表明公司所有者投入 1 元钱可获得 9.38 元的投资回报，净资产收益率越高说明企业获得的收益越多。一般高风险伴随着高收益。在息税前利润为 110 万元的情况下，负债比率越高，所获得财务杠杆的利益越大，净资产收益率越高。

课堂思考

问题：例 3–16 是假定息税前利润为 110 万元情况下所计算的财务风险，那么如果息税前利润为 80 万元时，会产生哪些变化？请结合上例进行分析。

（四）复合杠杆与企业风险

经营杠杆是通过扩大销售影响息税前利润，而财务杠杆则是通过扩大息税前利润影响每股收益。两者最终都影响到酒店所有者及普通股股东的收益。对于经营杠杆与财务杠杆的综合影响，可以用复合杠杆函数来反映。

1. 复合杠杆系数

复合杠杆系数（Degree of Combined Leverage，DCL）为经营杠杆系数和财务杠杆系数的乘积，反映销售额和每股收益之间的杠杆关系。其计算公式为：

$$\text{复合杠杆系数} = \text{经营杠杆系数} \times \text{财务杠杆系数} = \frac{\text{每股收益变动率}}{\text{销售量变动率}}$$

或

$$DCL=DOL \times DFL=\frac{\triangle EPS/EPS}{\triangle EBIT/EBIT}$$

例 3-17　根据例 3-14 和例 3-16 计算可知，桦林饭店 2020 年的经营杠杆系数和财务杠杆系数分别为 DOL=3.42，DFL =1.25，则：

$$DCL=DOL\times DFL=3.42\times 1.25\approx 4.28$$

在此例中，复合杠杆系数为 4.28 表明：当销售额或销量增长 1 倍时，普通股每股收益将增长 4.28 倍；反之，普通股每股收益将下降。

2. 复合杠杆与企业风险

企业风险包含经营风险和财务风险，复合杠杆是评价企业的整体风险，复合杠杆系数越大，说明企业风险越大。在复合杠杆系数一定的情况下，评价企业风险的实质是揭示了经营风险和财务风险此消彼长的关系。

课堂思考

什么是复合杠杆？复合杠杆系数高的企业，在风险控制上可以采取哪些措施加以改进？

二、酒店资本结构

资本结构是酒店筹资决策的核心问题。酒店应综合考虑有关影响因素，运用适当的方法确定最佳资本结构，并在以后追加筹资中继续保持。酒店现有资本结构不合理的，通过筹资活动进行调整，使其趋于合理，以至达到最优化。

（一）最佳资本结构的定义

资本结构是指企业各种资本的构成及其比例关系，实质上就是酒店负债和所有者权益之间的比例关系。

最佳资本结构是指酒店在一定时期、在最适宜的有关条件下，使其加权平均资本成本最低、酒店价值最大的资本结构，又称目标资本结构。酒店应综合考虑资金成本和财务风险、税收政策和货币政策、酒店经营状况的稳定性和成长性、酒店财务状况和信用等级、行业因素和企业规模、酒店资产结构与发展速度、酒店投资者和经营管理者的态度等诸多因素，运用适当的方法确定最佳资本结构。

（二）确定最佳资本结构的方法

在资本结构决策中，确定最佳资本结构可以运用比较资本成本法、每股利润分析法和企业价值分析法。

1. 比较资本成本法

比较资本成本法是计算不同资本结构（或筹资方案）的加权平均资本成本，并以此为标准相互比较进行资本结构决策。其决策步骤如下：

第一步：计算各备选方案的个别资本成本和加权平均资本成本。

第二步：比较各备选方案的加权平均资本成本，选择最佳资本结构。

例 3–18 假定开立酒店股份有限公司计划筹资 1000 万元，现有三种方案可供选择，如表 3–13 所示。

表3–13 开立酒店股份有限公司筹资方案

单位：万元

筹资方式	方案 A		方案 B		方案 C	
	筹资额	个别资金成本（%）	筹资额	个别资金成本（%）	筹资额	个别资金成本（%）
长期借款	150	5.64	200	6.00	250	6.50
债　　券	200	6.25	300	6.25	200	6.25
优 先 股	100	10.50	—	—	100	10.50
普 通 股	300	15.70	300	15.70	300	15.70
留存收益	250	15.00	200	15.00	150	15.00
合　　计	1000	—	1000	—	1000	—

计算每种筹资方案的加权平均资金成本：

$$K_A=\frac{150}{1000}\times5.64\%+\frac{200}{1000}\times6.25\%+\frac{100}{1000}\times10.50\%+\frac{300}{1000}\times15.70\%+\frac{250}{1000}\times15\%=11.61\%$$

$$K_B=\frac{200}{1000}\times6.00\%+\frac{300}{1000}\times6.25\%+\frac{300}{1000}\times15.70\%+\frac{200}{1000}\times15\%=10.79\%$$

$$K_C=\frac{250}{1000}\times6.50\%+\frac{200}{1000}\times6.25\%+\frac{100}{1000}\times10.50\%+\frac{300}{1000}\times15.70\%+\frac{150}{1000}\times15\%=10.89\%$$

比较分析，B 方案的资金成本最低，所以三个方案中应选择 B 方案。

比较资本成本法的优点：计算简便，通俗易懂。缺点：仅限于几种备选方案的比较，可能遗漏最优方案。

2. 每股利润分析法

每股利润分析法是利用每股利润无差别点来进行资本结构决策的方法。每股利润无差别点是指两种筹资方式下普通股每股利润等同息税前利润点，也称息税前利润平衡点，也可称之为筹资无差别点。根据每股利润无差别点，可以分析判断在什么情况下运用债务筹资来安排和调整资本结构。其计算步骤如下：

第一步：列出不同筹资方式下每股收益的计算公式。

$$EPS=\frac{(EBIT-I)\times(1-T)-D}{N}$$

式中：*EBIT* 为息税前利润；*I* 为年利息；*T* 为所得税税率；*D* 为优先股股利；*N* 为普通股股数。

第二步：设息税前利润为未知数，罗列使每股收益相等的等式。

$$\frac{(\overline{EBIT}-I_1)\times(1-T)-D_1}{N_1}=\frac{(\overline{EBIT}-I_2)\times(1-T)-D_2}{N_2}$$

式中：$\overline{EBIT}$为每股收益无差别点息税前利润。其他字母所表示内容同前。

第三步：计算上式中的息税前利润，即每股收益无差别点。

第四步：做出决策。一般选择方案的基本要求有：

（1）当实际或预计息税前利润大于每股收益无差别点的息税前利润时，运用负债筹资方式可获得较高的每股收益。

（2）当实际或预计息税前利润小于每股收益无差别点的息税前利润时，运用权益筹资方式可获得较高的每股收益。

（3）当实际或预计息税前利润等于每股收益无差别点的息税前利润时，运用负债筹资和权益筹资两种方式可获得相同的每股收益，两种方式均可采用。

例 3–19　海利餐厅目前有资金 75 万元，现因经营需要，准备再筹资 25 万元。筹资考虑采用两种方式募集：一种是发行普通股 1 万股，发行价格为 25 元，募集资金 25 万元；另一种是发行债券，预计债券的年利率为 8%，期限为 3 年，募集资金 25 万元。餐厅增资后预计息税前利润为 10 万元。海利餐厅原资本结构和增资后的资本结构如表 3–14 所示。

表3–14　海利餐厅资本结构变化情况表

单位：元

筹资方式	原资本结构	增加筹资后资本结构	
		增发普通股	增发公司债券
公司债券（利率 8%）	100000	100000	350000
普通股股本（面值 10 元）	200000	300000	200000
资本公积	250000	400000	250000
留存收益	200000	200000	200000
筹资总额合计	750000	1000000	1000000
普通股股数（股）	20000	30000	20000

根据资本结构的变化情况，以及已知餐厅增资后预计息税前利润为 10 万元，则可以计算两种不同增资方案下的每股收益，计算结果如表 3–15 所示。

表3–15　海利餐厅不同资本结构下的每股利润计算表（息税前利润为10万元）

单位：元

项　目	增发股票	增发债券	项　目	增发股票	增发债券
预计息税前利润（EBIT）	100000	100000	净利润	69000	54000
减：利息	8000	28000	普通股股数	30000	20000
税前利润	92000	72000	每股利润（EPS）	2.300	2.700
减：所得税（25%）	23000	18000			

注：每股利润（或每股收益）的计算公式是净利润与公司发行在外的普通股股数的比值。

从表 3–15 可见，在息税前利润为 10 万元的情况下，利用增发公司债券的形式募集资金能使每股利润上升较多（2.70 > 2.30），这种资金结构下的股票价格反而可上涨，为餐厅带来额外收益。

那么，餐厅增资后预计息税前利润为 5 万元时，两种方案下的每股利润计算结果是怎样的呢？如表 3–16 所示。

表3–16　海利餐厅不同资本结构下的每股利润计算表（息税前利润为5万元）

单位：元

项　目	增发股票	增发债券	项　目	增发股票	增发债券
预计息税前利润（EBIT）	50000	50000	净利润	31500	16500
减：利息	8000	28000	普通股股数	30000	20000
税前利润	42000	22000	每股利润（EPS）	1.050	0.825
减：所得税（25%）	10500	5500			

从表 3-16 可知，在息税前利润为 5 万元的情况下，利用增发股票的形式募集资金能使每股利润上升较多（1.050 ＞ 0.825），这种资金结构下债券筹资不变，股票价格的上涨可能会为餐厅带来额外收益。

那么，究竟息税前利润为多少时，发行股票对餐厅有利？息税前利润为多少时，发行债券对餐厅有利？这就需要测算每股利润无差别点处的息税前利润（$\overline{EBIT}$）。计算公式为 $\frac{(\overline{EBIT}-I_1)\times(1-T)-D_1}{N_1}=\frac{(\overline{EBIT}-I_2)\times(1-T)-D_2}{N_2}$，式中：$EBIT$ 为息税前利润；I 为利息；T 为所得税税率；D 为优先股股利；N 为普通股股数。

根据表 3-15、3-16 中的资料，代入上式，由于两种方案下都没有发放优先股股利，所以 D 不用考虑，$\frac{(\overline{EBIT}-8000)\times(1-25\%)}{30000}=\frac{(\overline{EBIT}-28000)\times(1-25\%)}{20000}$

求得：$EBIT$=68000（元）

计算结果是：当 $EBIT$=68000 元时，增发股票与增发债券的每股收益相等。由此可知：当 $EBIT$ ＞ 68000 元时，增发债券比增发股票有利；当 $EBIT$ ＜ 68000 元时，增发股票比增发债券有利。

现在海利餐厅预计 $EBIT$ 为 100000 元，所以应选择增发债券的筹资方式。

在采用每股利润分析法时，无论是采用债务资本还是采用权益资本，均假定每股收益处于何种状态？

每股利润分析法的原理较为容易理解，但是计算过程复杂，尤其该方法是假定在股票价格不变、风险一定的情况下的每股收益，这种理解是不全面的。从理论上分析，最优资本结构应该是企业价值最大化，而不是股票价值最大化的资本结构。所以这种方法适用于资本规模不大、资本结构不太复杂的公司。

3. 企业价值分析法

企业价值分析法是在充分考虑企业财务风险，以企业市场价值为标准，经过测算确定企业最佳资本结构的方法。采用企业价值分析法进行资本结构决策，更符合企业价值最大化的财务目标；但是其计算过程较为复杂，通常适用于资本规模较大的上市公司。

相关链接 搜索

住宿业资产证券化

居于世界前列的酒店集团大多实现了上市，且万豪系和希尔顿系分别有酒店运营管理、酒店资产管理和分时度假三个上市平台。据粗略统计，截至 2020 年 11 月 25 日，美国酒店类上市公司市值高达 1500 亿美元，中国近 10 家酒店类上市公司市值约为前者的 1/5，如下表所示。

中美上市住宿企业市值表

美国酒店类上市公司	市值	中国酒店类上市公司	市值
万豪	425 亿美元	锦江酒店	468 亿元
希尔顿	302 亿美元	华住酒店	168 亿元
洲际	116 亿美元	首旅酒店	242 亿元
凯悦	75 亿美元	开元酒店	43 亿元
温德姆	55 亿美元	金茂酒店	25 亿元
Hostelworld	99 亿美元	华天酒店	30 亿元
万豪度假环球	56 亿美元	格林酒店	13 亿元
Hilton Grand Vacations	25 亿美元	复星旅文	105.40 亿元
Park Hotels & Resorts	40 亿美元		
温德姆环球	40 亿美元		
爱彼迎	1000 亿美元		

我国住宿企业在资本市场上的市值不足美国住宿业上市公司市值的 1/8，说明我们没有用好资本市场，没有用好上市公司的平台，这与我国的经济地位以及旅游产业和住宿业的地位是不相匹配的。上市公司平台的价值不仅在于低成本融资和资本运作，还可以帮助公司建立现代企业制度，提升企业运营管理水平，实现低成本品牌推广。我们要最大限度地发挥好已上市平台的价值，同时推动住宿企业资产证券化，加快住宿企业的 IPO，继续努力推进酒店 REITs 的落地，用资本市场的力量助推行业高质量发展。

2020 年 12 月 10 日，全球最大的共享住宿预订平台爱彼迎（Airbnb）实现 IPO 上市，市值一举超过最大的酒店集团万豪国际。

国内住宿类上市公司主要有 A 股上市的首旅酒店、锦江股份、金陵饭店、华天酒店，美股上市的华住、格林酒店，港股上市的复星旅文、金茂酒店、开元酒店等。

2020 年 9 月 10 日，香港联交所披露了华住酒店集团（华住集团，NASDAQ：HTHT）通过上市聆讯后的资料集。资料显示，华住计划全球发行 2042 万股普通股，其中在香港公开发售 204.2 万股，股票代码 1179.HK。参考于华住集团在美国纳斯达克上市的存托股票（ADS）的价格，华住集团在香港上市发售的最高发行价为 368 港元 / 股。截至 2020 年 9 月 8 日，华住集团 ADS 的最后报告交易价格为 43.41 美元，相当于 336.44 港元 / 股。

华住集团指出，若以368港元的发行价格计算，扣除应支付的承销费用和其他发行费用，估计将收到全球发售的所得款项净额约为73.35亿港元。根据华住集团的招股说明书，此次募资将用于四个用途：（1）40%（约29.34亿港元）将用于支持公司的资本支出及开支，以加强公司的酒店网络包括新酒店开业以及现有酒店的升级及持续维护（计划在中国开设约50家新租用和自有酒店，包括经济型到高档型酒店）。其中，资本开支及开业前开支约14.11亿港元；升级维护等开支约15.22亿港元。（2）30%（约22亿港元）将用于偿还公司于2019年12月提取的500万美元循环信贷融资的一部分。（3）20%（约14.67港元）将用于增强公司的技术平台，包括华住会的忠诚奖励计划。其中，该笔募集款项中的50%将用于投资研发活动以及招募和激励研发人员；约25%将用于德意志酒店集团的酒店与华住集团的技术基础架构整合，并推出和升级华住集团的全球技术平台，包括华住会忠诚计划；25%将用于投资集团和酒店层面改进技术创新和数字化转型计划。（4）10%将用于一般公司用途。

——资料来源：根据《中国旅游住宿业发展报告2020》以及澎湃新闻有关报道整理而成。

复习与思考

一、名词解释

筹资渠道　筹资方式　销售百分比法　资金成本　最佳资本结构

息税前利润　经营杠杆　财务杠杆　每股利润分析法

二、简答题

1. 简述酒店筹资的来源。
2. 试比较权益筹资和负债筹资的不同。
3. 分析资金成本在决策中的作用。
4. 酒店应如何运用杠杆效应？请举例说明。
5. 如何准确进行酒店资金需要量的预测？一般采用哪几种方法？请分别加以说明。
6. 什么是资本结构？如何确定最优资本结构？

三、判断题

1. 发行公司债券属于债务资金筹集方式。（ ）

2. 与经营租赁相比较，融资租赁的设备所有权归出租人。（ ）

3. 企业筹集资金的目的是获得利息收入、偿还债务、扩大企业生产经营规模。（ ）

4. 商业信用、短期债券都是属于短期资金筹资方式。（ ）

5. 当企业的投资收益率大于债务资本成本时，企业可以开展负债经营、获得财务杠杆利益。（ ）

四、单项选择题

1. 选择资本结构不需要考虑的因素是（ ）。

A. 财务风险　B. 企业的资产结构

C. 企业的筹资策略　D. 企业的生产经营政策

2. 在个别资金成本的计算中，不必考虑筹资费用影响因素的是（ ）。

A. 长期借款成本　B. 留存收益成本

C. 债券成本　D. 优先股成本

3. 一般而言，下列筹资方式中，资金成本最高的是（ ）。

A. 发行普通股　B. 发行债券

C. 发行优先股　D. 长期借款

4. 以下不属于确定最佳资本结构的方法是（ ）。

A. 比较资本成本法　B. 每股利润分析法

C. 企业价值分析法　D. 目标价值分析法

5. S 公司发行优先股 100 万股，每股面值 100 元，固定年股利率为 12%，发行费用为 4%，发行价格为每股市价 110 元，则优先股资金成本为（ ）。

A. 12%　B. 12.5%　C. 11.36%　D. 8%

五、实践单元

1. A 公司将留存收益 100 万元用于追加投资，预计下一年股利率为 15%，以后每年增长 3%，则公司使用留存收益的成本是多少？

2. 公司发行 1450 万股票面值为 1 元的普通股，每股发行价格为 2.89 元，预计股利率为 28%，以后每年增长 5%，发行费用是实收金额的 6%，则普通股的成本是多少？

3. A公司发行优先股筹资，采用面值发行，发行总额200万元，发行费用10万元，股利率14%，则优先股资金成本为多少？

4. 某股份公司按面值发行5年期的债券2000万元，票面利率为年利率13%，筹资费率为3.5%，假如该公司所得税税率为25%，则该债券的资金成本为多少？

5. 花径公司权益和负债筹资额的比例为5∶4，当负债增加在100万元以内时，综合资金成本率为10%，若资金成本和资本结构不变，当另外发行100万元的负债时，筹资总额分界点为多少？

6. 某酒店股份有限公司目前拥有资金500万元，其中，普通股25万股，每股价格10元，每股股利2元，债券150万元，年利率为8%，优先股100万元，年股利率15%，目前的税后净利润为67万元，所得税税率为20%，该公司准备新开发一个投资项目，项目所需投资总额为500万元，预计项目投产后可使企业的年息税前利润增加50万元，投资所需资金有下列两种方案可供选择：

第一种方案，发行债券500万元，年利率为10%；

第二种方案，发行普通股股票500万元，每股发行价格20元。

要求：

（1）计算两种筹资方案的每股利润无差别点；

（2）计算两种筹资方案的财务杠杆系数与每股利润；

（3）若不考虑风险因素，确定该公司最佳的筹资方案。

7. 某公司2019年销售产品10万件，单价50元，单位变动成本30元，固定成本总额100万元，公司负债60万元，年利息率为12%，并且每年需支付优先股股利10万元，所得税税率为25%。

要求：

（1）计算2019年边际贡献；

（2）计算2019年息税前利润总额；

（3）计算该公司2019年的复合杠杆系数。

六、综合实训

假设某酒店股份有限公司拟筹集资金在上海市奉贤海湾旅游度假区投资建设一座客房间数在120间以下的经济型酒店，请你结合所学的专业知识，提出筹资方案，并进行可行性分析。在分析中要体现如下内容：

1. 筹资方案（包括筹资渠道、筹资方式、筹资金额等）。

2. 筹资市场的可行性分析。

3. 筹资方案的政策分析。

4. 筹资方案的财务分析（包括各种筹资方式的资金成本以及加权平均资金成本等）。

5. 确定公司的筹资方案，并说明不同资本结构对企业资金成本、财务风险等方面的影响。

推荐阅读

1. 单蕊，车俊文，肖贤飞．低碳经济背景下旅游企业财务管理制度设计［M］．济南：山东人民出版社，2018.

2. 田新平．华天酒店财务管理存在的问题及对策分析［J］．内蒙古科技与经济，2022（23）：82−85.

3. 张卫丽．基于“区块链＋资本成本”的筹资管理体系构建研究［J］．河南科技，2022，41（11）：133−137.

第四章

酒店投资管理

酒店投资是实现财务管理目标的基本前提。酒店财务管理的目标是不断提高企业的价值，为此，就要采取各种措施增加利润，降低风险。

本章介绍了酒店投资项目在初始投资阶段、营业阶段、终结阶段现金净流量的计算；投资项目决策评价方法、投资回收期、平均报酬率、净现值、获利指数、内含报酬率的计算；各种评价方法在项目投资中的运用。

学习目标

知识目标

1. 现金流量与利润的区别。
2. 分析贴现指标与非贴现指标的投资决策评价方法的优缺点。
3. 投资决策评价指标在酒店的运用。

技能目标

1. 准确计算投资项目各阶段的现金净流量。
2. 掌握投资决策评价指标的计算方法。
3. 掌握运用 Excel 工具进行投资决策方案分析和评价。
4. 掌握固定资产的投资决策。

案例

如何用“数据”找到酒店投资市场价值高地

新时代的酒店投资人和管理者如何以“数据为尺”，在寻找下一个中国酒店市场价值高地的同时，培养自身的“数据经验”并建立数字化思维？

一、宏观环境分析

（1）城市资源聚合力，该指标是评估一座城市所拥有的产业、商业、交通、会展等与酒店行业密不可分的城市资源，判断该城市是否具备强大的资源聚集能力，进而形成充足且多元的市场需求基础，为酒店市场贡献商务、会议等类型丰富的客群。

（2）文旅产业的发展潜能，该指标是衡量一座城市中酒店产业未来增长的重要一环，通过归纳城市过去所积累的文旅产品、景点资源以及旅游市场的流量与消费水平，评估该城市在文旅产业上是否具有独特的竞争优势，同时具备优秀文旅资源禀赋，以实现良好的文旅市场规模及支付力水平。

（3）城市发展成长性，该指标要求投资者具备长期眼光看待市场，对城市发展的定位拥有较为深入的理解，并基于此对未来经济、人口、消费等趋势发展做出合理预判。

二、识别目标市场的酒店生命周期

基于厚海数据平台对于中国酒店市场的评估体系，酒店市场所处的周期与酒店的生命周期相似，通常可被划分为起步期、成长期、成熟期与衰退期，周期的划分标准一般由供给规模、层级分布、开业年限、经营业绩、新增酒店情况等多个关键性数据指标所综合决定。

尽管仍有少数空白市场存在，但目前中国绝大部分地区的酒店产业已经跨过了“起步期”阶段，迈入了“成长期”阶段，且仅有北京等极个别城市在经历了高速成长之后，率先步入了“成熟期”。

1. 成长期

特征：供给激增，开发市场活跃。说明市场仍然留有一定的投资空间，这种空间一方面可能源自宏观环境发展带来天花板的抬升；另一方面也有可能源自供给结构的不完善，存在部分产品的缺失。

投资策略：“抬高市场”或是“查漏补缺”是进入这一市场的投资者主要开拓的方向。当然，机会与风险并存，在市场结构与尚未完全稳定且供需多生变化的情况下，投资者仍然需要关注酒店产品的“灵活性”，为潜在的变化预留出调整的空间。

2. 成熟期

特征：供需稳定，存量机会成为主旋律。说明市场以“稳”字当头——在外界环境没有重大波动的情况下，不论是供需情况，还是经营业绩，都会维持在某一个平衡状态下。

投资策略：通常有两个解法：一种是在现有的产品体系中挖掘细分市场，在这项垂直门类下积极打造出极致契合的产品类型；另一种是针对存量市场做出增量，精益求精，通过有效的资产管理带动酒店的业绩提升，实现更好的现金流水平。

三、多维洞察市场机会

在对宏观环境和城市市场发展阶段有了较为全面的认知与判断之上，投资者可进一步对目标市场的市场结构、品牌渗透以及潜力等维度进行分析，凭借翔实的市场数据支持，完成实际理性的投资决策。

1. 透过市场结构发现产品机会

投资者可以根据自身投资策略的侧重点，对于大到整个目标市场的供给层级结构、产品结构、管理模式格局、需求结构等方面，小到客房规模的结构、餐饮设施的结构、宴会 / 会议设施的结构等各收入板块的发展格局，通过对比过去与现在以及拥有相似发展性的其他市场，进行不同维度的横纵向数据分析，从而发现存量市场中潜在的产品升级与调整机会。

2. 科学评判连锁化率和品牌渗透率

高连锁化率的城市一般拥有更为充足的住宿需求，因此吸引了各大品牌前来“分一杯羹”，进而形成品牌集群效应。但是低连锁化率的市场也并不完全意味着一个城市的酒店市场不值得品牌和投资方关注。它们当中确实有一部分地区受限于经济发展水平，市场活力稍显不足，酒店产品难以突破价格天花板，因此很难吸引到资方与品牌方的目光。但低连锁化率的形成可能也存在其他原因，比如酒店市场起步晚、独立品牌百花齐放等。以成都为例，作为经济实力强劲的新一线城市，成都酒店品牌连锁化率水平却明显偏低。这主要因为网红城市的特质吸引了大量个性化独立酒店进驻，标准化程度较高的集团化品牌反而并不占优势。

3. 锁定高价值区位的产品洼地

（1）市场价值判断是一切的基础。商圈可分为核心商圈、次级商圈和边缘商圈，对目标城市的商圈价值进行判断（如商业聚集度、客群支付力、客流量），选择进驻合适商圈。

（2）借助系统性的数据提供决策支撑。通过如开业时间、市场口碑和房价水平等数据指标，来分辨该项酒店资产是否具备再投资的价值。例如，通过数据及信息梳理，判断资产所处的生命周期是否处于翻新改造的节点，是否可以通过资产的翻新改造提升业绩，在客人的评价中判断改造成本的投入情况及改造工程的难易程度，以及房价水平上与竞争市场相比是否有提升空间，且这个空间是否能够通过硬件设施的更新或运营管理的改善来弥补。

投资本就是一项理性的学科，需要大量数字支持的同时，也需要建构起以数字为支持的科学评价体系，才能对市场形成全面客观的认知，进而实现科学理性的投资决策。

——资料来源：“CHAT 资讯”微信公众号，2023-02-27.

案例分析

请结合上述案例，思考如下问题：

1. 酒店进行投资的目的是什么？
2. 酒店在投资方案的选择中如何结合投资项目的特点，进行合理的投资决策？
3. 酒店如何借助数字化工具提高投资决策的有效性？
4. 你认为低投入、高回报就是最好的投资方案吗？

第一节 酒店投资概述

酒店投资是指酒店投入财力，为了在未来获取收益或使资金增值的经济活动，在市场经济条件下，酒店把筹集到的资金投放到收益高、回收快、风险小的项目中去，这对酒店的生存和发展都是十分重要的。

一、酒店投资的种类

投资有广义和狭义之分，广义的投资包括酒店内部的资金投放和使用，及对外部进行的投出资金；狭义的投资仅仅指对外投资，即酒店为了通过分配来增加财富或者使资金增值，而将资产让渡给其他单位使用的行为。

（一）按投资回收期的长短分为短期投资和长期投资

短期投资又称流动资产投资，指酒店购入的各种能随时变现、持有时间不超过一年或一个营业周期的投资，主要指对现金、应收账款、存货、短期有价证券等的投资。值得注意的是，长期证券如果能够随时变现亦可视为短期投资。长期投资指一年以上才能收回的投资，主要是对长期资产，如固定资产、无形资产和长期有价证券的投资。由于长期投资中固定资产占的比重最大，所以，长期投资有时专指固定资产投资。

（二）按投资与酒店生产经营的关系分为直接投资和间接投资

直接投资是指由投资人直接介入的投资行为，即将资金直接投放于生产经营性资产，以便获取利润的投资。在非融资性企业中，直接投资所占比重很大。间接投资又称证券投资，是指酒店以其资本购买证券、基金、股票等金融性资产，以便取得股利或利息收入的投资。

（三）按投资的方向和范围不同分为对内投资和对外投资

对内投资是指将资金投放于酒店内部，用来购置各种生产经营用资产的投资，如购买酒店生产经营使用的固定资产、无形资产、其他资产投资，以及垫支流动资金等。对外投资是指将资金投放于酒店外部的投资，酒店以现金、实物、无形资产等方式或者以购买股票、债券等有价证券方式向其他单位的投资。

二、酒店投资项目管理的程序

（一）投资项目的提出

酒店的各级管理层都可以提出新的投资项目。一般而言，酒店的高层领导提出的决策项目，多数是大规模的战略性投资项目，其方案一般由经营、营销、财务等各部门专家组成的专门小组制定。基层或中层人员提出的投资项目，主要是战术性的投资项目，其方案由主管部门组织人员拟订。

（二）投资项目的评价

投资项目的评价主要涉及如下几项工作：一是把提出的投资项目进行分类，为分析评价做好准备；二是计算有关项目的预计收入和成本，预测投资项目的现金流量；三是运用各种投资评价指标，把各项投资按可行性的顺序进行排队；四是写出评价报告，请上级批准。

（三）投资项目的决策

投资项目评价后，酒店领导层要做最后决策。投资额度较小的项目，有时中层经理就有决策权；投资额度较大的项目，一般由总经理决策；投资额特别大的项目，要由董事会甚至股东大会投票表决。

（四）投资项目的执行

决定对某项目进行投资后，要积极筹措资金，实施投资。在投资项目执行过程中，要对工程进度、工程质量、施工成本进行控制，以便使投资按预算规定如期完成。

（五）投资项目的再评价

在投资项目的执行过程中，应注意原来做出的决策是否正确、合理。一旦出现其他新的情况，就要及时根据新的情况做出新的评价。如果情况发生重大变化，原来的投资决策已变得不合理，那么，就要对投资决策是否需要中途停止做出决策，以避免更大的损失。

课堂思考

你筹建的面包店开业资金到位后，你准备进行哪些投资项目？是如何进行的？

第二节　现金流量与投资决策

一、现金流量与利润

（一）现金流量

现金流量是某一时段内酒店现金流入和流出的数量。这里的"现金"是广义的现金，不仅包括各种货币资金，还包括与投资项目有关的非货币资产的变现价值，如短期投资。

现金流量包括现金流出量、现金流入量和净现金流量。现金流出量是指投资项目引起的企业现金支出的增加额；现金流入量是指投资项目引起的企业现金收入的增加额；现金净流量是指一定期间现金流入量减去现金流出量的差额，一般表示为 NCF（net cash flow）。当现金流入量大于现金流出量时，现金净流量为正值；反之，为负值。

（二）利润

利润是酒店在一定时期内的经营活动的最终财务成果，表现为当期营业收入减去营业成本费用税金后的成果。利润的计算是按照权责发生制进行的，即酒店当期的收入即使未收到款项也确认在当期，不属于当期的收入即使收到款项也不能确认为当期的收入。同样，当期发生的费用，如果应属于本期承担的费用，即使款项没有支付也是计入本期费用中，作为收入的抵减项；反之，即使款项支付在当期，也不得列为当期费用。

利润的简化计算公式为：

利润 = 收入 − 费用（广义的费用概念）

公式中的收入和费用既包括已经收到或支付的款项，也包括未收到或未支付的款项，所以我们有时会发现，一些企业虽然账面上是盈利的，有利润的，但实际上可用于支配的现金却不多，这是由利润计算的要求所决定的。

（三）不同时期现金净流量与利润的关系

投资项目投入使用后，在其寿命期内会带来现金流入，也会产生现金流出，但是在整个投资有限期内，各期利润合计数与各期现金净流量的合计数是相等的。

例 4–1　某项目投资总额为 1000 万元，分 5 年每年在年初支付工程款，2 年后开始投产，有效期为 5 年。投产开始时垫付流动资金 200 万元，投资期满收回（第七年收回）。每年销售收入 1000 万元，付现成本 700 万元。该项目现金流量如表 4–1 所示。

表4–1　现金流量与利润的关系（采用直线法计算折旧）

单位：万元

时间（年末）	0	1	2	3	4	5	6	7	合计
投资	–200	–200	–200	–200	–200				–1000
销售收入				1000	1000	1000	1000	1000	5000
付现成本				700	700	700	700	700	3500
折旧（按直线法计算）				200	200	200	200	200	1000
利润				100	100	100	100	100	500
营业现金流量				300	300	300	300	300	1500
流动资金			–200					200	0
现金净流量	–200	–200	–400	100	100	300	300	500	500

由表 4–1 可知，在项目初始投资到投资结束，每年的利润与现金净流量是不相等的，但是在整个投资期内，两者的总和是相等的，且在正式投产后每年的现金流量均为正值，利润均为盈利状态。

例 4–2　接例 4–1，如果在第三年开始采用加速折旧法计提折旧，将会发生哪些变化呢？

表4–2　现金流量与利润的关系表（采用加速折旧法计算折旧）

单位：万元

时间（年末）	0	1	2	3	4	5	6	7	合计
投资	–200	–200	–200	–200	–200				–1000
销售收入				1000	1000	1000	1000	1000	5000
付现成本				700	700	700	700	700	3500

续表

时间（年末）	0	1	2	3	4	5	6	7	合计
折旧（按加速折旧法计算）				400	300	200	100	0	1000
利润				–100	0	100	200	300	500
营业现金流量				300	300	300	300	300	1500
流动资金			–200					200	0
现金净流量	–200	–200	–400	100	100	300	300	500	500

由表 4–2 可知，改用折旧方法后，利润发生了很大的变化，第三年由盈利转为亏损状态，第四年不盈不亏，第五年与直线法保持一致，第六年和第七年分别比直线法下的利润增加了 100 万元、200 万元。各期现金净流量数额与直线法中的保持一致。从中可以得出结论：

（1）利润在各年的分布受折旧方法等人为因素的影响，而现金流量的分布不受这些人为因素的影响，在进行投资项目决策时应采用现金流量，以保证评价的客观性。

（2）在投资分析中，现金流动状况比盈亏状况更重要。一个项目能否维持下去，不取决于一定期间是否盈利，而取决于有没有足够现金用于各种支付。

（3）在整个投资期内，各期现金净流量总和与各期利润总和两者是相等的。

课堂思考

现金与现金流量是同一概念吗？现金净流量与利润有何区别？在整个投资期内，现金净流量之和与利润之和是什么关系？

二、投资项目现金流量的计算

投资项目现金流量一般由三个部分构成：初始现金流量、营业现金流量、终结现金流量。

（一）初始现金流量

初始现金流量是指开始投资时发生的现金流量，一般包括以下五个部分：

（1）固定资产上的投资，包括固定资产的购入或建造成本、运输成本和安装成本等。

（2）流动资产上的投资，包括对材料、在产品、产成品和现金等流动资产上的投资。

（3）其他投资费用支出，是指与长期投资有关的职工培训费、谈判费、注册费用、筹建费用等。

（4）原有固定资产的变价收入，是指固定资产更新时，变卖原有固定资产所得的现金收入，这部分变卖所得一般作为投资额的减项。

（5）增加或抵减所得税支出，是指出售固定资产的售价高于该资产的净值，应缴纳所得税，这部分的所得税支出就构成了投资项目的现金流出量。

根据上述初始现金流量所包括的五方面内容，初始现金净流量的计算公式为：

初始现金净流量 = 原始投资期各年现金流入量 − 原始投资期各年现金流出量

=（4）±（5）−（1）−（2）−（3）

一般而言，企业投资之初需要进行大量的资金投入，可能产生的现金流入较少，所以初始现金净流量一般为负数，即为现金的净流出。

如例 4–1 所示，企业前两年都为初始投资阶段，第一年年初固定资产投资 200 万元，现金净流量为 −200 万元；第一年年末固定资产投资 200 万元，现金净流量为 −200 万元；第二年年末固定资产投资 200 万元，另外垫付流动资金 200 万元，现金净流量为 −400 万元。

（二）营业现金流量

营业现金流量是指投资项目投入使用后，在其寿命周期内由生产经营所带来的现金流入和现金流出的数量。

营业现金流入量和营业现金流出量一般包括：

（1）收现营业现金收入，这构成营业现金流入量，在本章进行投资分析时，不考虑赊销的问题，因此将营业收入视为收现营业现金收入。

（2）付现经营成本（也称付现营业成本），是指采用现金、银行存款等货币资金支付而形成的成本费用，如市场销售推广费、工资薪酬奖金、材料费、设备维护费、办公差旅费、利息支出等，但是不包括折旧与摊销。因为折旧与摊销是不需要企业支付现金的，被称为“非付现经营成本”（也称非付现营业成本）。那么，企业的营业成本是由付现营业成本 + 非付现营业成本构成的，即

付现营业成本 = 营业成本 − 非付现营业成本

= 营业成本 − 折旧 / 摊销

（3）所得税支出。所得税是企业按照税法规定缴纳的企业所得税，其简易计算公式可以表达为：所得税 =（营业收入 − 营业成本）× 现行所得税税率，其中假定营业收入、

营业成本中均不涉及所得税纳税调整项目。

根据上述营业现金流量所包含的三方面内容，那么年营业现金净流量的计算公式为：

营业现金净流量 = 经营期各年现金流入量 – 经营期各年现金流出量 =（1）–（2）–（3）

另外，根据前面所述现金流量与利润的关系，可以推导出：

营业现金净流量 = 收现营业现金收入 – 付现经营成本 – 所得税支出
= 营业收入 –（营业成本 – 折旧 / 摊销）– 所得税支出
=（营业收入 – 营业成本 – 所得税支出）+ 折旧 / 摊销
= 净利润 + 折旧 / 摊销

到了经营期，一般而言，投资者期望此时的现金流入量大于现金流出量，因为此阶段是企业收回投资的关键时期。

如例 4–1 所示，第三年至第六年为企业的经营期。第三年企业追加投资 200 万元，当期营业现金流量为 300 万元（利润 100 万元 + 折旧 200 万元），期末现金净流量为 100 万元（当期营业现金流量为 300 万元 – 企业追加投资 200 万元）。第四年计算方法同第三年。到了第五年、第六年，由于没有企业的追加投资，期末现金净流量均为 300 万元。

（三）终结现金流量

终结现金流量是指投资项目完结时所发生的现金流量，主要包括：

（1）现有固定资产的残值收入或变价收入。

（2）原有垫支在各种流动资产上的资金的收回。

（3）停止使用的土地的变价收入等。

（4）增加或抵减所得税支出，是指到了终结期，企业将闲置资产出售，出售固定资产的售价高于该资产的净值，应缴纳所得税，这部分的所得税支出就构成了投资项目的现金流出量。

根据上述终结现金流量所包括的四方面内容，终结现金净流量的计算公式为：

终结现金净流量 = 终结期各年的现金流入量 – 终结期各年的现金流出量
=（1）+（2）+（3）±（4）

到了终结期，投资者一般要处置各项资产，以便有足够的资金回笼进行下一个新的投资项目。所以此时一般而言是现金流入量大于现金流出量，当然在企业资不抵债的情况下，反而是现金流出量大于现金流入量。

如例 4-1 所示，第七年为投资项目的终结期，此时企业收回原垫支的流动资金 200 万元后，现金净流量为 500 万元。

总之，企业在初始投资期、营业期、终结期均有现金流入和现金流出，准确计算各期间的现金净流量对投资方案的选择尤为重要。

课堂思考

在例 4-1 中，企业投资总支出为 1000 万元，在 7 年后获得的现金为 500 万元，你认为这笔投资合算吗？如何对此投资方案做出正确评价？

第三节　投资决策评价指标的运用

投资项目评价指标分为两类：一类是非贴现指标，即没有考虑货币时间价值因素的指标，主要包括投资回收期、平均报酬率等；另一类是贴现指标，即考虑了货币时间价值因素的指标，主要包括净现值、获利指数、内部报酬率等。

一、非贴现指标

（一）投资回收期

投资回收期（Payback Period，PP）指回收初始投资的时间。一般而言，投资者总希望尽快地收回投资，即回收期越短越好。其计算公式为：

$$投资回收期（PP）=\frac{投资总额}{每年现金净流量}$$

$$每年净现金流量 = 净利润 + 折旧$$

例 4-3　假设某项目甲、乙两个方案的预计税后营业现金净流量如表 4-3 所示，试计算投资回收期。

表4-3　甲、乙方案的预计税后营业现金净流量表

单位：元

现金净流量	第 0 年	第 1 年	第 2 年	第 3 年	第 4 年	第 5 年	第 1 年～第 5 年
甲方案	–20000	6500	6500	6500	6500	6500	32500
乙方案	–30000	8000	7500	7000	6000	15000	43500

甲方案每年的现金净流量相等，故：

$$PP_{甲}=\frac{20000}{6500}=3.077（年）$$

乙方案每年的现金净流量不相等，所以应先计算其各年尚未回收的投资额。

乙方案各年尚未回收的投资额如表 4–4 所示。

表4-4　乙方案各年尚未回收的投资额计算表

单位：元

年　度	每年的现金净流量	年末尚未收回的投资额	年　度	每年的现金净流量	年末尚未收回的投资额
1	8000	22000	4	6000	1500
2	7500	14500	5	15000	
3	7000	7500			

$$PP_{乙}=4+\frac{1500}{15000}=4.1（年）$$

由于酒店希望尽快收回投资，所以进行互斥选择决策时的规则是：选择回收期最短者。本例中应选择甲方案。

投资回收期的优点：计算简便，能衡量投入资本的回收速度，非常直观、易懂。缺点：没有考虑资金的时间价值，此方法仅仅将各期现金流量同等看待，没有考虑其现值大小，容易导致决策失误，同时没有考虑回收期满后的现金流量状况，容易让投资人产生短期行为，不利于企业实现长期资金收益。

例 4–4　某公司买进一台 20000 元的新机器，以代替原有的旧机器，则每年可节省除折旧费以外的其他费用 7600 元，同时出售机器可得 2000 元，假定所得税率为 50%，新旧机器均可使用 5 年，折旧费按直线法计算。

首先，分析该方案对现金净收入和税后净利润的影响，其估算结果如表 4–5 所示。

表4–5　现金流量计算表

单位：元

项　目	损　益	现金流量	项　目	损　益	现金流量
每年节省其他费用	7600		增加毛利润	4000	
新机器折旧费	4000		减：增缴所得税	–2000	
减：旧机器折旧费	400		增加税后净利润	2000	2000
增加折旧费	3600	3600	增加净现金流量		5600

其次，计算出该投资方案的回收期。

本方案增加投资额 = 新机器买价 – 旧机器卖价 =20000–2000=18000（元）

$$PP=\frac{投资总额}{每年净现金流量}=\frac{18000}{5600}\approx 3.2（年）$$

最后，如果投资者要求回收期为 5 年，则这个方案就可接受；如果投资者要求的回收期为 3 年，则应该拒绝这个方案。

（二）平均报酬率

平均报酬率（Average Rate of Return，ARR）是指投资项目寿命周期内平均的年平均报酬率，也称会计收益率或平均投资报酬率。其计算公式为：

$$ARR=\frac{年平均净利润}{平均投资额}\times 100\%$$

或

$$ARR=\frac{年平均净现金流量}{平均投资额}\times 100\%$$

例 4–5　根据例 4–3 的资料，计算平均报酬率。

$$ARR_{甲}=\frac{6500}{20000}\times 100\%=32.5\%$$

$$ARR_{乙}=\frac{(8000+7500+7000+6000+15000)\div 5}{30000}\times 100\%=\frac{43500\div 5}{30000}\times 100\%=29\%$$

从以上两个方案来看，甲方案的平均报酬率要高，因此，相对于乙方案而言，甲方案更优。当然，通常还要将所计算出来的平均报酬率与投资者要求的投资报酬率做比较，如果前者小于后者，则方案不可行；如果前者大于后者，则可以接受方案。

另外，需要注意的是，平均投资额是指资产在生命周期内的平均投资数额，而非初始投资额，不然计算的结果会出现偏差。

相关链接 搜索

资金成本

运用平均报酬率进行单个项目投资决策时，平均报酬率不应低于哪个指标？

资金成本。资金成本是企业筹集和使用资金而付出的代价。如果一项投资所获得的平均报酬率低于投资项目筹资的资金成本，则方案不可行。

——资料来源：作者收集并整理。

例 4–6 A 酒店正计划购买冷柜，放置在大堂酒吧。冷柜投资总额为 6000 元。预计在三年的使用期限内每年带来现金净流量 2000 元、1000 元、600 元。据估计，在第三年年末出售冷柜可获得 400 元。

分析：

根据上述公式，年平均现金净流量计算为：1200=（2000+1000+600）÷ 3。冷柜初始投资为 6000 元，但是在第三年出售得 400 元，是由该冷柜变现后增加的对资产的投资，因此在整个生命周期内冷柜的平均投资额为 3200 元［（6000+400）÷ 2］。

$$ARR_{冷柜}=\frac{1200}{3200}\times 100\%=37.5\%$$

平均报酬率法的优点：计算简便，只需根据未折现的各期平均现金净流量或年平均净利润以及初始投资额进行计算即可。缺点：未考虑货币的时间价值，此方法仅仅将各期现金流量同等看待，没有考虑其现值大小，容易导致决策失误。

课堂思考

投资回收期法与平均报酬率法的优缺点是什么？如果你要经营面包房，在投资项目的决策中会采用非贴现指标评价方法吗？为什么？

二、贴现指标

贴现指标是指考虑了资金时间价值的指标。主要有以下三种：

（一）净现值

净现值是指在项目计算期内，按行业基准收益率或设定折现率的各年净现金流量的现值和，再减去初始投资后的余额。用字母表示为 NPV（Net Present Value）。其计算公式如下：

$$净现值=\left[\frac{第1年净现金流量}{(1+贴现率)^1}+\frac{第2年净现金流量}{(1+贴现率)^2}+\cdots+\frac{第N年净现金流量}{(1+贴现率)^n}\right]-初始投资额的现值$$

也就是说

净现值（*NPV*）= 未来各期现金净流量的总现值 − 初始投资额的现值

净现值法的决策规则是，在只有一个备选方案的采纳与否中，净现值≥ 0 的方案为可行方案，如果几个方案的投资额相等，且净现值都是正数，则净现值最大的方案为最优方案。

例 4–7　假定甲、乙两个方案的折现率为 10%，请用净现值对方案做出判断。为了便于计算，将例 4–3 资料列示如表 4–6 所示。

表4–6　甲、乙方案的预计税后营业现金净流量表

单位：元

现金净流量	第 0 年	第 1 年	第 2 年	第 3 年	第 4 年	第 5 年	第 1 年 ~ 第 5 年
甲方案	–20000	6500	6500	6500	6500	6500	32500
乙方案	–30000	8000	7500	7000	6000	15000	43500

甲方案每年现金净流量相等，可用年金现值系数进行计算。

甲方案的未来各期现金净流量的总现值 = 6500 × 年金现值系数 =6500 ×（*P/A*，10%，5）

= 6500 × 3.791=24641.50（元）

初始投资额的现值 =–20000（元）

$NPV_{甲}$ = 未来各期净现金流量的总现值 – 初始投资额的现值

=24641.50–20000=4641.50（元）

乙方案每年现金净流量不相等，可用复利现值系数进行计算，如表 4–7 所示。

表4–7　现金净流量不相等时净现值计算表

年　份	现金净流量（元）	折现率为 10%	
		复利现值系数	现　值
1	8000	0.909	7272
2	7500	0.826	6195
3	7000	0.751	5257
4	6000	0.683	4098
5	15000	0.621	9315
合　计		—	32137

从表中计算可知，乙方案的未来各期现金净流量现值为 32137 元。

初始投资额的现值 =–30000（元）

$NPV_{乙}$ = 未来各期现金净流量的总现值 – 初始投资额的现值

=32137–30000=2137（元）

通过比较，甲方案净现值为4641.50元，乙方案净现值为2137元，净现值越大越好，所以，应选择甲方案。

例 4–8　假设你在一家公司做财务计划工作，现面临两个互斥项目，如表 4–8 所示，公司要求的投资回报率为 15%。

表4–8　两个互斥项目资料表

单位：万元

年份 / 方案	第 0 年	第 1 年	第 2 年	第 3 年
DF 项目现金流量	–60	27	30	30
NS 项目现金流量	–180	100	70	90

问：

（1）按投资回收期进行评价，应当选择哪个项目？

（2）按净现值进行评价，应当选择哪个项目？

分析：

（1）DF 项目投资回收期 =2+（60–27–30）÷ 30=2.1（年）

NS 项目投资回收期 =2+（180–100–70）÷90 ≈ 2.11（年）

按照投资回收期评价，两个项目的投资回收期限非常接近，其实较难以做出评价，从选择角度来讲应当选择 DF 项目，该项目比 NS 项目仅仅短 0.01 年。

（2）按照 10% 的折现率，两个投资方案的净现值分别为：

$$DF\text{ 项目净现值}=\frac{27}{1+10\%}+\frac{30}{(1+10\%)^2}+\frac{30}{(1+10\%)^3}-60\approx 11.88$$

$$NS\text{ 项目净现值}=\frac{100}{1+10\%}+\frac{70}{(1+10\%)^2}+\frac{90}{(1+10\%)^3}-180\approx 36.38$$

按照投资回收期评价，两个项目有明显的差别，NS 项目净现值为 DF 项目的 3 倍多，所以最终应选择 NS 投资项目。

净现值法的优点充分考虑了资金的时间价值，收益确认更加准确。其缺点：由于净现值是绝对数，所以只能反映获利金额无法反映获利程度，不利于初始投资不一致的项目进行优劣比较，且实际投资面临的环境复杂多变，如何确定合适的折现率是一个难点。

（二）获利指数

获利指数又称现值指数（Profitability Index，PI），是投资项目未来报酬的总现值与初始投资额的现值之比。

$$PI=\frac{\text{未来报酬的总现值}}{\text{初始投资额的现值}}$$

（1）获利指数的计算步骤：

第一步：计算未来报酬的总现值，这与计算净现值所采用的方法相同。

第二步：计算获利指数，即根据未来报酬的总现值与初始投资额的现值之比计算获利指数。

（2）获利指数法的决策规则是，在采纳与否决策中，应该算出待定项目的期望获利指数，并按下列规则做出决策：当期望获利指数 >1 时，采纳该方案；当期望获利指数 <1 时，拒绝该方案。

例 4–9　通过净现值的计算可知，例 4–3 中，甲、乙方案的获利指数分别为：

$$PI_{\text{甲}}=\frac{\text{未来报酬的总现值}}{\text{初始投资额的现值}}=\frac{24641.50}{20000}\approx 1.23$$

$$PI_{\text{乙}}=\frac{\text{未来报酬的总现值}}{\text{初始投资额的现值}}=\frac{32137}{30000}\approx 1.07$$

获利指数可以看成是 1 元原始投资可获得的现金净收益，它是一个相对数指标，反映投资的效率，而净现值是绝对数，反映投资的收益。

（三）内部报酬率

内部报酬率又称内含报酬率（Internal Rate of Return，IRR），是使投资项目的净现值等于零的贴现率。内部报酬率实际上反映了投资项目的真实报酬，目前越来越多的酒店使用该指标对投资项目进行评价。内部报酬率的计算公式为：

$$净现值=\left[\frac{第1年现金净流量}{1+内部报酬率}+\frac{第2年现金净流量}{(1+内部报酬率)^2}+\cdots+\frac{第n年现金净流量}{(1+内部报酬率)^n}\right]-初始投资额的现值=0$$

内部报酬率具体计算过程为：

1. 如果每年的现金净流量相等

第一步：计算年金现值系数。

$$年金现值系数=\frac{初始的投资额}{每年的现金净流量}$$

第二步：查年金现值系数表，在相同的期数内，找出与上述年金现值系数相邻近的较大和较小的两个贴现率。

第三步：根据上述两个邻近的贴现率和已求得的年金现值系数，采用插值法计算出该投资方案的内部报酬率。

2. 如果每年的现金净流量不相等

第一步：先预估一个贴现率，并按此贴现率计算净现值。如果计算出的净现值为正数，则表示预估的贴现率小于该项目的实际内部报酬率，应提高贴现率，再进行测算；如果计算出的净现值为负数，则表明预估的贴现率大于该方案的实际内含报酬率，应降低贴现率，再进行测算。经过如此反复测算，找到净现值由正到负并且比较接近于零的两个贴现率。

第二步：根据上述两个邻近的贴现率，再用插值法计算出方案的实际内部报酬率。

采用内部报酬率法的决策规则是，在只有一个备选方案的采纳与否的决策中，如果计算出的内部报酬率大于或等于酒店的资本成本或必要报酬率就采纳；反之，则拒绝。在有多个备选方案的互斥选择决策中，选用内部报酬率超过资本成本或要求的报酬率最多的投资项目。

例 4–10 接例 4–3，用内部报酬率法对甲、乙投资方案进行评价。

甲方案每年现金流量相等，所以可以按照以下三步计算内部报酬率。

第一步：根据年金现值的计算公式，计算年金现值系数。

$$年金现值系数=\frac{初始的投资额}{每年的现金净流量}=\frac{20000}{6500}\approx 3.077$$

第二步：以 n=5 查年金现值系数表可知，3.077 位于 i 为 18% 对应的年金系数 3.127 与 i 为 19% 对应的年金系数 3.058 之间（表 4–9）。

第三步：采用插值法确定投资方案的内部报酬率。

表4–9　根据折现率用插值法计算内部报酬率

折现率		年金现值系数	
18%		3.127	
x		3.077	
19%		3.058	

$$IRR_{甲}=18\%+\frac{3.077-3.127}{3.058-3.127}\times（19\%-18\%）=18.72\%$$

乙方案现金流量不相等，可采用逐步测试法，先用 i=18% 进行测试，如果净现值为负值，则说明应调小折现率，则按 i=16% 进行测试，如还是为负值，再调小，最后用 i=12% 测试，净现值为正值，把这两个净现值由负到正接近零的两个折现率列表，如表 4–10 所示。

表4–10　现金流量不相等时采用逐步测试法计算净现值

单位：元

年　份	现金净流量	折现率为 16%		折现率为 12%	
		复利现值系数	现　值	复利现值系数	现　值
1	8000	0.862	6896	0.893	7144
2	7500	0.743	5572.5	0.797	5977.5
3	7000	0.641	4487	0.712	4984
4	6000	0.552	3312	0.636	3816
5	15000	0.476	7140	0.567	8505
合　计			27407.5	—	30426.5
初始投资额现值			–30000	—	–30000
净现值			–2592.5	—	426.5

为了计算净现值 =0 时的折现率，所以再采用插值法计算，如表 4–11 所示。

表4-11　根据净现值用插值法计算内部报酬率

折现率		净现值	
12%		426.5	
x		0	
16%		–2592.5	

$$IRR_{乙}=12\%+\frac{426.5}{426.5+2592.5}\times(16\%-12\%)=12.57\%$$

通过计算可知，甲方案的内部报酬率为 18.72%，高于乙方案（*IRR*=12.57%），所以应选择甲方案。

内部报酬率的优点：考虑了货币时间价值，从相对指标反映了投资项目的收益率，相比净现值，对于管理者来讲更倾向选择相对数更直观的方案。缺点：其一，内部报酬率是建立在一个不现实的假设之上，即每期投资收回的款项都可立即用于下一新投资项目，且再投资的利率与内部报酬率是一致的。其二，风险高的项目一般利润也高，采用内部报酬率法一些高风险项目易被选中。特别是有些项目的未来现金流量是具有多种情况发生的，可能存在不同的折现率都能使净现值为零，这就很难做出判断。其三，在实际工作中，运用净现值和内部报酬率计算出的结果可能是相互冲突的，即拥有最高净现值的项目将不一定是内部报酬率最高的项目。如果出现这种情况，一般优先选择净现值法，因为在理论上净现值是较优的评价方法。

课堂思考

净现值法、获利指数法与内部报酬率法的优缺点是什么？如果你要经营面包房，在投资项目的决策中会采用哪一种贴现指标评价方法？为什么？

三、运用 Excel 表格计算投资评价指标

（一）投资方案的选择

计算投资项目的各评价指标，特别是利用插值法计算内部报酬率是一项非常烦琐的工作，如果借助 Excel，通过软件中已有的公式来计算就会简化很多。

例 4–11　下面以例 4–3 为例介绍 Excel 表格的运用。

第一步：创建工作表格，如表 4–12 所示。

表4–12 创建工作项目投资计算分析工作表

单位：元

	A	B	C
1	项目投资计算分析表		
2	项目 期数	甲方案	乙方案
3		现金净流量	现金净流量
4	0	–20000	–30000
5	1	6500	8000
6	2	6500	7500
7	3	6500	7000
8	4	6500	6000
9	5	6500	15000
10	合计		
11	计算、比较分析		
12	折现率	10%	
13	净现值（NPV）		
14	内部报酬率（IRR）		
15	获利指数（PI）		

第二步：在表 4–12 的 B4：C9 单元格区域和 B12 单元格区域内输入原始数据。

第三步：参考表 4–12 所示，利用相应公式在表 4–13 中进行计算。

表4–13 函数计算公式表

单元格	函数	单元格	函数
B10	=SUM（B4：B9）	B14	=IRR（B4：B9）
C10	=SUM（C4：C9）	C14	=IRR（C4：C9）
B13	=NPV（B12，B5：B9）+B4	B15	=（B4–B13）/B4
C13	=NPV（B12，C5：C9）+C4	C15	=（C4–C13）/C4

第四步：输入公式，计算结果如表 4–14 所示。

表4-14　项目投资计算分析结果表

单位：元

	A	B	C
1	项目投资计算分析表		
2	项目	甲方案	乙方案
3	期　数	现金净流量	现金净流量
4	0	-20000	-30000
5	1	6500	8000
6	2	6500	7500
7	3	6500	7000
8	4	6500	6000
9	5	6500	15000
10	合计	12500	13500
11	计算、比较分析		
12	折现率	10%	
13	净现值（NPV）	4640	2142
14	内部报酬率（IRR）	18.72%	12.53%
15	获利指数（PI）	1.23	1.07

分析：甲、乙两个方案为互斥方案，由于甲方案净现值 4640 元＞乙方案净现值 2142 元。另外，甲方案内部报酬率 18.72% ＞乙方案内部报酬率 12.53%，甲方案获利指数 1.23 ＞乙方案获利指数 1.07，所以选择甲方案。注意，当有多个相互独立方案做选择时，应按照三种方法计算的值最大者综合考虑为最优方案。

（二）投资项目的可行性

例 4-12　阳光酒店现考虑购进一批新的洗衣设备，需要 200000 元，目前该酒店的洗衣项目是外包的。根据酒店财务经理估计，如果酒店购买这批设备，在接下来的 5 年中将每年节省 50000 元的现金流，在第 5 年年末该洗衣设备残值为零。假定酒店的资金成本为 11%，你是否建议该酒店投资购买洗衣设备？

第一步：根据资料，创建表格，并输入原始数据，如表 4-15 所示。

表4-15　创建投资项目计算与评价工作表

单位：元

	A	B
1	投资项目计算与评价表	
2	期数	现金净流量
3	0	-200000
4	1	50000
5	2	50000
6	3	50000
7	4	60000
8	5	60000
9	资金成本率	11%
10	内部报酬率	
11	结论	

第二步：参考表 4-15 所示，利用相应公式在表 4-16 中进行计算。

表4-16　函数计算公式表

单元格	函　　数
B10	=IRR（B3：B8）
B11	=IF（B10>B9，"项目可行"，"项目不可行"

第三步：输入公式，计算结果如表 4-17 所示。

表4-17　投资项目计算与评价表

单位：元

	A	B
1	投资项目计算与评价表	
2	期数	现金净流量
3	0	-200000
4	1	50000
5	2	50000
6	3	50000
7	4	60000
8	5	60000

续表

	A	B
9	资金成本率	11%
10	内部报酬率	10.48%
11	结论	项目不可行

四、投资决策评价指标的比较运用

（1）非贴现指标把不同时间点上的现金收入和支出当作同时发生的资金收付进行对比，忽略了资金的时间价值因素，缺乏可靠性。而贴现指标则把不同时间点收入或支出的现金按照统一的贴现率折算到同一时间点上，使不同时期的现金具有可比性，从而为做出正确的投资决策奠定了基础。

（2）非贴现指标中的投资回收期法只能反映投资的回收速度，不能反映投资的主要目标净现值的多少。同时，投资回收期法由于没有考虑时间价值因素，因而夸大了投资的回收速度。平均报酬率指标由于没有考虑资金的时间价值，因而实际夸大了项目的盈利水平。而贴现指标则可以通过净现值、内部报酬率和获利指数等指标进行综合分析，从而做出正确合理的决策。

（3）净现值法和内部报酬率法都能比较客观、准确地反映投资项目的经济效益；两者在评估现金流量规则的独立项目时会得出一致的结论，但是在评估替代项目时，会得出相反的结论。这是因为：其一，初始投资不同。一个项目的初始投资大于另一个项目的初始投资，导致结论相反。其二，投资项目现金流入的时间不同。一个项目在最初几年现金流入得较多，其他项目在最后几年现金流入得较多。其三，项目的生命周期不同。

五、固定资产投资决策方法的运用

（一）固定资产更新决策

固定资产更新决策是指就继续使用旧设备与重新购置新设备之间进行选择。由于新旧设备使用年限不同，因而无法在投资和运行成本间比较，所以只有在继续使用旧设备和更换新设备的年平均成本间进行比较，成本低者为最优方案。

年平均成本（Average Cost，AC）是指固定资产更新改造引起的现金流出量的年平均值，如果有少量的现金流入量，可以看作现金流出量的抵减。

计算年平均成本时按照是否考虑货币的时间价值，分为以下两种计算公式：

不考虑货币时间价值，其计算公式为：

$$AC=\frac{\text{现金流出总量}}{\text{固定资产预计使用年限}}$$

考虑货币时间价值，其计算公式为：

$$AC=\frac{\text{现金流出现值之和}}{\text{年金现值系数}}$$

例 4–13　某酒店有旧设备一台，使用部门提出要进行更新，假定酒店要求的最低报酬率为 10%，相关资料如表 4–18 所示。

表4–18　新、旧设备有关资料表

单位：元

项　　目	旧设备	新设备	项　　目	旧设备	新设备
设备原值	2000	2200	预计残值	200	600
预计使用年限（年）	5	5	变现价值	400	2200
已使用年限（年）	4	0	年运行成本	600	200

分析：考虑货币时间价值，计算结果为：

$$AC_{\text{旧设备}}=\frac{400+600\times(P/A,10\%,1)-200\times(P/F,10\%,1)}{(P/A,10\%,1)}$$

$$=\frac{400+600\times0.909-200\times0.909}{0.909}\approx 840.04\text{（元）}$$

$$AC_{\text{新设备}}=\frac{2200+200\times(P/A,10\%,5)-600\times(P/F,10\%,5)}{(P/A,10\%,5)}$$

$$=\frac{2200+200\times3.791-600\times0.621}{3.791}\approx 682.04\text{（元）}$$

不考虑货币时间价值，计算结果为：

$$AC_{\text{旧设备}}=\frac{400+600\times1-200}{1}=800\text{（元）}$$

$$AC_{\text{新设备}}=\frac{2200+200\times5-600}{5}=520\text{（元）}$$

通过计算可知，使用新设备的年平均成本较低，因此在资金宽裕的情况下，酒店可以考虑购置进行设备更新。

（二）固定资产购买与租赁决策

酒店经营具有季节性的特点，因此有些设备使用期限并不长，但是投资额较大，所以酒店会考虑到底是租用还是购买，尤其是在做资本预算时是重点考虑对象。

例 4–14 某酒店靠近海滩，计划在海边建设一个露天烧烤吧。酒店餐饮部提出了项目策划方案，明确要求购置的设备及规格。财务部建议采用租用设备。假定酒店年资金成本率为 10%，设备预计可使用 3 年，企业所得税税率为 20%。酒店预计三年内租用与购买设备现金流量，如表 4–19 所示。

表4–19 租用与购买设备项目决策中各期现金流量比较表

单位：万元

类 别	项 目	0 年	第 1 年	第 2 年	第 3 年
租用设备	租金	0	–6	–6	–6
	租金的税收节约额		1.2	1.2	1.2
	净现金流量	0	–4.8	–4.8	–4.8
	净现值	–12.37			
购买设备	支付设备价款	–18			
	维修保养费		–0.6	–0.6	–0.6
	维修保养费税收节约额		0.12	0.12	0.12
	折旧税收节约额		1.2	1.2	1.2
	残值				0.5
	净现金流量	–18	0.72	0.72	1.22
	净现值	–15.75			

注：折现率是按照税后计算的，即 =10% ×（1–20%）=8%。

通过计算比较可知，租用设备的净现值较大，因此，选择租用设备方案。

课堂思考

酒店在进行固定资产更新决策、固定资产购买与租赁决策时，在选择方案时主要考虑了哪些因素？在这两个决策中有相同的因素吗？又有哪些不同的因素？

复习与思考

一、简答题

1. 什么是现金流量？什么是利润？两者有何区别和联系？

2. 投资项目的现金流量是如何计算的？

3. 在投资决策中为什么使用的是现金流量指标而不是利润指标？

4. 试比较非贴现指标与贴现指标的不同。

5. 常用的投资项目决策指标有哪些？各有何作用和特点？

6. 运用净现值法和内部报酬率法对投资项目进行评价，其结论是否一致？为什么？

二、单项选择题

1. 如果某投资项目完全具备财务可行性，且其净现值指标大于零，则可以断定该项目的相关评价指标同时满足（　　）。

A. 获利指数大于 1　　B. 净现值率大于等于零

C. 内部收益率大于基准折现率　　D. 获利指数小于 1

2. 以下属于终结期现金流入量的项目是（　　）。

A. 追加投资　　B. 购买原材料　　C. 固定资产残值收入　　D. 收到客房营业收入

三、判断题

1. 酒店有一投资方案，其采用的贴现率为 11.2%，计算出方案的获利指数为 1，则该投资方案的内部报酬率为 6.1%。（　　）

2. 酒店在进行固定资产更新决策，固定资产购买与租赁决策时，成本低者为最优选择方案。（　　）

四、实践单元

1. A 城市的闹市区有一酒店式公寓，售价每平方米为 20000 元。小王在 2015 年年初购买了其中一套公寓房后立即将其出租给某酒店管理公司。假定该公寓式酒店在同一年年初开始营业，经营期为 20 年，经营期满后预计公寓式酒店每平方米的价值约为 8000 元，不考虑维修或装修以及管理费用。假定基准收益率为 8%，问：小王要求酒店管理公司每年支付多少投资利润现金分红才能回收初始投资？计算小王投资公寓式酒店的投资报酬率是多少？

2. 花园酒店正在考虑对现有餐厅进行大翻修的两套方案。该餐厅若设计成意大利主题餐厅，则需要安装一个烧木柴的比萨烤箱；若设计成英式酒吧，则需要安装大量的酒吧设备。意式餐厅的内部报酬率为 16%，净现值为 420000 元。若英式酒吧的内部报酬率为 17%，净现值为 350000 元。从财务角度分析，你认为哪个方案更科学？

3. 某酒店有设备一台，是 3 年前购买的，购买时价格为 38000 元，预计可使用 8 年，第 4 年需支出大修理费 7000 元，设备使用期满时有残值 4000 元。该设备每年的运营成本是 9000 元，目前可以 15000 元出售。市场上同类型的设备售价为 45000 元，预计可以使用 10 年，使用期满后有残值 8000 元。新设备每年需支付的运营成本为 9000 元，假定新设备在使用期限内无须大修理，公司要求的投资报酬率为 12%。问：酒店是否应该更新设备？

五、综合实训

有两个竞争性的投资机会，维斯根酒店的总经理希望听听你的建议。每个方案初始投资都是 40000 元，6 年期内每年的现金流量如下表所示：

维斯根酒店投资方案的选择表

单位：元

年	方案 1	方案 2	年	方案 1	方案 2
	–40000	–40000	4	12000	8000
1	2000	16000	5	16000	6000
2	8000	13000	6	24000	4000
3	10000	11000			

根据以上案例回答如下问题：

1. 基于投资回收期阐述哪一个方案更优，计算每个方案的投资回收期。

2. 假设总经理在所有的净现值计算中使用的折现率为 10%，计算每个方案的净现值。

3. 根据你的计算，评述一下两个方案中应采纳哪一个方案。

推荐阅读

1. 王玮 . 什么才是酒店投资方眼中的优质资产？［N］. 中国旅游报，2021-12-09（006）.

2. 叶红云 . 经济型酒店投资与经营管理策略研究［J］. 财会学习，2020（15）：223-224.

3. 王涛 . 酒店投资管理的风险与预防［J］. 纳税，2019，13（18）：176-177.

第五章 酒店营运资本管理

酒店在财务管理工作中除了筹资、投资外，日常大量的工作是处理营运资金工作。营运资金管理的目的是加强流动资金周转，提高资金的使用效率。

本章介绍了现金流量预算表的编制，最佳现金持有量的确定，存货的经济批量法和再订货点，客房、餐厅、商场等各营业场所存货消耗定额的确定，应收账款的信用政策的制定与客户的选择，应付账款考核指标的设定与购货折扣的选择。同时，以酒店日常管理实践为基础全面介绍了存货、应收账款、应付账款日常管理的主要环节。本章的重点是掌握各营运资本项目的计算和应用。

学习目标

知识目标

1. 了解现金日常管理。
2. 掌握现金流量的计算。
3. 了解应收账款成本的计算。
4. 掌握酒店应收账款的信用政策和客户选择的方法。
5. 了解应收账款的日常管理流程。
6. 掌握存货的功能与成本以及存货的控制方法。
7. 了解存货日常管理的流程。
8. 了解应付账款日常管理的流程。

能力目标

1. 掌握最佳现金持有量的计算。
2. 掌握现金预算的编制。
3. 掌握应收账款考核指标的设定及其运用。
4. 掌握存货的消耗定额的设定及其运用。
5. 掌握应付账款考核指标的设定及其运用。

案例

建立现金流预警机制，保障酒店业可持续经营

随着酒店行业过度投资竞争加剧供求失衡，众多传统酒店长期处于财务收支紧平衡甚至入不敷出的状态，勉强维持着现金流量的平衡。因此，需要提高酒店危机管理意识，建立适合酒店业经营特点的现金流量动态管理的预警机制，通过精准高效的资金管控体系保障酒店业可持续健康发展。

第一，必须建立起持续经营的底线思维，充分认识现金流是酒店的生命线。从企业可持续经营的角度，根据《中华人民共和国企业破产法》，企业法人不能清偿到期债务，并且资产不足以清偿全部债务或者明显缺乏清偿能力的，将依法破产清算。所以，企业破产不是以资不抵债为唯一标准，而是以不能清偿到期债务为充分必要条件的，也就是以资金周转的流动性作为实质判定标准的。作为酒店的投资者及经营者都必须提升对经营性现金流重要性的认识，充分重视经营性现金流管理对企业生存发展不可替代的作用。

第二，提升酒店经营者的忧患意识，真正树立起现金流预警的理念。为有效应对酒店业市场过度竞争，尤其是预防经济周期性波动及抵御系统性风险，防止酒店经营过程中出现资金链断裂，要将酒店经营的评判标准从损益表观转向资产负债表观，从追求报表的账面利润转到可支配现金的营业利润上来，把企业的资产负债与现金流量放到同样重要的位置来考量，并通过切实有效的实现途径和方式方法使之落地落实。

第三，发挥滚动预测机制的传统优势，切实有效精准管控现金流量。加强对经营性现金流量的精细化预测，将精准的经营性现金流管理纳入滚动预测。即以最低固定成本加维持费用支出为基准，预测最低资金保障期限按临时性、经常性、危机性应急资金需求，对应建立 6 个月、12 个月，最长为 18 个月的应急储备资金。测算周期标准为：一般以会计年度为预算周期与年报同步对标，滚动预测以月度为预测周期与月报同步对标，在经营波动剧烈频繁阶段建议提高预测频度，或以周为预测周期。酒店还需要根据经营周期性波动特点及时调控预测频度，为建立应急资金池和筹措应急资金，完善应急现金流预警机制提供科学依据。

第四，研究综合平衡经营现金流的对策，形成经营现金流管控的闭环。应结合酒店的实际，通过多种途径开源节流，实现现金流管控。

（1）家具设施设备更新（FF&E）专户资金作为应急储备资金池。根据酒店委托管理合同约定，从酒店营业收入约定提取的专项资金，设立业主与管理方共管专户存储的预提资金，当发生资金应急需求时，经双方协商一致作为应对资金链断裂风险的自有资金补充。

（2）通过有效利用或压缩营业面积提高坪效，能源设施设备升级改造降低能耗，将部分固定成本转化为变动成本。酒店物业是酒店业最大的固定成本，通过压缩实际使用面积，降低持有成本（租金或折旧摊销），通过提升酒店坪效，降低物业成本刚性兑付；酒店能耗在运营成本中占比高，通过智能化能源管理和设施设备升级改造，实现精准的区域控制节能优化，降低成本支出增加现金流。

（3）通过优化人效降低成本支出，将固定成本转化为变动成本。根据酒店业人员密集的特

点，结合市场及技术更新的需求，升级目标绩效管理（KPI），通过关键结果导向的人效管理（OKR）重构治理框架，再造业务流程及优化岗位设置，实现运营管理扁平化；培养高素质员工队伍，合理减少人力成本的现金支出。

（4）合理压缩改造再投资规模，严格控制 FF&E 专项资金使用。根据酒店行业景气周期及酒店设施维保需求情况，对再投资及功能性改建改造进行单项可行性论证，并与周期性大修及退出计划相衔接，同时缩减 FF&E 专项资金使用，保持专项资金账户余额，以备应急资金使用。

（5）在保持酒店的客房和餐饮宴会等传统业务收入来源基础上，发挥酒店资源优势开拓创新业务领域，向社会延伸服务，如增加餐饮预制菜及宴会外卖服务，将酒店供应链向社区延伸，如酒店用品的分装团购和网红营销，增加营收补充经营性现金。

（6）建立供应链金融基础上的资金备付机制，将金融机构融资工具作为经营性现金的补充。根据酒店行业供应商量大、面广且以中小微企业为主的特点，借助以酒店实际采购为基础的供应商增信及高效的应付款账期管理，建立区块链技术叠加商业票据贴现业务的供应链金融服务平台，通过供应链价值发现嫁接银行金融机构资金流、平缓供应链的资金需求。

（7）控制以不动产抵押为基础的经营性物业贷款余额，着力降低财务费用，减少现金支出。酒店的项目银行融资在运营阶段转化为经营性物业贷款，过高的财务杠杆率会造成酒店经营期的投资回报难以覆盖贷款本息支出，成为酒店投资的主要成本负担。建议利用酒店处于高成长及成熟期归还本金，降低贷款余额，从而降低运营期间的财务费用，实现现金流平衡。

（8）争取金融机构授信及支持服务型中小企业流动资金低息贴息贷款，补充短期流动资金。发挥经营性财务杠杆的平衡调节作用，降低由中长期贷款带来的高财务成本负担，合理控制债务风险，并有计划地解决间歇性经营资金需求，制定稳健的财务策略，保障酒店可持续经营的资金需求。

（9）建立商业折扣与应收账款账期相协同的会计政策，按照现金流量动态平衡的要求，结合滚动预测的结果，采取灵活稳健的商业策略，有效防止经营性坏账的风险。作为经营性现金流量平衡的会计政策工具，要积极主动与经营活动的策略相协同，平衡好日常现金收支，保证经营性现金的高效安全。

（10）以股权替换债权的去杠杆策略，有效解决债务利息刚性兑付可能造成的违约，降低财务费用过高带来的经营性资金断裂风险。在应对债务违约可能造成酒店持续经营风险的情况下，通过债转股的方式，主动或被动地将债权转换为共担风险的投资，既能解决现金不足的困难，也能有效控制持续经营的风险。

（11）积极争取国家对生活服务业的财税扶植政策，使各类税费优惠政策能够应享尽享。酒店行业适用税费众多，其中物业税、流转税、所得税及社保费等对酒店的经营业绩及现金流量影响较大，通过对房产税及房租减免、增值税留抵退税、所得税与加速折旧、社保费缓缴返还等税费优惠政策举措的落实落地，合法节税，控制税负，增强市场竞争能力。

（12）运用酒店运营相关的商业保险兜底，应对极端情况的资金链断裂。通过投保财产一切险项下的机损险，当发生突发性事件造成酒店被迫部分或全部停业时，取得营业中断赔偿，将保险赔偿金用于对冲资金链风险，作为应急资金的补充。

酒店行业只有通过全过程把控和平衡经营性现金流量，才能从容应对酒店业日趋激烈的市场竞争及市场波动等系统性风险。建议酒店业可以运用业已成熟的滚动预算预测方法，辅以高频度的现金流量滚动预测工具，通过多渠道筹措的资金，平衡经营性现金流量；通过建立应急资金池，有效实施现金流管理，降低经营风险。只有运用科学有效的现金流管理工具，才能从容应对经常性、突发性、系统性的资金应急需求，一定程度上可以杜绝资金链断裂的现象发生，保持酒店行业经营的可持续健康发展。

——资料来源：曹俊.建立现金流预警机制，保障酒店业可持续经营，“中饭协资管委CHAMA”微信公众号，2022-05-19.

案例分析

酒店营运资本是酒店快速资金回笼中心，良好的营运资本可以保证企业经营的正常进行，通常营运资本表现为流动资产减去流动负债后的差额。请结合上述案例，思考如下问题：

1. 酒店面临较大的系统性风险时，为何强调“现金为王”？
2. 请与同学讨论分析，酒店可以采取哪些途径实施有效的现金流管理？

营运资本（Working Capital）又称营运资金，是指企业生产经营活动中在流动资产上占用的资金。从会计的角度分析，营运资本是流动资产减去流动负债后的余额。

营运资本有广义和狭义之分。广义的营运资本即总营运资本，是指一个企业投放在流动资产上的资金；狭义的营运资本，是指净营运资本，净营运资本 = 流动资产 – 流动负债。因此，营运资本管理包括流动资产管理和流动负债管理。

（1）流动资产。流动资产与固定资产相对应，是指企业可以在一年内或超过一年的一个营业周期内变现或运用完毕的资产，具有占用时间短、周转快、易变现的特点，是企业资产的重要组成部分。流动资产在资产负债表上主要包括现金、银行存款、交易性金融资产、应收账款、预付账款、存货等项目。

（2）流动负债。流动负债是指需要在一年或者超过一年的一个营业周期内偿还的债务。流动负债又称短期融资，具有成本低、偿还期限短等特点。在资产负债表上，流动负债主要包括短期借款、交易性金融负债、应付票据、应付账款、应付职工薪酬、应交税费、预收账款等项目。

营运资本管理涉及酒店的短期经营活动和财务活动，这些活动产生了现金流入和现金流出，作为财务管理人员要能有效地预测和控制营运资金的周转速度，满足企业资金需求。

第一节　现金管理

一、现金管理的内容

现金是企业在经营过程中暂时停留在货币形态的资金，包括库存现金、银行存款、银行本票、银行汇票等其他货币资金，也是企业资产中流动性最强的资产，它可以立即有效地用于购买商品、劳务或偿还债务。

现金管理中需要解决现金持有量的问题，现金存放过多会降低企业的收益，增加企业管理现金的风险；现金不足就没有足够的偿债能力，因此企业必须合理确定现金持有量，使现金收支不但在数量上，而且在时间上相互衔接，在保证企业经营活动所需现金的同时，又可以减少企业闲置的现金数量，提高资金收益率。

一般而言，资产的流动性越强，其收益性越差。现金的收益能力较弱，且持有现金的机会成本很大，但是企业为什么还要持有现金呢?

（1）交易性动机。交易性动机是指满足日常业务的现金支付需要，如购买食品原材料、支付工资、缴纳税款、发放现金股利等。企业每天的现金流入与现金流出并不相等。企业必须维持适当的现金余额，才能维持正常的经营。

（2）预防性动机。预防性动机是指持有现金以防发生意外支付需要。如水灾、地震及生产事故等。当意外发生时，所需现金的多少取决于现金收支预测的可靠程度、企业临时借款能力以及企业的风险承受能力。

（3）投机性动机。投机性动机是指企业持有现金以便从事投机活动。比如，遇到质优价廉的材料或其他资产供应机会，可大量购入；或在适当时机低价购入股票和其他有价证券，以取得额外收益。

二、最佳现金持有量的确定

最佳现金持有量是指企业持有某一数额现金对企业最为有利，且能处理好各种利害关系。确定最佳现金持有量主要有成本分析模式和存货模式。

（一）成本分析模式

成本分析模式是分析持有现金的成本，即机会成本、管理成本、短缺成本，通过分析确定最佳现金持有量。

（1）机会成本。是指企业因持有现金而丧失的利息收益。机会成本与现金的持有量相关，现金持有量越大，丧失的收益就越高，机会成本就越大。

（2）管理成本。是指企业因拥有现金而发生的管理费用，如监控设施设备费、管理人员的薪酬等。管理费用在一定范围内是固定不变的，与现金持有量无明显的比例关系。

（3）短缺成本。短缺成本是指当企业现金储备不足时，无法满足经营业务开支的需要，而蒙受的损失或为此付出的代价。短缺成本随现金持有量的减少而上升。

机会成本、管理成本、短缺成本三者之间的关系如图 5–1 所示。

由图 5–1 可知，总成本最低点对应的现金持有量即为最佳现金持有量。

最佳现金持有量的计算，可以先分别计算出各种方案的机会成本、管理成本、短缺成本，然后计算出总成本，通过比较分析，选择总成本最低者。

例 5–1　开立酒店有四种现金持有方案，经测算，各方案的现金成本如表 5–1 所示。

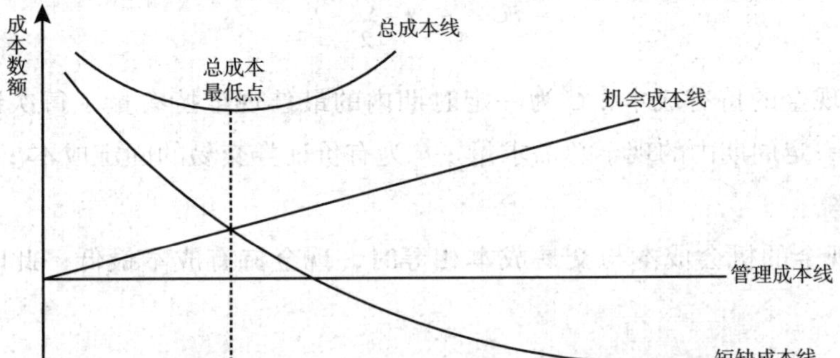

图5–1　机会成本、管理成本、短缺成本三者之间的关系

表5–1　现金持有量成本分析表

单位：万元

项目方案	A	B	C	D
现金持有量	20	30	40	50
机会成本	2.2	3.3	4.4	7.5

续表

项目方案	A	B	C	D
管理成本	10	10	10	10
短缺成本	5	3.6	3	0
总成本	17.2	16.9	17.4	17.5

通过比较，可知 B 方案的总成本最低，即开立酒店经营中最佳现金持有量为 30 万元。

（二）存货模式

在市场经济条件下，通过证券市场将现金的管理与短期有价证券的管理结合起来，现金充足时，用富余的现金购买短期有价证券，以期获得超过银行存款利息的收益；现金短缺时，立即出售短期有价证券，换取现金。因此，持有现金有两个成本：机会成本和交易成本。交易成本是指现金与短期有价证券的转换成本，包括手续费、佣金等。交易成本与交易的次数相关，一定期间内，交易次数越多，交易成本就越高。

存货模式下现金持有成本 = 机会成本 + 交易成本。

计算公式为：

$$TC=\frac{T}{C}\cdot F+\frac{C}{2}\cdot R$$

式中：TC 为现金的持有成本；C 为一定时期内的最佳现金持有量（每次证券变现的现金量）；T 为一定周期内的现金总需求量；F 为有价证券交易的固定成本；R 为有价证券的报酬或利率。

当持有现金的机会成本与交易成本相等时，现金持有成本最低，此时最佳现金持有量：

$$C=\sqrt{\frac{2TF}{R}}$$

最低的现金持有成本：

$$TC=2\sqrt{\frac{T}{C}\cdot F\times\frac{C}{2}\cdot R}=\sqrt{2TFR}$$

例 5-2 企业每年现金总需求为 100000 元，每次现金交易的固定成本为 100 元，有价证券的年利率为 5%。计算该企业的最佳现金持有量和最低的现金持有成本。

$$最佳现金持有量=\sqrt{\frac{2\times100000\times100}{5\%}}=20000（元）$$

$$最低现金持有成本=\sqrt{2\times100000\times100\times5\%}=1000（元）$$

我们可以对现金持有成本做进一步的分析，计算例题中的机会成本和交易成本。

$$机会成本=\frac{C}{2}\cdot R=\frac{20000}{2}\times5\%=500（元）$$

$$交易成本=\frac{T}{C}\cdot F=\frac{100000}{20000}\times100=500（元）$$

$$现金转换成有价证券的次数=\frac{T}{C}=\frac{100000}{20000}=5（次）$$

课堂思考

计算现金最佳持有量时需要考虑哪些成本？这些成本产生的原因是什么？引起成本发生变化的因素有哪些？

三、编制现金预算

酒店日常经营中需要编制现金预算，合理估计未来时期内的现金收入和现金支出数。企业在进行现金核算时是采用权责发生制，但是编制现金预算是按照预算期内的现金实收实付数编制。现金预算一般由现金收入、现金支出、期末现金净流量、期末累计现金盈余四部分组成。

（一）现金收入

酒店现金收入主要来源有客房收入、餐饮收入（食品收入、饮料收入、酒水收入）、康乐收入、商务收入、商品销售收入以及服务费收入。现金收入主要包括预算期营业收入中收现部分和应收账款的收回，相关计算公式如下：

预计销售现金收入＝当期营业收入现销额＋以往各期赊销收现额

酒店在经营中，还可能产生其他的现金收入，如变卖不需使用的设备、物品、布件，出售固定资产等，因此在编制现金收入计划时要一并考虑。

例 5–3 开立酒店 2019 年各月营业收入如表 5–2 所示，根据以往的销售经验，估计当月营业收入中赊销额占 80%，20% 为现金销售；赊销的款项将在 1 个月内收回的占赊销额的 80%，在 2 个月内收回的占赊销额的 10%，在 3 个月内收回的占赊销额的 10%。假定所有的赊销款项均未发生坏账损失。

表5-2　开立酒店现金收入计划表（2019年10月～次年6月）

单位：万元

项　　目	10 月	11 月	12 月	1 月	2 月	3 月	4 月	5 月	6 月
1. 营业收入总额	500	300	300	320	260	250	340	360	480
2. 赊销额	400	240	240	256	208	200	272	288	384
3. 赊销账款收现（1 个月内）		320	192	192	204.8	166.4	160.0	217.6	230.4
4. 赊销账款收现（2 个月内）			40	24	24	25.6	20.8	20	27.2
5. 赊销账款收现（3 个月内）				40	24	24	25.6	20.8	20
6. 赊销账款收现小计（=3+4+5）				256	252.8	216.0	206.4	258.4	277.6
7. 现收额				64	52	50	68	72	96
8. 各月现金收入总计（=6+7）				320	304.8	266	274.4	330.4	373.6

从上表中可以看出，1 月份的现金收入总额为 320 万元，其中来自赊账款收现为 256 万元（400×10%+240×10%+240×80%），直接收现为 64 万元（320×20%）。

（二）现金支出

酒店根据销售产品量及设备更新改造的周期性要求，合理估计各月需用现金支付的人员工资、税费、食品原材料和饮料价款、工程款、固定资产购置费、更新改造费、物料用品费等。

例 5-4　假设开立酒店 2019 年 12 月至次年 6 月的各月现金支出计划如表 5-3 所示。

表5-3　开立酒店现金经营支出计划表

单位：万元

项　　目	12 月	1 月	2 月	3 月	4 月	5 月	6 月
采购存货	100	80	110	120	130	150	160
支付货款		100	80	110	120	130	150
支付职工工资奖金	20	25	26	27	27	27	29
支付管理费用	50	50	50	50	50	50	50
支付营业费用	40	32	44	48	52	60	64
现金经营支出总额	110	207	200	235	249	267	293

酒店除用现金支付企业的营业耗费外，还将发生其他的现金支出，如支付现金股利、缴纳税金、用现金回购公司的股票、偿还借款、偿债债券、支付债券或借款的利息、分配投资者利润等。在编制现金支出时，综合考虑这些因素，可编制酒店现金支出总额计划表，如表5–4所示。

表5–4　开立酒店现金支出总额计划表

单位：万元

项　目	1月	2月	3月	4月	5月	6月
现金经营支出	207	200	235	249	267	293
现金资本性支出		150		70		
现金支付股利					30	
现金缴纳所得税			20			20
现金支出总额	207	350	255	319	297	313

（三）期末现金净流量

现金收入总额减去现金支出总额大于零为正现金净流量，说明本期经营活动现金收入抵补现金支出后还有余额；若现金收入小于现金支出为负现金净流量，说明本期经营活动现金收入不足抵补现金支出。

表5–5　开立酒店现金净流量表

单位：万元

项　目	1月	2月	3月	4月	5月	6月
现金收入总额	320	304.8	266	274.4	330.4	373.6
现金支出总额	207	350	255	319	297	313
净现金流量	113	–45.2	11	–44.6	33.4	60.6

如表5–5中所示，2月份和4月份为负现金净流量主要是由于当期营业收入收现额无法抵补当期资本性支出，由表5–4可知，两个月的资本性支出分别为150万元和70万元。

（四）期末累计现金盈余

期末累计现金盈余是指预算期现金期末余额与最佳现金持有量相比后的差额。如果期末现金余额大于最佳现金持有量，说明现金多余，可以利用剩余现金归还贷款或扩大投资；如果期末现金余额小于最佳现金持有量，则说明现金短缺，应通过银行贷款或其他方式筹资，或压缩预算期经营支出、资本性支出规模。最佳现金持有量本章中已有描述，在编制现金预算时除了要关注现金总成本最低点时的现金持有量之外，还需考虑在预算期期末为支付下一预算期可能发生的现金支出而必须保留的现金数额。

表5-6　开立酒店净现金流量和现金余额计划表

单位：万元

项　　目	1月	2月	3月	4月	5月	6月
现金收入总额	320	304.8	266	274.4	330.4	373.6
现金支出总额	207	350	255	319	297	313
净现金流量	113	−45.2	11	−44.6	33.4	60.6
月初现金余额	10	123	77.8	88.8	44.2	77.6
月末现金余额	123	77.8	88.8	44.2	77.6	138.2
最佳现金持有量	−45	−45	−50	−50	−50	−60
期末累计现金盈余（赤字）	78	32.8	38.8	−5.8	27.6	78.2

注：酒店1～6月存在淡旺季，所以每个月最佳现金持有量有所不同。

根据表5–6分析可知，酒店4月份累计盈余出现赤字是由收款的延迟和计划的资本支出引起的。因此酒店需要在4月份进行短期融资，以弥补资金的短缺，之所以要采用短期融资方式，是因为在5月份及6月份酒店即有现金净流入可足额还清借款。除了短期融资方式外，酒店还可以考虑推迟固定资产的采购或延期支付存货的购货款等方式来保证酒店经营所需资金。

编制现金预算可以预测未来酒店对于到期债务的偿付能力，可以直接揭示酒店现金短缺的金额与时期，使财务管理部门能在现金短缺前事先做好筹资安排，从而避免了债务到期时的风险。

课堂思考

在编制现金预算时，应如何考虑最佳现金持有量与期末现金盈余的关系？编制现金预算的具体步骤有哪些？

案　例

金色酒店现金预算表的编制过程

2019 年金色酒店编制现金预算的资料如下：金色酒店长住顾客消费占营业收入 10%，长住房收入（电话费、洗衣费）按季度结算，预算年度第四季度客房收入，到下一预算期初支付；餐饮收入中有 20% 属于某单位定点就餐收入，采用按季结算方式；其余营业收入如商务中心销售、商品销售、其他销售收入均属现销收入。

金色酒店销售收入预算表

单位：万元

收入项目	出租率 60%	出租率 65%	出租率 70%
1. 客房收入	1716	1776	1833
2. 电话费收入	34.32	35.52	36.66
3. 餐饮收入	757.4	766.4	774.95
住店客人就餐	257.4	266.4	274.95
定点单位用餐	500	500	500
4. 洗衣房收入	17.16	17.76	18.33
5. 商务中心	51.48	53.28	54.99
6. 商场	102.96	106.56	109.98
7. 其他	20	20	20
合　计	2699.32	2775.52	2847.91

第一步：根据酒店销售预算收入表编制现金收入预算表。

金色酒店现金收入预算表

单位：万元

收入项目	出租率 60%	出租率 65%	出租率 70%
1. 客房收入			
预算年度销售收现	1673.1	1731.6	1787.18
应收账款收回	41	41	41
2. 电话费收入			
预算年度销售收现	33.46	34.63	35.74
应收账款收回	0.82	0.82	0.82
3. 餐饮收入			
预算年度销售收现	719.53	728.08	736.2
应收账款收回	33	33	33

续表

收入项目	出租率 60%	出租率 65%	出租率 70%
4. 洗衣房收入			
预算年度销售收现	16.73	17.32	17.87
应收账款收回	0.41	0.41	0.41
5. 商务中心			
预算年度收现	51.48	53.28	54.99
6. 商场			
预算年度收现	102.96	106.56	109.98
7. 其他			
预算年度收现	20	20	20
合　计	2692.49	2766.7	2837.19

第二步：编制酒店现金支出预算表。

假设酒店营业成本、营业费用和管理费用预算中除了折旧费以外，其他支出均为付现成本、费用，存货资产采购均以现金支付，存货资产期初、期末变化不大可以忽略不计。

金色酒店现金支出预算表

单位：万元

项　目	出租率 60%	出租率 65%	出租率 70%
一、客房营业现金支出	98.64	100.92	103.09
1. 工资	47.16	48.36	49.50
2. 一次性消耗品	17.16	17.64	18.10
3. 维修费用	34.32	34.92	35.49
二、餐饮营业现金支出	196.63	199.33	201.90
1. 工资	35.15	36.05	36.91
2. 原材料	151.48	153.28	154.99
3. 其他	10.00	10.00	10.00
三、商场营业现金支出	52.21	53.83	55.37
1. 工资	6.03	6.21	6.38
2. 商品采购支出	41.18	42.62	43.99
3. 其他	5.00	5.00	5.00
四、销售费用现金支出	73.31	76.49	79.51
1. 工资	27.16	30.16	33.01
2. 市场调研费	3.43	3.55	3.67
3. 邮电通信费	1.72	1.78	1.83
4. 其他	41.00	41.00	41.00

续表

项　　目	出租率 60%	出租率 65%	出租率 70%
五、管理费用现金支出	129.75	129.75	129.75
六、资本支出	500.00	500.00	500.00
七、税金支出	676.04	695.79	714.55
合　　计	1726.58	1756.11	1784.17

注：税金支出含年初预算应交税金 30 万元。

第三步：编制酒店现金预算表。

假设酒店最佳现金持有量为 200 万元，若预算期现金净流量余额较大，除了保留最佳现金持有量余额之外的资金可以考虑用来归还前期的借款，预计归还借款本息为 510 万元；另外剩余资金中取出 300 万元用于短期债券投资。编制酒店现金预算表如下。

金色酒店现金预算表

单位：万元

项　　目	出租率 60%	出租率 65%	出租率 70%
一、期初现金余额	170	170	170
加：现金收入	2692.49	2766.7	2837.19
销售收现	2617.26	2691.47	2761.96
应收账款收回	75.23	75.23	75.23
二、可支配现金合计	2862.49	2936.7	3007.19
减：现金支出合计	1726.58	1756.11	1784.17
营业成本	192.66	195.9	198.98
营业费用	228.13	234.67	240.89
管理费用	129.75	129.75	129.75
税金支出	676.04	695.79	714.55
资本支出	500	500	500
三、收支相抵后现金结余	1135.91	1071.44	1110.88
四、最佳现金持有量	200	200	200
资金通融			
向银行借款	0	0	0
归还本息	510	510	510
短期债券投资	300	300	300

续表

项　目	出租率 60%	出租率 65%	出租率 70%
五、资金融通合计	−810	−810	−810
六、期末累计现金盈余	125.91	61.44	100.88

注：1. 期初现金余额根据基期资产负债表填列。
2. 营业成本是根据会计制度核算口径编制，与考核各责任部门的可控制营业成本口径不一致。营业成本是根据现金支出预算表中的餐饮支出中的“原材料”支出数加“商品采购支出”数。
3. 营业费用是根据现金支出预算表中的数据按照会计制度要求进行计算统计的。

四、现金的日常管理

酒店现金日常管理重在加强内部控制、加速现金回收、控制现金支出。

现金内部控制的内容主要包括：

（1）现金收支、保管应由酒店财务部指定的专职出纳负责，其他人员未经授权不得经管现金，并限制他人接触现金。

（2）负责经办现金的出纳人员除了登记现金和银行存款日记账、处理现金和银行存款业务外不得兼任稽核、会计档案保管和收入、支出、费用、债权、债务账目的登记工作。

（3）现金收支业务应及时入账，做到日清月结、账款相符。不得用白条或原始凭证抵库，不得保留账外现金，不得坐支现金。

（4）备用金应由部门内专人负责保管，备用金的使用不得超过规定范围和业务内容，不得公款私存，不得挪作他用。财务部应定期抽查备用金使用情况。

（5）保管支票的人员不得同时负责现金支出账和调整银行存款账。

（6）负责调整银行存款账的人员应与负责登记银行存款日记账、现金日记账、应收账款、应付账款的人员分离。

加速现金回收的策略有：提供现金折扣、缩短应收账款收账期、采用多种金融工具，加速资金到账时间。

控制现金支出的策略有：合理运用现金“浮游量”、合理控制现金支出时间，争取债权人提供的现金折扣。

除了上述内容之外，酒店要及时清理现金，查遗补漏。对于闲置现金，适当进行证券投资或存入银行，以获得较多的投资收益或利息收入。

相关链接　搜索

现金、信用卡、支票的收受工作规范

项　目	规　范　内　容
现　金	1. 收到现金时，应注意辨别真假、币面是否完整无损 2. 外币应确认币别，按当天汇率折算，缺角和被涂画明显的外币拒收
信用卡	1. 收到信用卡时，应先检查卡的有效期和是否为在接受使用范围内的信用卡，查核该卡是否已被列入止付名单内（刷错信用卡单、过期、止付期及非接受范围内的信用卡一律拒收） 2. 客人结算时，将消费金额填入签购单消费栏，请持卡人签名，认真核对卡号、有效期，签名应与信用卡一致。正确无误后，将持卡人存根联连同账单交给客人 3. 代他人付款。持卡人没有入住本酒店或先离店，必须请持卡人在签购单上先签名，填写付款确认书。收银员应认真核对卡号和签名，按预住天数预计金额授权，取得授权后，在签购单边缘注明“已核”字样，协商授权金额和授权号码，并签上经办人姓名 4. 信用卡超过限额的，一律要致电银行信用卡授权中心或通过 EDC（电子数据控制，全称 Electromic Data Control）取得授权，如实际消费超过授权金额应再补授权，一笔消费只能用一个授权码，多个授权码应分单套购，方可接受使用 5. 签购金额如超过授权金额 10% 以内，原授权码仍可使用，无须再授权
支　票	1. 收银员当班接受客人使用的支票时，应用大写在支票上填上使用的年、月、日（如果当日不解缴银行的可填写次日日期），填上“×× 酒店”收银员名字，其他项目均按规定填入（避免遗失被盗用） 2. 填写支票一律用黑色墨水钢笔填写（不得用其他颜色水笔或圆珠笔）

——资料来源：中国酒店员工素质研究组．星级酒店财务部经理案头手册［M］．北京：中国经济出版社，2008.

第二节　应收账款管理

在国内外，大部分酒店向客人提供短期信用，以吸引客人入住从而提高营业收入。通常酒店采用一次性结账服务，即允许客人在住店期间进行赊账消费，在离店时由客人结账或由旅行团转账结算，或转外客（商务客或公司客）公司结算。因此，这些消费款在客人离店后在一段时期内表现为应收款。应收款占酒店流动资产很大的比重，为提高资金的使用率，减少坏账、呆账发生的风险，酒店应加强应收账款的管理。

一、应收账款管理的内容

在酒店为争取更多的销售收入提供给客户信用政策时必须要考虑以下因素：应收账款拖欠时间的长短、金额大小、客房付款的可能性。如果应收账款无法收回，酒店将面临极大的损失。同时，管理应收账款也会发生相关的费用，如收账费用、管理人员工资、差旅费、法律诉讼费等。因此，酒店应收账款管理的目的是：权衡由于应收账款所带来的收入与成本，力求用最小的成本获得最大的收入。

应收账款管理的内容包括：计算应收账款的成本、制定合理的信用政策、进行应收账款的日常管理。

二、应收账款的成本

（一）机会成本

酒店资金如果不投放于应收账款，可获得其他投资收益，如投资证券获得证券收益。这种因投放于应收账款而放弃的其他收入，即为应收账款的机会成本。

例 5-5 某酒店预测 2020 年度赊销额为 600 万元，应收账款平均收账天数为 60 天，变动成本率为 70%，资金成本率为 10%，计算应收账款的机会成本。

应收账款平均余额 =（6000000 × 60）÷ 360=1000000（元）

维持赊销业务所需要的资金 = 1000000 × 70%=700000（元）

应收账款机会成本 = 700000 × 10%=70000（元）

（二）管理成本

酒店在加强对应收账款的管理中，相应要发生一些费用支出，主要包括：调查客户信用情况的费用，如向专门信用评估机构支付的咨询费。建立专职的信用管理机构而发生的管理费用，如办公用品的购置、人员工资等必要的支出。收集客户信息的费用，如计算机设备的采购等。会计账簿的记录费用，如应收账款会计记录人员的工资等。收账费用，如收账人员的工资、奖金和差旅费等。其他与应收账款有关的必要支出。

（三）坏账损失

应收账款不能及时收回而发生的损失，就是坏账损失。一般而言，应收账款拖欠时间越长，发生坏账的可能性就越大。

总之，一定时期内酒店应收账款成本是持有应收账款的机会成本、管理成本和坏账成本之和。一般而言，应收账款数额越大，所发生的应收账款成本也越大。

三、合理的信用政策

酒店的信用政策包括信用标准、信用条件与收账政策三个方面。

（一）信用标准

信用标准是指客户获得旅游饭店商业信用所必须具备的最低条件。如果饭店的信用标准较严，只对信誉好、坏账损失率很低的客户予以赊销，则会减少坏账损失，但会因设置条件过于严苛而降低销售额；宽松的信用政策虽然会增加销售额，但发生坏账损失的概率加大，应收账款的机会成本会增高。合理的信用标准应当是使得增加赊销额所取得收益大于机会成本和风险损失。

酒店要确定信用标准，就要对客户进行信用评估，国际上通用的是资信调查的"6C"系统。"6C"系统包括客户的信用品质（Character）、偿付能力（Capacity）、资本（Capital）、抵押品（Collateral）、经济状况（Conditions）和连续性（Continuity）。

（1）客户的信用品质也称信誉，是指客户履行义务的可能性。这是信用评估中最重要的因素。

（2）偿付能力是指客户的偿债能力，主要是根据客户的经营手段及对客户公司所做的实地考察所得出的结论。

（3）资本是指客户的财务实力和财务状况，表明客户可能偿还债务的背景。

（4）抵押品是指客户为了获得交易信用所提供给饭店作为担保用的资产。

（5）经济状况是指可以影响客户偿债能力的一般经济趋势及其某些地区或经济领域的特殊发展。

（6）连续性是指客户公司的经营政策及财务政策是否保持连续。

（二）信用条件

信用条件是指酒店要求客户支付赊销款项的条件。信用条件规定了信用期的长短、折扣方针。如果酒店对客户的信用条件是"2/10，1/20，N/30"，表示客户如果在10天之内付款，则可以享受2%的折扣，在20天内付款可以享受1%的折扣，在超过20天至 30 天之内付款则不享受任何折扣。酒店是否愿意提供现金折扣主要是看加速收款所获得的收益能否补偿现金折扣的成本，但是目前大部分酒店由于促销的需要在客人住店时一般在房价上实行低价折扣销售，因此，一般不再给予现金折扣。

（三）收账政策

收账政策是指企业为了催收应收账款而采取的策略与措施。应收账款拖欠时间越久，企业损失越大（银行利息、追讨费用增多）；拖欠越久，账款追讨的障碍越大（债务人无力偿还、债务人破产、债务人转移资产）。

相关链接 搜索

某酒店的应收账款催收程序

信用期内：定期走访、电话联系，及时解决客户提出的问题。在最佳收款时间内，向客户发出清晰准确的书面对账通知，约定付款时间并定时拜访。

逾期 30 天以内：可以通过电话催收了解迟付原因。要求客户提供有关证据，并收集资料来核实判断，反驳其不合理的要求。及时发出第一封催款函，适当施压。

逾期 31 ~ 60 天：不能接受，应当发出紧急书面催款函，适当提高收账级别。初次一般由销售代表出面，再次由主管或信用经理出面，第三次由财务总监或经理出面。

逾期 61 ~ 90 天：不能有丝毫的懈怠。应发出比较严厉的催款函，应停止供货。除非现款现货，否则一律停止交易。若债务人还是无动于衷，则要转入严厉的法律程序。

逾期 91 天及以上：立即采取行动，委托第三方催收或到法院起诉。

——资料来源：作者收集并整理。

（四）客户的选择与信用政策的设定

酒店对于符合授信资格条件的客户，可以根据客户的信用特征等级、交易金额比重大小、授信额度大小实行不同的信用政策。

1. 根据客户不同的信用特征等级实行不同的政策

对客户资信情况采用特征分析法进行评价，可以把客户分为 6 个等级，如表 5–7 所示。

表5-7　用特征等级分析法评定客户信用

评估值	等　级	信用评定	信用额度
86 ~ 100	CAA	资信状况极佳，给予结算优惠	大额
61 ~ 85	CAB	资信状况良好，尽快给予信用额度	较大
46 ~ 60	CAC	资信状况正常，按正常程序授予信用额度	适中
31 ~ 45	CAD	资信状况稍差，需要进行信用监控	小额
16 ~ 30	CAE	资信状况较差，需要提供担保	建议提供有担保或抵押的信用额度
0 ~ 15	CAF	资信状况极差，不宜进行交易	不提供信用额度

针对以上客户的 6 个不同等级特征，酒店应实行不同的信用政策，如表 5–8 所示。

表5-8　不同客户信用等级实行的信用政策

信用特征级别	客户特点	实行的政策
CAA 和 CAB	实力雄厚；规模较大；在酒店销售中占有较大份额；销售前景看好；信誉良好	可采取较为宽松和灵活的信用政策；建立经常性的联系渠道，努力维护良好的业务关系，发展和客户业务人员及高级管理人员的个人友谊；时刻关注客户状况，及时了解信息
CAC	客户数量多；从总体上分析没有太大缺点；目前没有破产征兆；具有继续保持交易的价值	以信用限额为标准进行适当的控制；争取与客户建立良好的关系并不断加深了解；定期收集客户的经营状况和产品市场变化状况
CAD	一般是新客户或与企业发生业务往来时间不长的客户；对客户资信状况了解不全面	与这类客户交易，酒店应适度保持谨慎，实行较为严格的信用政策；必要时要求客户提供担保；需要对客户做专门的调查或委托专业机构对客户资信状况进行评价，从中发现优质的客户
CAE 和 CAF	资信状况较差；或者难以在合理的成本下取得该类客户的资信状况信息；交易价值不大	仅限现金交易，不允许与这类客户产生信用交易；无须对这类客户进行调查；对一些价值非常小、管理成本高的客户可以放弃

以上分类只是原则性的，酒店在具体应用中还需结合自身的情况加以分析利用。

2. 根据与客户交易金额比重大小实行不同的政策

按照与客户交易金额占企业销售额的比重可以将客户分为大客户、中等客户、小客户。

（1）大客户的数量不多，但是其交易额占到酒店交易总额的 80% 以上，给酒店带来较高的收益，大客户一旦发生信用风险，将给酒店带来巨大损失，因此要对大客户予以特别关注，以防止大客户流失。

（2）中等客户的数量较多，酒店与每一个中等客户发生交易的交易额较大，交易次数频繁，因此酒店应花费一定的物力和人力对中等客户资信进行调查。

（3）小客户的数量很多，但是交易额很小，交易频率不是很高，因此，酒店不必花费太多的时间维持与小客户的关系，一旦小客户发生拖欠行为，应立即停止与其的交易，直到小客户付清全部欠款。

3. 根据授信额度大小实行不同的政策

（1）对于授信额度较大的客户，酒店应给予更多的关注，在交易中提供对方较多的优惠，如提供折扣、提供住房升级服务、优先办理业务、额外赠送礼物等。

（2）对于授信额度较小的客户，酒店应考虑维持客户关系所花费的成本和维持客户关系所带来的收益进行比较，收益大于成本者为酒店需要维持的客户。

（3）对于没有信用额度的客户，酒店应谨慎与其合作，在交易中一般采用先收款再发货或提供服务。

四、应收账款的日常管理

（一）应收账款账龄分析

应收账款账龄分析，也称为应收账款账龄结构分析，是对各笔应收账款按照发生的时间顺序归类，并计算出各账龄应收款的余额占总计余额的百分比。一般来说，应收账款收款期越长，形成呆账、坏账的可能性越大。通过定期编制账龄分析表，可以掌握不同收款期的应收账款的分布情况，如表 5–9 所示。

表5–9　开立酒店应收账款账龄分析表

账　　龄	金额（元）	百分比（%）	账　　龄	金额（元）	百分比（%）
0 ~ 30 天	12000	40	90 天以上	3100	10
31 ~ 60 天	8500	28	合　　计	30000	100
61 ~ 90 天	6400	21			

从上表可以清楚地看出开立酒店应收账款的分布及变化情况。1 个月内的账龄所占比重最大，酒店信用政策制定得较为严格，当然对于 3 个月以上的账龄酒店需加强管理。因为账龄越延长，坏账风险越大，收账成本也越高。

（二）应收账款的考核指标设定

案　例

A 酒店应收账款的难题

A 酒店为一家四星级酒店，前些年，由于某种原因，客房出租率不高。该酒店的销售经理召开了专题会议，布置落实销售人员全年及每月应完成的销售任务，承诺凡超过销售指标的部分按 2% 的比例兑现奖金。会后销售人员群情激奋，积极寻找客户。当年该酒店的客房出租率创造了历史新高，经营毛利率比上年同期增长了 30%。然而财务主管却高兴不起来，因为考核不到半年，该酒店的应收账款周转天数急剧上升，加之各营业部门有着大量的进货需求，其感到资金告急，借贷困难，偿债更加困难。

案例分析

1. 企业销售业绩上去了，为何财务经理不高兴？
2. 什么是有效的应收账款考核指标？

赊销在给酒店增加营业收入的同时也带来坏账的风险，因此，酒店应保证赊销款能及时回收，同时在当期营业收入控制赊销的比例，加速资金周转，以提高资金的使用效率，所以需设置相应的应收账款考核指标。

1. 赊销百分比

赊销百分比是指酒店客房收入中赊销收入所占比例。其计算公式为：

$$赊销百分比=\frac{计算期赊销收入净额}{计算期营业收入净额}\times 100\%$$

2. 应收账款周转率

应收账款周转率是指一定时期内（通常为 1 年）应收账款转变为现金的次数。其计算公式为：

$$应收账款周转率=\frac{计算期赊销收入净额}{应收账款平均余额}\times 100\%$$

式中：赊销收入净额 = 计算期营业收入总额 − 现销收入 − 销售折扣和销售退回

$$应收账款平均余额 = \frac{期末应收账款 + 期初应收账款}{2}$$

在实际工作中，经常运用应收账款平均收账期反映应收账款的周转速度。所谓应收账款平均收账期是指 1 年内应收账款平均收回所需的时间。该指标的计算公式为：

$$应收账款平均收账期 = \frac{360}{应收账款周转率}$$

应收账款周转率越高，平均收账期越短，说明应收账款的收回越快。

3. 应收账款回收率

应收账款回收率是指酒店在一定时期内收回的应收账款与应收账款的占用及发生额之间的比率。影响企业应收账款回收率的主要因素是时间、债务人偿债能力和客户的信用等级。其计算公式如下：

$$应收账款回收率 = \frac{应收账款收回额}{应收账款占用及发生额} \times 100\%$$

式中：应收账款收回额为应收账款全年的贷方发生额扣除核销的坏账损失。

应收账款占用及发生额为年初应收账款余额与应收账款全年借方发生额的合计数。该指标越高，说明客户付款及时、企业收款迅速，企业资产流动性强、偿债能力强；企业发生坏账损失减少，企业信用政策执行情况良好。并且，通过该指标的计算，还可以间接反映企业的赊销规模大小。

4. 坏账损失率

坏账损失率与应收账款回收率正相反，该指标反映企业一定时期内应收账款中发生坏账的比率。该指标越低，说明企业发生的坏账损失越少，企业信用政策执行情况好。

某酒店是一家商务型酒店，拥有客房 450 间。酒店在 2019 年设定销售人员的考核收入指标如表 5-10 所示。

表5-10　某酒店营业收入全年考核指标

单位：万元

指标＼月份		1月	2月	3月	4月	5月	6月	7月	8月	9月	10月	11月	12月
必考指标	1000	80	40	90	90	80	100	90	80	110	100	80	70
力争指标	1157	92	46	104	104	92	115	104	92	127	115	92	81

由表中可见，销售人员必须完成全年1000万元的销售指标，同时酒店方鼓励销售业绩设定的力争指标为1157万元。如果销售人员所实现的销售收入均为赊销，酒店应考虑设定约束指标。

结合前面所述有关应收账款的计算公式，某酒店财务部设置如下应收账款管理水平的考核指标（见表5-11）。

表5-11　某酒店设置应收账款的相关考核指标

收入指标	赊销指标	应收账款指标	坏账损失率
1000万元	年末应收账款余额不得超过年客房收入的20%	全年应收账款平均收账期不得超过30天	年坏账损失率低于1%

同时酒店还制订了相应的销售奖励方案：超出必考指标部分按1.3%提奖，超出力争指标部分按3%提奖，不足必考指标部分按0.7%扣罚，并规定当月客房收入应扣除应收账款。应收账款在3个月内正常收回后补提奖励；3个月至6个月收回的应收账款按50%计提奖励，6个月收回的不再奖励。

（三）提供现金折扣和延长信用期限的策略选择

评价酒店采取何种信用政策，其标准在于：在此信用政策之下，酒店增加的收益与增加的成本之间的关系。如果增加的收益大于增加的成本，那么信用政策是合理的，是对酒店有利的；如果增加的收益小于增加的成本，那么信用政策就是不合理的，需要立即调整。

例5-6　某酒店预测2019年度赊销收入为5000万元，信用条件为（N/30），变动成本率为70%，资金成本率为10%。酒店为了扩大销售，拟定了A、B两个信用条件方案。A方案：将信用条件放宽到（N/60），预计坏账损失率为4%，收账费用80万元。B方案：将信用条件改为“2/10，1/20，N/60”，估计约有70%的客户（按赊销额计算）会利用2%的现金折扣，10%的客户会利用1%的现金折扣，坏账损失率为3%，收账费用60万元。以上两个方案均会使销售收入增长 10%，请帮开立酒店财务总监做出选择。假定 1 年按 360 天计算。

表5–12　应收账款收账政策的选择

单位：万元

项　目	A 方案（N/60）	B 方案（2/10，1/20，N/60）
年赊销额	5000 ×（1+10%）=5500	5500
现金折扣	0	5500 ×（2% × 70%+1% × 10%）=82.50
年赊销净额	5500	5500–82.5=5417.50
变动成本	5500 × 70%=3850	5500 × 70%=3850
信用成本前收益	5500–3850=1650	5417.50–3850=1567.50
平均收账期	60	10 × 70%+20 × 10%+60 × 20%=21
应收账款周转率	360/60=6	360/21=17.14
应收账款平均余额	5500/6=916.67	5417.5/17.14=316.07
维持赊销所需资金	916.67 × 70%=641.67	316.07 × 70%=221.25
机会成本	641.67 × 10%=64.17	221.25 × 10%=22.13
收账费用	80	60
坏账损失	5500 × 4%=220	5500 × 3%=165
信用成本后收益	1650–64.17–80–220=1285.83	1567.50–22.13–60–165=1320.37

注：计算变动成本时按年赊销额计算，表明企业因销售商品所发出的耗费是多少，与企业是否提供现金折扣无关。

从表 5–12 中计算结果可知，B 方案下的信用收益为 1320.37 万元，比 A 方案高出 34.54 万元，因此该酒店财务总监应选择 B 方案。

（四）坏账损失处理

坏账损失是指不能收回的应收账款。酒店并不是在坏账发生时才将其计入费用。为了能准确估计可能发生的坏账，合理预计酒店各期的经营利润，需要对应收账款按照一定的方法计提坏账准备，计入当期费用。当实际发生坏账时，必须按酒店规定的程序办理报批程序，并且，调减应收账款，冲减坏账准备。

课堂思考

酒店对于逾期应收款项应采取哪些控制措施？对于未逾期应收款项应采取哪些预防措施？

第三节　存货管理

存货是酒店经营不可缺少的物质条件，是酒店在经营过程中为销售或耗用而储备的资产，包括食品和饮品原料、棉织品、商品物资、工程维修材料、动力燃料、装饰用品、低值易耗品等。存货在一个企业流动资产中所占比重较大，且经常处于销售、耗用和重置之中，流动性很强，容易损坏变质或被盗，因此加强存货的管理是提高企业资金使用效率的关键所在。

一、存货管理的内容

（一）酒店存货的分类

存货按在酒店经营中的经济用途划分，可分为：

（1）原材料。是指经过生产加工后能构成产品对外出售的各种餐饮原材料。其中食品原材料是厨房、酒吧为生产和服务专用的各种食品材料、配料、调料以及库存未用、月末盘点的成品、半成品。饮品原材料包括各种软饮料和含酒精的饮料。

（2）物料用品。是指用于生产加工的辅助用品、客房客用品、餐厅客用品、洗衣房客用品、办公用品、劳动保护用品、工程维修零配件等，它是低值易耗品之外一次性消耗、价值较低、不做摊销会计处理的零星物品。

（3）低值易耗品。是指在规定的使用年限内（一般为一年以内），价值低于固定资产标准以下的各种劳动材料，如瓷器、玻璃器皿、银器、不锈钢厨具、餐具、针棉织品、员工制服以及柜台、木质货架（不锈钢货架列为固定资产）、家具、营业用具、包装容器、洗衣房的各种洗涤用品、餐厅的洗涤用品、清洁剂、干燥剂等。它是价值较低、货物数量较大且易损耗、使用期限短的材料。

（4）燃料。是指酒店在生产、服务和经营过程中所需用的各种液体、气体和固体燃料。如汽油、煤油、柴油、煤、酒精等。

（5）商品。是指酒店为销售而购买储存的无须加工的各种物品，如百货、工艺品、食品等。

（二）酒店仓库的分类

酒店仓库根据各类存货的种类不同分设不同的类型仓库，如设置食品库、冷库、饮品库、物品库、工程仓库、杂品库、燃料库等，以保证存货满足企业生产经营所需（表 5–13）。当然有些酒店因存储空间有限可以减少仓库的数量。一般分为以下几种：

（1）餐饮部的鲜货仓、干货仓、蔬菜仓、肉食仓、冰果仓、烟酒仓、饮品仓。

（2）商场部的百货仓、工艺品仓、烟酒仓、食品仓、山货仓。

（3）动力部门的油库、天然气库、建筑装修材料库。

（4）管家部的清洁剂、清洁液、清洁粉、洁具仓。

（5）绿化部的花盆、花泥、种子、肥料、杀虫剂仓。

（6）客房部的布件仓、家具设备仓、陶瓷小货仓。

存货管理主要控制存货的数量、存货的品质与经营服务相适应，既要保证正常经营的需要，又要使存货维持最佳水平，使企业资产的资金占用及使用效率最优。

二、存货的成本

酒店的存货不断地被耗用和重置，以维持正常的经营。如果存货置存过少，无法满足正常经营，易形成缺货，影响酒店服务质量；如果存货置存过量，长期不用的存货不仅占用企业的资金，且易变质腐烂或被盗，同时也会因为丧失机会成本给企业带来损失。因此，存货的管理需要在存货成本与存货效益之间做出平衡。

（一）订货成本

订货成本是指订购货物时发生的日常开支。如与订购有关的办公费、差旅费、邮资、电话费、检验费、入库搬运费、订货手续费、常设机构的基本开支等。显然，订货成本的高低与订货次数相关，订货次数越多，订货成本就越高。

表5-13　酒店存货分类表

存货类别	大类	明细类	仓储部位
原材料	食品	蔬菜	直拨入库
		水果	
		海鲜水产	
		鲜肉类	
		鲜禽蛋类	
		乳制品	食品仓库
		米面粮油制品	
		调味品	
		干货	
		冷藏食品	冷库
		冷冻食品	
		鲍参翅类食品	仓库特殊保管
	饮料	国产白酒	饮品库
		国产红酒	
		洋酒	
		葡萄酒	
		啤酒	
		软饮料	
	洗衣房材料	洗涤剂	杂品库

存货类别	大类	明细类	仓储部位
物料用品	客用品	客房一次性客用品	物品库
		餐厅一次性客用品	
		其他客用品	
	办公用品	文具纸张等	办公文具库
	印刷品	客用印刷品	
		菜单、酒牌	
		内部财务表单	
		其他部门印刷品	
	清洁用品	清洁化学品	杂品库
		清洁用杂品	
	工程配件	装修配件	工程仓库
		水暖配件	
		空调配件	
		电器配件	
		灯泡、灯管	
		机修配件	
		锅炉配件	
		工具类	
		计算机耗材	电脑房

存货类别	大类	明细类	仓储部位
物料用品	劳动保护用品	员工鞋袜用品	物品库
		员工洗涤用品	
		工程人员防护品	
	杂品	塑料等制品	
低值易耗品	瓷器		
	玻璃器皿		
	金银器皿		
	不锈钢器具		
	厨房杂品		
	员工制服		制服组
	零星家具		杂品库
	工程设备用品	工程部在用（固定资产标准以下）	
燃料	固体燃料		燃料库
	厨房燃料		
	燃煤		锅炉房
	柴油		燃料库
	汽油		
商品	香烟	国产香烟	商品库
		进口香烟	

相关链接　搜索

零库存管理在酒店中的运用

零库存是一种特殊的库存概念，所谓零库存，是指酒店所需的物料（包括原材料、半成品和产成品等）在采购、生产、销售、配送各个经营环节中，不以仓库存储的形式存在，而是处于快速周转的状态。零库存并不是指以仓库形式的某种或某些物品的储存数量真正为零，而是通过实施特定的库存控制策略，实现库存量的最小化。

酒店通过实施零库存管理，可以降低库存管理成本，免去仓库（总仓、小仓）等一系列管理问题；酒店通过零库存管理，可以优化应收和应付账款，提高资金利用率；酒店通过零库存管理可以缩短物料的供应时间，同时可以缩短产品生产周期，规避市场产品升级换代而产生的降价或滞销的风险等。

——资料来源：作者收集并整理。

（二）采购成本

采购成本是采购单价与采购数量的乘积。其总额取决于采购数量的单价的成本。通常在物价稳定、无数量折扣的前提下，采购成本的高低取决于采购数量的多少。

（三）储存成本

储存成本是指存货在储存过程中发生的成本。如存货的仓储费用、存货储存中的变质毁损、仓库管理人员的基本工资、仓库的日常开支、购置存货而产生的利息费用、保险费等。

（四）缺货成本

缺货成本是指酒店由于存货供应中断而造成的损失，包括材料中断停工损失、缺货而造成的延期服务的违约罚款、因紧急采购而发生的超出正常采购的成本、因缺货丧失的销售机会、对酒店商誉的影响等。

三、存货管理决策

存货管理决策是指依据存货的管理目标要求对存货进行控制的过程。酒店存货管理决策涉及的内容主要有“进什么货”“从什么地方进货”“进多少货”“什么时间进货”，其中前两个问题由酒店的生产使用部门与采购部门决策，后两个问题是与财务部门相关的。所以，在存货管理决策中，财务人员关心的是经济批量，即“进多少货”的问题，还有再订货点，即“什么时间进货”的问题。

（一）经济批量的确定

酒店存货管理的目的在于通过确定合理的进货批量和进货时间，使存货的总成本最低，这一批量称为经济订货量或经济批量。

我们知道，存货的成本是由订货成本、采购成本、储存成本和缺货成本四部分组成的。假定采购成本是固定的，缺货成本为零，可知影响经济批量的成本就是订货成本和储存成本。但是进一步分析，订货成本和储存成本均由固定成本和变动成本两部分构成，那么与经济批量有关的成本项目就是订货成本中的变动成本和储存成本中的变动成本。由此可以推断出存货经济批量的基本模型：

存货总成本 = 变动订购成本 + 变动储存成本

设：TC 为存货的持有成本，D 为全年需求量，Q 为每次的订货量，K 为每次订货的变动成本，C 为单位存货的储存成本。则上述公式可写成：

$$TC=\frac{D}{Q}\cdot K+\frac{Q}{2}\cdot C$$

建立经济批量模型是要计算出经济批量，即存货的持有成本最小的经济批量（Q）是多少。我们可以利用导数求得：

$$Q^{*}=\sqrt{\frac{2DK}{C}}$$

经济批量下的存货持有成本（TC）：

$$TC=\sqrt{2DKC}$$

全年最佳订货次数（N）：

$$N=\frac{D}{Q^{*}}=\sqrt{\frac{DC}{2K}}$$

例 5–7　某酒店预计年需用 B 原材料 6000 吨，单位采购成本为 10 元，单位储存成本为 9 元，平均每次进货费用为 30 元，假设 B 原材料不存在缺货的情况，且存货的采购单价稳定，无商业折扣，存货市场供应充足，企业资金充足。

要求：

（1）计算 B 原材料的最佳订货量。

（2）计算 B 原材料的最低存货持有成本。

（3）计算 B 原材料的最佳订货次数。

已知：D=6000 吨，K=30 元 / 次，C=9 元 / 吨

（1）最佳订货量：

$$Q^*=\sqrt{\frac{2DK}{C}}=\sqrt{\frac{2\times6000\times30}{9}}=200\text{（吨）}$$

（2）最低存货持有成本：

$$TC=\sqrt{2DKC}=\sqrt{2\times6000\times30\times9}=1800\text{（元）}$$

（3）最佳订货次数：

$$N=\frac{D}{Q^*}=\frac{6000}{200}=30\text{（次）}$$

目前，商品交易中，商业折扣是普遍存在的，如果考虑商业折扣带来的变化会是什么？商业折扣下的经济批量模型为：

$$TC=\frac{D}{Q}\cdot K+\frac{Q}{2}\cdot C+D\cdot S\cdot\text{（1－商业折扣率）}$$

式中：S 为采购单价。

例 5–8 接例 5–7，供应商给予的商业折扣是，如果每次购货超过 250 吨，则给予 2% 的折扣，计算此时的最佳订货量。

根据前述例子可知当 Q=200 吨时，存货持有的总成本为：

$$TC_1=\sqrt{2DKC}+D\cdot S=\sqrt{2\times6000\times30\times9}+6000\times10=61800\text{（元）}$$

或

$$TC_1=\frac{D}{Q}\cdot K+\frac{Q}{2}\cdot C+D\cdot S=\frac{600}{200}\times30+\frac{200}{2}\times9+6000\times10=61800\text{（元）}$$

当 Q=250 吨时，

$$TC_2=\frac{D}{Q}\cdot K+\frac{Q}{2}\cdot C+D\cdot S=\frac{6000}{250}\times30+\frac{250}{2}\times9+6000\times10\times\text{（1–2\%）}=60645\text{（元）}$$

因为：$TC_1 > TC_2$，所以最佳订货量是 250 吨。

（二）再订货点的确定

再订货点是指订购下一批存货时本批存货的储存量，它解决的是“什么时间进货”的问题。一般而言，存货从申购到采购到验收有一个过程，因此要准确计算出再订货点，保证生产经营所需。

再订货点 = 平均每日正常耗用量 × 交货时间 + 安全储备量

式中：

安全储备量 =（预计每日的最大耗用量 – 平均每日的正常耗用量）× 交货时间

交货时间是指从订货日到交货日的时间间隔。由此可推出：

再订货点 = 预计每日的最大耗用量 × 交货时间

例 5–9　开立酒店耗用甲材料，年需求 3600 千克，经济批量为 240 千克，预计每天耗用最大量 13 为千克，交货时间为 8 天，问订货点及安全储备量是多少？

订货点 = 预计每日的最大耗用量 × 交货时间 =13 × 8=104（千克）

安全储备量 =（预计每日的最大耗用量 – 平均每日的正常耗用量）× 交货时间

=（13–3600 ÷ 360）× 8=24（千克）

或

安全储备量 = 再订货点 – 平均每日正常耗用量 × 交货时间

=104–（3600 ÷ 360）× 8

=24（千克）

课堂思考

请分析经济批量、再订货点、安全储备量三者之间的关系。

四、存货的日常管理

（一）存货的定额管理

定额管理是酒店管理的一项基础，它是酒店推行计划管理、质量管理、经济核算和人力资源管理的基础。存货定额是指酒店在一定时期、一定技术水平和管理水平下，为完成经营服务所必须消耗的存货数量标准。影响酒店存货消耗定额的因素有：酒店等级规格、存货折损率、不同操作技术水平、存货的生命周期、设备的性能等。

（1）客房物资用品的消耗定额。是客房出租每一间 / 天所需消耗物料用品的数量标准，其计算公式为：

A. 物料日均消耗量 = 客房物件用品配备标准 × 客房出租间天数 ×（1- 配备未使用系数）

B. 布件日均消耗量 = 客房布件配备标准 × 出租间天数 / 布件可使用次数 ×（1- 配备未使用系数）

C. 客用品消耗定额 = Σ（各种客用品日均消耗量 × 单价）

物料、布件消耗定额 = 物料、布件消耗量 × 单价

例 5-10 开立酒店有标准间 400 间，全年客房平均出租率为 80%，每间客房配备供客人使用的一次性洗涤用品 2 套，单价 10 元，未使用系数为 0.1；布件毛巾配备 2 套，单价 30 元，可使用次数 12 次，未使用系数为 0.3。假定客用品定额日数为 30 天。计算平均每月客用品消耗总额为多少？

每间客房每月一次性用品消耗量 =2×30×80%×（1-0.1）=43.2（套）

每间客房每月布件毛巾消耗量 =（2×30×80%÷12）×（1-0.3）=2.8（套）

每月客房用品消耗总额 = 客房间数 ×（每间客房每月一次性用品消耗量 × 单价
+ 每间客房每月布件毛巾消耗量 × 单价）
=400×（43.2×10+2.8×30）=206400（元）

（2）餐饮用品的消耗定额。餐饮用品主要是指餐具、桌布、餐巾、牙签、器皿等。除牙签、餐巾纸以外，酒店大部分的餐饮用品是可多次使用的，其计算公式为：

一次性餐饮用品日均消耗量 = 餐位数量 × 餐位平均利用率 × 每餐位用品配备量

$$多次性餐饮用品日均消耗量 = \frac{餐位数量 \times 餐位平均利用率 \times 每餐位用品配备标准}{每件用品平均使用天数}$$

餐饮用品消耗定额 = Σ（各种餐饮用品日均消耗量 × 单价 × 定额日数）

例 5–11 已知开立酒店西餐厅拥有餐位 200 个，餐位平均利用率为 60%，平均每餐配备餐碟 2 个，每个餐碟单价为 3 元，每个餐碟平均能够使用 20 天。假定酒店餐饮用品定额天数为 30 天。

$$餐厅餐碟消耗定额 = \frac{200 \times 60\% \times 2}{20} \times 3 \times 30=1080（元）$$

（3）食品原材料消耗定额。食品原材料消耗定额是餐厅为宾客提供餐点所需消耗的食品原材料的数量标准，计算公式为：

A. 食品原材料日均消耗额 = 餐饮日均销售收入 ×（1– 餐饮毛利率）
= 餐位数量 × 餐位平均利用率 × 人均消费额 ×（1– 餐饮毛利率）

如果酒店使用标准菜谱对餐饮成本进行控制，则计算公式变化为：

食品原材料消耗定额 = 菜点主辅料标准 + 调料配料标准

B. 酒水原材料消耗定额 = 酒水日均销售收入 ×（1– 酒水毛利率）

（4）能源消耗定额。它是指酒店在经营活动过程中所需用的燃料油、液化气、水、电等物资的消耗限额，其标准一般参照历史上经营情况、消耗水平制定。

（5）商品消耗定额。酒店内设自营的商场部的，需要根据商品类型的不同设定消耗定额。

$$商品销售定额 = \frac{商品销售预算数}{商品资金周转次数}$$

其中，商品销售预算书是指销售商品的进价，不包括商品的进销差价。

（二）存货的采购管理

酒店存货采购管理是建立在酒店存货定额基础上的，无论是客房用品、餐饮用品、食品原材料还是商品采购都需按预算执行。酒店应制订合理的采购计划、挑选合适的采购人员，督促他们比较采购价格，选择合适的供应商和支付方式。

采购管理的内容主要包括：

（1）采购部门分析各项经营业务的存货需要，依据存货市场供应情况，科学合理地确定采购存货的种类和数量。

（2）根据酒店业务部门对存货的数量和质量需求，通过比较存货采购价格，选择合适的供应商，及时订货或直接采购。

（3）控制采购活动全过程，使存货采购按质、按量、按时完成。

（4）制定严密的存货采购程序，规定严格的采购手续，建立完善的采购制度，使采购前后工作衔接、相互监督，并保证采购过程中的所有原始凭证得以妥善保管、整理和保存。

（三）存货的验收管理

验收管理是酒店存货入库前必经的关键步骤。酒店存货采购完成后，由酒店验收人员根据订货单以及交货通知单，检查所购存货是否按时，存货数量、质量、价格是否准确，并详细记录检查结果，对合格的存货准予入库或直接拨到使用部门，对不合格的存货予以拒收。存货的验收包含两个环节：一是检验；二是收货。

1. 检验

检验是检查有关存货采购的凭证、质量、数量、价格、时间等项目。为监控采购员的工作，酒店通常采用“二次跟踪采购”，即采购经理或收货员通过现场或电话询价，或对有问题的货物进行假采购，如果跟踪采购的价格与交货单上的价格相差较大，则需查明原因。

2. 收货

收货员验收合格后，需要做详细记录，填制收货单，并将当日收货单内容汇总填制进货日报表，然后将验收合格的存货分类及时入库或分发给使用部门。收货单如表 5-14 所示。

表5-14　收货单

年　　月　　日

供应商　　　　　　　　　　用货部门

货　名	单　位	规　格	数　量	单　价	合　计	直拨
						入仓
						订单号：
						发单人：
备注：				总　计		验收人：

（四）存货的仓储管理

存货的储存管理主要采用 ABC 分类管理法，其原理是按存货价值的大小、使用数量的多少和占用资产的情况分为三类，采用不同的管理方法。对占用资产多、重要性大的 A 类物资实行重点控制；对资产占用少、比较次要的 C 类物资，采用较为简便的方法加以控制；对于中间状态的 B 类物资实行一般控制。ABC 分类管理标准如表 5-15 所示。

表5-15　ABC分类管理标准

分类	比　例	价格	定额的综合程度	定额的计算	统计详细程度	库存检查	保险储备
A 类	占总品种数的 5% ~ 10% 占总金额的 70% ~ 80%	高	按品种或规格	详细	详细	经常	低
B 类	占总品种数的 10% ~ 20% 占总金额的 10% ~ 20%	一般	按大类	按过去记录	有记录	定期	较大
C 类	占总品种数的 70% ~ 80% 占总金额的 5% ~ 10%	低	按金额总计	经验	金额总计	不定	一般

从上表可以看出，由于 A 类存货占用资金较大，应作为控制的重点。在管理上应该：

（1）针对 A 类存货。首先，计算经济订货量和再订货点，千方百计减少每次的订货量，适当增加全年的订货次数，使日常存货量达到最优水平；其次，要采用永续盘存卡片，及时登记每次订购、收入、发出和节约的数额。当实际库存达到再订货点时，要立即申购，同时还需对存货实行动态管理，发生问题及时解决。

（2）针对 B 类存货。计算经济订货量和再订货点，平时也要进行永续盘存记录，与 A 类存货不同的是无须对每种存货进行分析，按大类进行定期检查即可。

（3）针对 C 类存货。由于其品种多，金额低，无须采用 A、B 两类存货的方法逐一计算经济批量和再订货点，而是可以增大每次订货量，以减少全年的订货次数，节约存货成本。可实行不定期检查制度。

酒店仓库的原材料、物料用品、低值易耗品，由于品种多、规格复杂、收发频繁，因而难免会出现计量、算账、记账的错漏，也有可能会发生人为的混乱和损失、自然的变质和损耗。所以，必须对仓库存货进行清查，通过实地盘点，编制盘存表，准确掌握实存数、金额，纠正账实不符，盘活资产，发现漏洞。

（五）存货的发放管理

存货发放是酒店存货的出口，酒店购入存货后直接报给使用部门，或经仓库储存后由使用部门领用。

（1）存货的发放程序。使用部门依据经营业务需要，编制请领计划，经部门审核后形成请领单，交仓库，仓库保管员对请领单审核无误后，办理发放手续，填写出库单。出库单所填内容应与实际发放的存货相符，包括数量、质量、规格、型号等各项经济指标，凡是未经复核、手续不全、账实不符的存货不予以出库。出库单如表 5–16 所示。

表5–16　出库单

领用部门　　　　　　　　　　　　　　　　　　　　　　　　年　　月　　日

存货编码	品名规格	单　位	领用数量	单　价	金　额	仓　位	结余数量

仓库保管员　　　　　　　　　　　复核　　　　　　　　　　　　领用人

（2）存货数量短缺的处理。酒店在出现存货数量短缺时，应及时查明原因，分清责任，及时处理。存货数量短缺的处理如表 5–17 所示。

表5–17　存货数量短缺的处理

可能的原因	采取的相应措施
仓库管理人员责任心不强，导致错发、多发、少发	1. 追究责任，并提出警示批评，经济处罚 2. 调离工作岗位，加强内部控制
仓储条件差，不能有效起到防火、防水、防虫、防盗等功能	改善仓储条件
存货自身的特性，如挥发，引起数量减少	1. 改善仓储条件 2. 缩短采购间隔时间，增加采购次数，减少库存
存货计量工具的原因，引起数量短缺	1. 重置计量工具 2. 制订合理的存货管理误差率

（六）存货的淘汰、报废管理

酒店部分存货，如食品和饮料，经过加工转化成产品销售给顾客，但是有些存货，如低值设备、棉织品、餐具、器皿等，在淘汰、报废时要按照一定的程序处理。

（1）淘汰、报废的程序。酒店使用部门提出淘汰、报废的申请，经过相关人员进行技术鉴定，部门经理、财务经理批准，或是总经理批准后，予以处理。一般需填写“物品报废单”。

（2）淘汰、报废处理。

①清理。对破损的餐具和报废后无任何使用价值和价值较低的设备，酒店一般直接清理。

②组装或改作他用。有些低值设备淘汰或零部件损坏后，可以将有用的零部件拆卸进行组装使用，有些存货也可以改作他用，如将报废的棉织品改为抹布。

③出售。对更新换代的低值设备或报废的半新程度的棉织品等，可以通过廉价出售，收回部分价款。对于酒店任何资产的处置包括流动资产、固定资产、无形资产等均由财务部负责办理。

④淘汰、报废登记。对已做淘汰、报废处理的存货应建立完整档案，以备查用，同时财务部门应对原有资产记录进行相应调整。

课堂思考

酒店存货在定额管理、采购管理、验收管理、仓储管理、发放管理、淘汰与报废管理各环节中应如何做到环环相扣，降低存货成本，提高存货的管理水平？

第四节　应付账款管理

在酒店的业务往来中，除了应收账款以外，还会产生一定数量的应付账款。如酒店赊购原材料发生的欠款，或者是与同行酒店往来发生的款项。应付账款作为酒店的负债，如果存在较多或较大的赊购业务，会加大酒店财务危机，增加酒店存货，甚至会影响酒店的声誉，因此应加强应付账款的管理，保证应付账款记录的准确性及有序支付。

一、应付账款管理的内容

应付账款是指酒店因购买货物或接受劳务而延迟支付款项的行为，属于商业信用范畴。对于付款方（酒店）而言，延期付款意味着可以借助供应商的资金满足自身短期融资的需求，或者是借助商业信用减少企业的利息支出。对供应商（收款方）而言，通过向酒店提供商业信用将其产品或服务销售出去，有利于产品的销售。因此，在商业信用交易中，不能滥用供应商给予的信用条款，要与其保持良好的业务关系，实现业务中的双赢。

与酒店可能发生应付账款往来的单位有：餐厅（餐馆）、同行酒店、旅游交通、旅游产品供应商、旅游设备供应商、通信服务运营商等。

二、应付账款中的票据和单证管理

（一）报价单

酒店在与供应商进行应付账款结算前，要先以报价单（表 5–18）为准，作为标的物，凭此作为结算款项的依据。

表5–18 报价单

致________________ 酒店　　　　申购单号________________

按酒店查询及要求，现报出下列物品价格

品　名	规　格	数　量	报　价	供应商	定　价	合　计
※ 定价及合计栏由酒店核价人员填写						
订量与折扣						
包装规格						
交货日期及方式						
结算						
本报价单自填写日起　天内有效						

经办采购______________ 核价______________ 客户________

发出日期______________________________ 日期________

通过报价单可以了解供应商所提供物品是否符合酒店申购部门的需求，是否有商业折扣或现金折扣，准确掌握购货金额、供货时间，以便合理安排付款时间。

（二）发票管理

发票是指在购销商品、提供或者接受服务以及从事其他经营活动中开具、收取的收付款凭证。它是确定经济收支行为发生的法定凭证。酒店在业务活动中取得的发票一般有增值税专用发票、增值税普通发票、其他发票［包括农产品收购发票、农产品销售发票、门票、过路（过桥）费发票、定额发票、客运发票和二手车销售统一发票等］。

酒店经办人员在取得或填制发票时，应审核：发票的真伪（假发票、换版作废发票、收款收据代替发票）、发票是否规范（虚构经营业务活动，虚开发票，或出于主观故意或过失，在发票上擅自扩大专业发票开具范围、不完整开具发票、开具字迹不清楚发票、在发票上不加盖财务或发票专用章、涂改发票等）。对于不符合要求的发票应立即退回供应商，要求其重新开具。

（三）支票管理

支票是付款人通过银行向收款人支付款项的票据，是酒店对外支付货款的常用工具之一。

支票由财务部专人购买、保管。支票的使用由使用部门填写支票申领单，经使用部门负责人签字，由财务经理或总监审批同意，有时需要总经理签字，再由经手人签领；支票的使用日期、收款单位、用途及金额应由出纳员填写。

支票在使用中常见的问题有：伪造支票、仿造支票、篡改支票、裱糊支票或者是盗用他人账号签发支票等，在管理中要建立完善支票内部控制制度。主要内容如表 5–19 所示。

表5–19　支票管理的内部控制制度

财务相关岗位人员	支票内部控制的人员禁止从事的岗位工作
负责银行对账业务的员工	处理无人认领的财产报告；在银行账户上签字
签发支票的员工	有支票签字权也能授权某个账户的支票进行支付；有权随时查阅库存支票
负责保管支票簿的员工	有支票签字权；处理银行对账业务并编制银行存款余额调节表
负责无人认领财产的员工	负责银行对账；负责管理主要供应商的档案文件
负责办理应付账款的员工	有支票签字权；有权批准付款；有权处理无人认领的财产；负责应收账款的办理

三、应付账款的日常管理

（一）还款时间的选择

酒店购买货物后在卖方规定的折扣期限内付款，则可以获得免费信用，超过信用期，则丧失享有折扣的机会。所以酒店应设法提前偿还欠款，以获得更多的利益。

酒店放弃现金折扣的原因，可能是酒店资金短缺，也可能是酒店准备将应付款额用于短期投资的需要，以获得更高的投资收益。在这种情况下，如果投资报酬额超过放弃现金折扣的成本，则应选择放弃现金折扣。

例 5–12　酒店采购一批工程材料，供应商报价为 5 万元，付款条件为“3/10，

2.5/30，1.8/50，N/90”。目前酒店用于支付账款的资金需要在 90 天后才能周转回来，如果在 90 天内付款，酒店只能通过银行短期借款解决。假定当期银行年利率为 12%，请问酒店应在何时支付材料款？支付的金额是多少？

表5–20 付款方案的选择

单位：元

付款方案	获得现金折扣	支付材料款净额	借款额	借款期限	借款利息	现金折扣减去借款利息的差额
第 10 天付款	1500	48500	48500	80	1293.33	206.67
第 30 天付款	1250	48750	48750	60	975	275
第 50 天付款	900	49100	49100	40	654.67	245.33
第 90 天付款	0	50000	50000	0	0	0

由表 5–20 可见，第 30 天付款是最佳方案，现金折扣减去借款利息的差额最大。同样我们可以看到，当酒店在第 90 天付款时，正好有资金回笼即不需要向外借款，但因为超过信用期无法享受现金折扣。

课堂思考

结合本书第二章所介绍的资金时间价值的内容分析还款时间的选择在应付账款管理中的重要性。

（二）供应商档案的建立

酒店要对供应商的资信进行调查和分析，通过银行、同行业及社会中介机构等各种渠道，及时了解供应商的生产、经营、资产、负债、经营人员变动和财务状况等相关信息。供应商基本信息包括：供应商全称及编码，收款行或账单地址，折扣期限，最大最小采购额度和信用额度；如果条件许可，可实地考察供应商的生产设备、工艺流程、生产能力、技术水平、服务水平；对供应价格水平、按时交货情况、供货周期长短、合作历史长度、信用评级、后期服务等建立详细的档案。供应商档案管理应由专人负责，要限制主要供应商档案的查阅权限和修改权限，防止欺诈操纵。

（三）付款审批制度的建立

酒店对于有合同或者无合同付款均应建立不同的审批制度。有合同的付款，要将发票内容与合同核对，经过采购部经理—财务部经理—总经理审批后，办理付款；对于没有合同的购货，必须根据业务部门的采购单、供应商提供的验收单、供应商开具的原始发票进行三项核对，同样经过上述审批后，办理付款。

为了缩短付款审批时间，可以设置付款授权制度，即设置不同的付款审批权限，以简化付款办理手续，如表 5-21 所示。

表5-21　付款审批权限的设定

序　号	付款金额	最后审批人
1	5 万元以下款项	部门负责人
2	20 万元以下款项	酒店财务总监或总经理
3	20 万 ~ 500 万元	月资金计划内和月资金计划外的最后审批人为酒店总经理或集团财务副总裁
4	500 万元以上款项	酒店总经理审批，并由总裁 / 董事会加签

（四）应付账款考核指标的设定

1. 应付账款周转率

应付账款周转率是指年内应付账款的周转次数或周转天数。应付账款周转率是反映企业应付账款的流动程度，是一个反映流动负债支付能力和占用供应商资金状况的指标。

应付账款周转率高，说明付款条款并不有利，供应商总是要求酒店尽快付清欠款。其他条件相同的情况下，应付账款周转率越低越好。其计算公式为：

应付账款周转率 = 主营业务成本净额 / 平均应付账款 × 100%

平均应付账款余额 =（期初应付账款余额 + 期末应付账款余额）/2

2. 应付账款周转天数

应付账款周转天数＝ 360/ 应付账款周转率

应付账款周转天数越长越好，说明可以更多占用供应商的货款，显示其重要的市场地位，但同时也要承担较多的还款压力，反之亦然。

如果酒店应付账款周转率较以前提高或应付账款周转天数较以前缩短，说明公司占用供应商货款降低，可能反映上游供应商谈判实力增强，要求快速回款的情况，也有可能预示原材料供应紧俏甚至吃紧，反之亦然。

3. 应付账款占流动负债的比重

$$\text{应付账款占流动负债的比重} = \frac{\text{应付账款额}}{\text{流动负债总额}} \times 100\%$$

应付账款在企业流动负债中所占比重较大，说明酒店偿还短期债务压力较大。

（五）应付账款账簿的记录与管理

（1）应付账款的管理和记录必须由财务部应付会计专职负责，其本人不得兼任请购、采购、验收、付款职能。

（2）采购业务发生后，业务部门要立即将有关单据交给财务部门，以便财务部门及时进行账务处理。尽量避免或减少由于货物流转与单据流转不完全同步，造成账务处理不及时而产生财务信息的时间性差异现象。

（3）应付账款的确认和计量必须根据审核无误的各种必要的原始凭证。这些凭证主要是供应商开具的发票、采购部门的验收证明、银行转来的结算凭证等，并及时按照供应商的不同分别登记总账和明细账。

（4）财务部收到供应商开具的发票以后，应该及时冲抵预付账款，并凭付款审批手续齐全的单据办理付款。

（5）做好应付账款的检查工作。

①定期与供应商对账。

②每月编制应付账款账龄分析表，分析资金安排和使用的合理性，重点关注银行存款余额调节表和应付账款期末借方余额是否存在重复付款、多付款等错误支付的现象。

③严密监控应付账款的暴增和暴减，注意异常交易原因，防范异常进货和错误支付的风险。

④同应付账款相关的应付票据（如商业汇票等）的签发必须经财务部审核，由财务总监和总裁按权限批准。

⑤财务部设置应付票据账簿，并认真做好应付票据的核算工作，票据的登记人员不得兼管票据的签发。

（六）无法支付应付账款的管理

《企业财产损失所得税前扣除管理办法》（国家税务总局令 2005 年第 13 号）第五条规定，企业已申报扣除的财产损失又获得价值恢复或补偿，应在价值恢复或实际取得补偿年度并入应纳税所得。因债权人原因确实无法支付的应付账款，包括超过三年以上未支付的应付账款，如果债权人已按本办法规定确认损失并在税前扣除的，应并入当期应纳税所得依法缴纳企业所得税。

酒店如有将应付账款划转出去或者确实无法支付的应付账款，在取得依据后，应按其账面余额，记入“营业外收入”。

复习与思考

一、名词解释

营运资本　　最佳现金持有量　　机会成本

应收账款账龄分析　　ABC 管理法　　应付账款周转率

二、简答题

1. 酒店现金支出限额有哪些规定？
2. 请说明酒店现金日常管理的要点。
3. 请说明酒店存货日常管理的要点。
4. 请说明酒店应收账款日常管理的要点。
5. 请说明酒店应付账款日常管理的要点。

三、判断题

1. 现金交易成本与交易的次数相关，一定期间内，交易次数越多，交易成本就越高。（　）

2. 对于没有信用限额的客户，其信用风险相对较小，为了扩大交易的需要，酒店可以与其采用“先发货（或提供服务）再收款”的方式。（　）

3. 订货成本是指订购货物时发生的日常开支，订货成本的高低与订货次数相关，

订货次数越多，订货成本就越高。（ ）

4. 酒店存货采购的先后流程为：报批、请购、订货、验收、付款。（ ）

5. 应付账款的管理和记录必须由专人负责，且该岗位任职人员不得兼任请购、采购、验收、付款职能。（ ）

四、多项选择题

1. 酒店控制现金支出采取的措施有（ ）。

A. 运用现金“浮游量” B. 控制现金支出时间

C. 工资支出模式 D. 减少现金使用的频率

2. 应收账款管理的内容包括（ ）。

A. 计算应收账款的成本 B. 制定合理的信用政策

C. 进行应收账款管理 D. 建立完善的收账制度

E. 建立详细的供应商档案

3. 以下属于酒店存货管理的资产有（ ）。

A. 玻璃器皿 B. 客房客用品

C. 干燥剂 D. 汽车

E. 工程维修零配件 F. 工艺品

4. 应付账款的日常管理内容有（ ）。

A. 还款时间的选择 B. 供应商档案的建立

C. 付款审批制度的建立 D. 应付账款考核指标的设定

E. 应付账款账簿的记录与管理

五、实践单元

1. 华润餐厅向你寻求帮助，决定是否接受它的主要食品供应商提供的“2/10，1/20，N/40”购货折扣条款。目前餐厅将多余的流动资产用于短期投资，此项投资的年平均收益率为 10%，请问华润餐厅是否应该接受供应商提供的购货折扣？

2. 已知 A 酒店有三种现金持有方案，有关成本资料如下页表所示。用成本分析模式选择最佳现金持有量。

A酒店三种现金持有方案

单位：元

项　目	甲方案	乙方案	丙方案
现金持有量	100000	200000	300000
机会成本（%）	10	10	10
短缺成本	48000	25000	10000

3. 某旅游企业目前采用30天按照发票金额付款的信用条件，实现的销售收入为3000万元，平均收款期为40天，坏账损失率为2%，收账费用为20万元。为了刺激销售，该企业拟将信用期间放宽到60天，如果采用这种信用条件，预计销售收入将增加10%，坏账损失率将提高到3%，收账费用将增加到25万元。信用条件改变后，应收账款收款期将会延长到90天，新老客户的付款习惯将不会有显著变化，已知产品的销售成本率为60%，企业最低的投资报酬率为15%，请问该公司是否能够改变信用期？

4. 甲酒店耗用A材料，年需求3000千克，经济批量为200千克，预计每天耗用最大量10千克，交货时间为10天，问再订货点及安全储备量是多少？

5. 开立酒店的洗衣部对于洗衣液的需求量较大，为此财务部小王进行了仔细分析，发现：洗衣部每次申购20千克的洗衣液，每箱成本为180元。每次订购将花费15元的运输和验收费用，而且估计1箱存货每年将产生2元的储存成本。假定该酒店每月使用25箱洗衣液。计算该酒店洗衣液的经济订货量。

六、综合实训

新加坡王冠饭店的市场部预测，在2021年财政年度的后半年，饭店销售状况如下表所示：

王冠饭店的销售额

单位：千美元

项　目	7月	8月	9月	10月	11月	12月
客　房	630	660	600	540	500	600
餐厅和酒吧	90	100	80	70	60	80

饭店的大部分客房是销售给公司客户的。以往经验表明，10%的客户销售额为现金，50%的销售额于销售后1个月内收取，35%的销售额在售后2个月内收取，还有5%

的销售额是针对一个大公司客户的，需要 3 个月才能结账。

客房的变动成本占客房收入的 20%，其中 60% 的变动成本是在费用产生当月支付的，余下的变动费用是在之后的 1 个月内支付的。

餐饮和酒吧假定全部采用现销方式，即不存在应收账款。餐厅和酒吧的变动成本由工资、食品和饮料构成。工资占餐厅和酒吧收入的 10%，并在费用产生当月支付。食品和饮料成本占餐厅和酒吧收入的 15%。根据饭店的存货政策，40% 的食品和饮料于销售前 1 个月采购，余下的当月再购。所有的食品和饮料采购自同一家公司，该公司给予饭店 1 个月的信用期。

饭店每月有 15000 美元现金支付的固定成本，另外，饭店预计将于 11 月份交纳该季度电费 18000 美元，12 月份支付全年的保险费 7500 美元。

要求：

1. 编制王冠饭店 2021 年 10 月至 12 月份的现金收入预算表。
2. 编制王冠饭店 2021 年 10 月至 12 月份的现金支出预算表。
3. 假定 2021 年 9 月 30 日饭店有 12000 美元的现金余额，请编制王冠饭店 2021 年 10 月至 12 月份的现金预算表。

推荐阅读

1. 章霞青 . 大数据背景下制造业企业零库存管理研究［J］. 太原城市职业技术学院学报，2020（3）：21–23.
2. 朱顾玥 . 酒店营运资金管理绩效研究［D］. 南京农业大学，2022.
3. 孙快元 . 酒店营运资金管理的问题及对策［J］. 财富生活，2020（14）：183–184.
4. 王建雄 . 谈酒店应收账款管理体系的建立与完善［J］. 财会学习，2020（3）：131+133.
5. 李雪绵，许延明 . 金健米业资产质量分析［J］. 商场现代化，2020（24）：12–14.

第六章 酒店成本费用管理

在激烈的市场竞争环境下，酒店如何实现盈利、提高市场占有率、获得长期的竞争优势？加强成本控制，建立成本优势，成为酒店管理者实现以上目标的必要手段。

本章介绍了酒店成本费用的分类及其构成，详细说明了餐饮成本费用、酒水饮料成本、人工成本、能源费用等成本费用控制方法，并结合酒店实例对标准成本法、预算控制法、定额控制法以及成本差异分析作了详细介绍。

学习目标

知识目标

1. 了解酒店成本费用的分类依据及其内容。
2. 了解经营费用与非经营费用的划分在酒店财务管理中的意义。
3. 熟悉标准菜谱的制定步骤。
4. 了解酒店日常人工成本的管理方法。
5. 了解酒店能源费用以及其他费用的管理方法。

能力目标

1. 能准确计算标准成本率、餐饮毛利率。
2. 熟悉物资用品消耗定额的各种计算方法。
3. 掌握酒水饮料成本计算方法。
4. 掌握餐饮日成本、月成本的计算方法。
5. 会运用不同方法分析成本差异，并能撰写简单的成本差异分析报告。

案 例

基于 PDCA 循环的国有酒店成本管理优化研究

PDCA 循环原本应用于产品生产领域，产品持续按照 P—D—C—A 循环运转，环环相扣，以上一环的考核结果作为下一环的考核依据，逐渐提升产品服务质量。将 PDCA 思想具体化到酒店成本管理过程中，具体内容包括：P（Plan）即成本计划阶段，酒店的成本规划部门需要分析上一阶段成本投入产出过程中出现的问题，并以此制订本阶段的成本计划；D（Do）即成本执行阶段，酒店成本执行部门根据成本计划进行经营活动，产生成本数据并进行收集；C（Check）在成本执行单位完成阶段性计划后，成本评价部门进行成本核算以及成本评价并进行成本修正 A（Action）。

特别需要关注的是，成本管理前一阶段的 A（Act，实际内容的调整）是下一阶段 P（Plan，预算计划）过程预算制订的依据。A—P 关系也应当作为衔接不同阶段的链条，从逻辑上可以将酒店成本管理全过程划分为 A—P、D—C、C—A 的小循环，并在每一阶段内关注预算的执行情况并及时进行调整（即在阶段内部重复执行和审查的过程）。

PDCA 循环驱动国有酒店成本管理优化的路径选择包含以下内容：

（1）建立合理的成本管理分级制度。首先在酒店财务部单独设立预算部门，选定财务预算主管，专门负责报批、审核酒店的预算申请，并监管预算执行全过程，整体把握酒店预算管理流程。其次在酒店管理职务设立方面，应该建立库房负责人管理下属（包括食品、饮料、烟酒、物料等各个独立环节的管理员）制度。对于需要采购的物料，由各环节管理员向库房负责人上报，库房负责人整理制订下个月度预算申请并向财务主管申报，获批后方可领取下月预算额。除了需要采购的部门外，涉及成本支出的部门也应遵循这一程序，将下月预计发生的成本支出做出明细整理，及时向上报告。财务主管应当统筹酒店各部门上报的预算申请，基于整个酒店的收益情况合理安排每个部门的下月预算额。获得预算金额后，让各个管理环节和管理人员都切实做好严格的收支记录，加强对各环节物品保管、取用以及回收的监控力度。这一部分对应 PDCA 循环内的 P（Plan），分级做好事前预算计划，由财务预算主管统筹安排，并关注酒店收益与支出的比例，争取达到收益最大化。

（2）实时监督并调整预算执行过程。各部门负责人以及财务人员需要正确了解市场供需状况、市场价格等方面的问题，对采购成本进行科学的分析和调整。此部分对应 PDCA 循环中的 D（Do），在预算执行期间，执行人按照酒店财务预算主管审批通过的预算申请实施采购、仓储管理并且由各部门负责人实时监督下属执行人的预算执行情况，保证中间环节的公平公正。

（3）在对预算实时监控的过程中，做到及时调整 C（Check）。在预算执行过程中遇到与市场产生偏差的预算情况时，向财务预算主管和上级负责人汇报请示，再由二者协调做出新的预算调整；面对执行人在预算执行过程中产生的由个人行为导致的偏差时，上级主管应及时调查和监管，保证预算正常开展。

（4）事后预算执行结果考核。成本规划的预算执行结果考核分析机制是 PDCA 循环下的成本管理中的关键环节，只有对每笔成本支出制定出严格的考核指标，并且切实进行实际评价，才能真正起到成本控制的作用。因此在 A（Action）阶段，要注意考察审核整个预算计划执行过程中的实际效果。首先在评价预算计划阶段，要注意成本预算制订是否具有针对性，预算要根据各个项目的具体特点进行分别制订，这样才能避免预算的盲目性和笼统性。其次，在评价预算执行阶段时，要关注预算主管部门和各部门负责人是否充分做到切实调查各部门执行期间的收支状况。这个调查需要发动整个酒店的力量，由财务主管发起，各经营管理部门共同参与，对采购、维修、人力、办公、差旅等业务的开支情况进行详细研究，要确保预算费用能够维持正常的酒店运作，避免因为中间环节出现问题影响酒店整体的运营。最后，对预算执行进行事后评价时，注意审核酒店月度收益与成本支出之间的比例情况，以此作为预算计划、执行是否良好的判断基础。并且财务主管根据此月度酒店收益与支出的比例关系，为下月酒店的预算统筹做出新的调整，各部门负责人在整理制订下月预算申报时也要时刻以上月收益与支出比例情况为重点，调整部门的预算情况。

——资料来源：叶江建，朱凤萍. 基于 PDCA 循环的国有酒店成本管理优化研究［J］. 商业会计，2022（4）：66-68.

案例分析

1. 请结合案例所提出的酒店成本管理方式，与同学讨论分析这种成本管理方式适用条件是什么。

2. 你认为降低成本是提高酒店经营利润的唯一途径吗？

第一节　酒店成本费用管理的内容

酒店成本管理是企业竞争能力的表现，是增加利润的途径之一，也是企业求得生存与发展的保障和基础。在激烈的市场竞争中，要不断降低成本费用，提高经济效益，增强竞争优势，就必须转变成本费用管理观念。

一、酒店成本费用的特点及内容

酒店是为公众提供住宿、餐饮、娱乐等多项设施和相应服务性劳动的商业性机构。

它在经营过程中所发生的各种耗费，为便于管理，将其直接支出部分列为成本，即为营业成本；而将其他非资本性支出所发生的耗费列为费用，称为期间费用。

（一）酒店的营业成本

酒店的营业成本主要有：

（1）食品成本。是指采购食品直拨餐厅、直拨厨房、餐厅仓库领用食品或部门内部调拨等所发生的各类食品的耗用成本（如海鲜、肉类、蔬菜类、粮油、调味品等）。食品成本应按不同餐厅来分类归集。

（2）饮料成本。是指葡萄酒、中国白酒、啤酒、矿泉水、果汁等所有饮料或用作调制饮料的混合材料的进货成本。饮料成本按不同类型分为中国白酒、葡萄酒、洋酒、啤酒、软饮料（不含酒精的定型包装饮料）、果汁、鸡尾酒、咖啡、茶水等；也可以细分为酒水成本和饮料成本。

（3）商品进价成本。是指商场经销商品的进价成本，分为国内购进商品进价成本和国外购进商品进价成本，如香烟、工艺品、百货等。

（4）洗衣成本。是指为住店客人及非住店客人提供洗衣服务而发生的洗涤用品、清洁用品费用。

（5）其他成本。是指其他营业项目所支付的直接成本，包括复印成本、传真成本、电话成本等。如传真纸、传真机用的色粉、复印机用的色粉、复印纸等材料的费用，国内长途和国际长途等电话费等。

（二）酒店的期间费用

酒店的期间费用指酒店在经营过程中发生的与经营管理活动有关的费用，这些费用应直接计入当期损益，需要从酒店的当期经营收入中得到补偿。期间费用一般划分为营业费用、管理费用和财务费用；按照经营管理者所承担费用的责任划分，期间费用也被划分为经营费用和非经营费用。

（1）营业费用。营业费用是指为组织和管理酒店经营活动而发生的各项费用，如客房部、餐饮部、康乐部等营业部门为组织经营活动而发生的人工费用、物料消耗、制服费用、洗涤费用、办公费用、邮电费、差旅费、绿化费、广告宣传费、业务招待费等。

（2）管理费用。管理费用是指酒店行政管理部门为组织和管理经营活动而发生的费用，以及由酒店统一承担的费用。如行政部、保安部、财务部、工程部、总经理办公室、人事部等部门发生的人工费用、工作餐、交际应酬费、能源消耗费、维修材料费、制服费、洗涤费用、办公费用、邮电费、差旅费、折旧费、财产保险费、房产税、董事会费、外事费、租赁费、咨询费、审计费、诉讼费、绿化费、排污费、土地使用费、土地损失费、研究开发费、坏账损失、存货盘亏和毁损、上级管理费等。

（3）财务费用。财务费用是指酒店在经营过程中发生的利息净支出、汇兑净损失、金融机构手续费等。

（三）酒店的经营费用和非经营费用

我国企业会计制度中将营业费用、管理费用和财务费用统称为期间费用，认为这些费用是无法归入成本但在当期发生对损益产生影响的耗费。美国酒店业会计制度认为，在当期发生对损益产生影响的无法归为成本的耗费，分为两大类，一是经营费用，二是非经营费用。这样分类主要是便于考核在所有权与经营权相分离状态下酒店经营管理者实际经营业绩的高低。

（1）经营费用。经营费用是在酒店经营管理过程中发生的，由酒店经营管理者控制和负责的费用，如人工成本、工作餐费、洗涤费、布草费、服务用品费、瓷器费、金属器皿费、玻璃器皿费、金银器费、清洁用品费、餐牌及酒牌费、厨房用具费、消防用具费、佣金、宽带网络费、装饰费、执照费、厨房燃料费、化学制剂费、印刷费、办公费、差旅费、交通费、通信费、行政办公费、市场营销费、维修保养费用、能源费用、税金税款方面的支出以及电视、音乐及娱乐费。

（2）非经营费用。非经营费用的发生与酒店经营管理没有必然联系，需由酒店所有者承担的费用，如折旧费用、利息费用、董事会费用、中介费（含审计费、咨询费、诉讼费等）、固定资产大修理费、开办费摊销、融资租赁费、财产保险等。

课堂思考

通过上述成本费用的分类，你会发现成本与费用包含的内容是不同的。请结合我国企业会计制度和美国酒店业会计制度的相关规定说明两者之间的区别点。

二、酒店成本费用的分类

（一）按其与经营业务量的关系划分

1. 固定成本（费用）

固定成本（费用）是指在一定时期内，其成本总额不随业务量的增减而变动的成本。一般包括工资、租赁费、折旧费、保险费等。如餐饮管理人员工资不会随着餐饮收入的高低而变化，客房的固定资产折旧费用等不会随客房出租率的增加而增加。

2. 变动成本（费用）

变动成本（费用）是指其总额随着业务量的变化而成比例地变化。主要是指酒店经营中的各种直接支出，如销售的饮料成本、酒水、洗衣成本，这些随着客人消耗量的增多而增多。

3. 混合成本（费用）

混合成本（费用）是指其成本总额中既包括固定成本又包含变动成本。混合成本主要包括电话费用、汽车租赁费、维修保养费。如酒店的电话费，固定部分是指系统租金，无论打电话时间长短都必须支付的固定费用，变动部分则为按通话时间的计费，随着电话量的增多，电话成本也增加。混合成本可以按一定方法分解为固定成本和变动成本。下面以高低点法做一介绍。

例 6-1 开立酒店洗衣房服务能力有剩余，想计划对外提供洗衣服务以增加部门收入，为合理确定此项服务的价格，洗衣房经理收集了半年以来的洗衣成本和洗衣量的有关资料，如表 6-1 所示。

表6-1 洗衣房的成本计算表

月 份	洗衣成本（元）	洗衣量（千克）
1	22000	20000
2	21600	19500
3	21800	19750
4	20800	18500
5	20720	18400
6	20400	18000

要求：

（1）运用高低点法，确定洗衣房的固定成本和变动成本结构。

（2）如果估计每月客衣和外衣收洗的洗衣量为25000千克，请估算洗衣总收入为多少时才能抵补成本？

高低点法是以过去某一会计期间的总成本和业务量为依据，从中选取业务量最高点和业务量最低点，将总成本分解为固定成本和变动成本。其计算公式为：

单位变动成本 =（最高点业务量成本—最低点业务量成本）/（最高点业务量 - 最低点业务量）

分析1：从表6–1中可见，1月份和6月份的洗衣量分别为成本的最高点和最低点，两者之差为1600元（22000–20400），其对应的洗衣量之差为2000千克（20000–18000），则计算出洗衣单位变动成本为0.8元/千克（1600元 ÷2000千克）。任选一个月（假定选择6月份），计算出固定成本为20400–18000×0.8=6000（元）。

分析2：每月洗衣量为25000千克时的总成本为：

$$6000+25000\times0.8=6000+20000=26000（元）$$

开立酒店每月洗衣收入为26000元，可以保本。

（二）按其管理责任划分

1. 可控成本（费用）

可控成本（费用）指酒店责任单位在会计期间有权确定开支的成本费用。如餐饮部可以决定采购何种食品原材料，营销部经理可以决定是否组织某项推广活动，行政部经理有权决定选派多少人参加某项培训。这些费用是可以人为掌控的，所以被称为可控成本。通常各责任单位的变动成本（费用）是可控成本。

2. 不可控成本（费用）

不可控成本（费用）是指短期内酒店责任单位对成本费用的发生无法进行控制的项目。不可控成本一般是固定成本，如长期贷款利息支出、设备租金、折旧费、无形资产摊销等。这些费用无法分担到具体责任单位进行控制，但需由酒店进行管理。

综上所述，酒店在经营中的成本费用分类并非是一成不变的，会存在一定的交叉性。有些固定成本是可控成本（费用），如固定资产租金；有些固定成本（费用）则是不可控成本，如无形资产摊销。酒店是固定成本占较大比例的企业，如何将固定成本变为变动成本纳入酒店可控范围，为提高酒店经济收益服务，是管理者需要不断思考的问题。

课堂思考

请你了解所熟悉的一家酒店，分析其划分固定成本和变动成本、可控成本和非可控成本的依据及方法。

三、成本费用管理的方法

（一）制度控制法

制度控制法是通过制定酒店各项成本费用管理制度来控制成本费用的开支。酒店进行成本费用控制必须遵循国家规定的成本费用开支范围及费用开支标准以及税务、上级主管单位的有关成本费用的规定。酒店为了有效控制成本费用，必须划分相应的组织机构、建立健全各项成本费用控制制度，如收银工作管理制度、资金支付审批管理制度、成本费核算制度、物料消耗定额管理制度、低值易耗品管理制度、预算编制制度、预算控制制度、预算调整制度等。

（二）预算控制法

预算控制法以预先完成的预算指标作为控制成本费用支出的依据。通过对比分析，找出差异，采取相应的改进措施，保证成本费用预算目标的实现。内容详见本书第八章酒店预算管理。

（三）标准成本控制法

标准成本是指酒店在正常经营条件下以标准消耗量和标准价格计算出各产品的具体成本，在执行中以各项目的标准成本作为控制和考核依据。运用标准成本控制法的基本步骤是：制定标准成本，进行成本差异分析，就是将实际成本与标准成本进行比较，找出差异，分析原因。对成本差异进行处理，通过对重大差异的分析，分清差异形成的原因，找出酒店可以控制的因素。

（四）主要消耗指标控制法

主要消耗指标是指对酒店成本费用起着决定性影响的指标。如原材料成本的高低决定了酒店餐饮利润率的高低，而酒店餐厅口布、餐碟的更新也对餐饮利润有影响。那么在实行成本费用管理时，酒店可制定餐饮成本率、物料消耗定额等主要消耗指标。一旦确定，不得随意更改，如表 6–2 所示。

课堂思考

一家酒店管理公司制定相关酒店的利润预算中主要消耗指标如表 6–2 所示，请分析表中各比例设定的依据是什么。在酒店管理中你认为还有哪些可以是关键指标？

表6–2　某酒店管理公司的主要消耗预算指标

序　号	成本项目	占营业总收入的比例（%）
1	税费和折旧	27
2	固定费用	5
3	管理费用	3
4	市场推广费用	5
5	能源消耗	8
6	物业保养	4
7	客房成本	11
8	餐饮成本	23
9	行政费用	9
10	其他部门支出	5
	总　计	100

1. 物资用品的消耗定额管理内容

消耗定额是指在一定时期内，为完成经营任务所需要的单位产品或单位接待能力所需要的物资用品耗用数量。酒店各部门可以根据经营特点和要求详细制定单位产品或单位接待能力所需的物资配备表。

物资用品可分为一次性消耗用品和多次性消耗物品，如牙刷、拖鞋、浴帽、沐浴液、洗发液、润肤露、梳子等就是一次性消耗用品；客房卫生间“五巾”（指面巾、手巾、浴巾、地巾、披巾）、床上用品（如床单、毛毯、被套、枕头）、装饰用品（窗椅坐垫、靠垫等）、烟灰缸是多次性消耗物品。

2. 消耗定额的计算方法

由于酒店物资用品的消耗方式不同，其消耗定额可以采用三种方法确定，分为一次耗用定额法、更新耗用定额法、日均用量定额法。

（1）一次耗用定额法。是指根据单位物资用品每天平均耗用量和计划业务量的大小，核定一定时间内的物资用品的消耗定额。其计算公式为：

某种物品的消耗定额 = 单位接待能力配备量 × 客房或餐位数量 × 设施利用率 × 定额天数

式中：单位接待能力配备量在客房是指单间客房每天一次性消耗物品的平均配备数量，如茶叶、糖包、洗发液、沐浴液等；在餐厅则是指平均每个餐位每餐的配备数量，如牙签、餐巾纸、刀叉、碗碟等。设施利用率在客房表现为出租率，在餐厅表现为座位利用率。

例 6–2 某酒店有客房 300 间，餐厅座位 200 个（含小单间）。按四星级酒店标准建造，客房、餐厅客用一次性消耗物品标准见表 6–3，全年按 360 天，客房计划出租率 75%，餐厅座位利用率为 95%，请核定该酒店物品消耗定额。

表6–3 某酒店客房、餐厅物品配备标准

客房物品配备标准			餐厅物品配备标准		
品 名	标 准	价 格	品 名	标 准	价 格
牙刷、牙膏	2 套 / 间	2 元 / 套	餐巾纸	1 份 / 座	0.10 元 / 份
小香皂	2 块 / 间	0.9 元 / 块	牙签	1 份 / 座	0.05 元 / 份
茶叶	6 包 / 间	0.10 元 / 包	茶叶	1 份 / 座	0.20 元 / 份
拖鞋	2 双 / 间	2 元 / 双	垫盘纸	1 份 / 座	0.05 元 / 份

分析：根据已知条件，可知牙刷、牙膏的全年需要量为：

$$2 \times 300 \times 75\% \times 360=162000\text{（套）}$$

每年牙刷、牙膏的消耗定额为：

$$162000 \times 2=324000\text{（元）}$$

其他客房和餐厅的一次性消耗品按此计算，如表 6–4 所示。

表6–4　采用一次性消耗法计算酒店客房、餐厅物品消耗额

客房物品消耗金额			餐厅物品消耗金额		
品　名	数　量	金额（元）	品　名	数　量	金额（元）
牙刷、牙膏（套）	162000	324000	餐巾纸（份）	68400	6840
小香皂（块）	162000	145800	牙签（份）	68400	3420
茶叶（包）	486000	48600	茶叶（份）	68400	13680
拖鞋（双）	162000	324000	垫盘纸（份）	68400	3420
合　计		842400	合　计		27360

（2）更新耗用定额法。更新耗用定额法是根据单位物品配备数量，分析计划期内的物品使用损耗程度，确定更新率而制定的消耗定额，这种方法主要适用于客房、餐厅、康乐等部门的客用多次消耗物品的定额制定。如客房的床单、毛巾、杯具、窗帘，餐厅的台布、口布、餐具等。其计算公式为：

某物品的消耗定额 = 单位接待能力配备量 × 床位或餐位数量 × 物品更新率

例 6–3　接例 6–2，假定该酒店有客房 300 间，床位数 500 张，客房棉织品每床配备 4 套；餐厅有餐台 30 张，餐位 200 个，每台配备台布 5 套。客房、餐厅具体物品配备如表 6–5 所示。

表6–5　采用更新耗用定额法计算酒店客房、餐厅物品消耗额

品　名	配备定额	消耗定额	耗用金额	品　名	配备定额	消耗定额	耗用金额
床　单	4000	800	24000	台　布	150	37.5	3000
毛　巾	4000	1000	12000	口　布	200	60	600
枕　套	4000	800	8000	菜　盘	400	72	360
烟　缸	500	75	2250	汤　碗	200	36	108
茶　杯	1000	200	400	筷　子	200	20	100
合　计			46650	合　计			4168

相关链接　搜索

客房棉织品的配备量

客房棉织品在配备量的制定时要考虑在用量、备用量上的最佳组合，太少的配备量会影响服务质量，太多的配备量又会造成浪费。一般三星级酒店客房棉织品的配备标准是 3 套，即一套为客房在用，一套在洗衣房洗烫，一套在棉织品仓库备用。如果是四星级、五星级酒店则可配备5套，即一套为客房在用，一套在洗衣房洗烫，一套在棉织品仓库备用，一套在楼层仓库或工作车上，一套已经脏了正在送洗途中。

——资料来源：作者收集并整理。

（3）日均用量定额法。是指根据物资日均用量和计划期天数来核定消耗定额。这种方法适用于酒店各部门办公用品、清洁用品、服务操作用品等消耗量的定额制定。其计算公式为：

某种物品的消耗定额 = 日均计划用量 × 计划期（定额）天数

需要注意的是：为减少资金占用，计划期天数一般可选择以月为单位。

第二节　酒店餐饮成本管理

餐饮成本包括酒店的食品成本和饮料成本。食品成本是指在制作菜品过程中发生的原料、辅料和调料成本。如肉类、奶制品、水果、蔬菜、调味品及其他干杂原材料。一般来说，食品成本在餐饮成本中所占比重较大，也是餐饮管理的重点。饮料成本是指在饮料制作过程中的成本。如白酒、葡萄酒、可乐、茶、咖啡等饮料的进价成本；也包括用来生产和调制饮品所需的配料，如樱桃、柠檬等常用水果。

做好餐饮成本管理主要是通过制定标准菜谱，统一各种食品成本和饮料成本的生产标准，加强采购、验收、仓储、生产、销售各环节的管理；进行成本差异分析，及时发现问题。

一、标准菜谱的制定

酒店餐饮部门在经营中用到的食谱有菜谱、面点谱和酒水谱。菜谱是餐饮管理中最常用的工具，也是餐饮各环节工作的起点。

标准菜谱是指对每道菜品所需各种用料的名称、数量、价格以及烹制时间、所需器具、制作过程、制作样图等做出详细说明的清单。标准食谱卡的具体内容如表6–6所示。

有了标准菜谱可以保持菜品质量稳定性，能准确计算和分析实际成本发生的差异及其原因。

表6–6　标准食谱卡

<table>
<tr><th>菜点名称</th><th>海肠水饺</th><th>标准份额</th><th>1200克</th><th>烹调方法</th><th>煮</th></tr>
<tr><td>菜品特点</td><td colspan="5">皮薄、馅多、有海肠味、形如元宝</td></tr>
<tr><td>主配料、调料</td><td>标准投料（克）</td><td>净料率（%）</td><td>净料价格（元）</td><td>单价（元）</td><td rowspan="8">工艺过程、工艺条件及工艺参数：
1. 将特一粉加入水和匀放置待用
2. 将海肠洗净剁成泥
3. 韭菜切成末
4. 将韭菜海肠肉馅和匀
5. 下剂包馅成形
6. 开锅放入水饺后，煮沸点加3次凉水煮开即可
7. 盛盘上桌</td></tr>
<tr><td>特一粉</td><td>1000</td><td>100</td><td>1</td><td>2</td></tr>
<tr><td>调好肉馅</td><td>500</td><td>100</td><td>3</td><td>3.7</td></tr>
<tr><td>海肠</td><td>1000</td><td>30</td><td>30</td><td>18</td></tr>
<tr><td>韭菜</td><td>250</td><td>90</td><td>30</td><td>18</td></tr>
<tr><td>水</td><td>250</td><td>—</td><td>0.6</td><td>0.3</td></tr>
<tr><td>菜点照片</td><td colspan="4"></td></tr>
<tr><td colspan="5">备注：一斤干面粉可制40个饺子，调好肉馅是事先制备的标准品</td></tr>
</table>

课堂思考

通过浏览职业餐饮网，分析标准食谱在企业成本管理中的作用。

二、餐饮成本管理

（一）采购环节的控制

食品原料采购的目的在于以合理的价格，在适当的时间，从安全可靠的货源，按照规定标准和预定数量采购餐饮服务所需的各种食品原料，保证餐饮服务顺利进行。从成本管理的角度，采购工作中成本控制的内容也同样集中在食品原料的质量、数量和价格几个方面。

1. 坚持使用原料采购规格标准

酒店应根据烹制各种菜肴的实际要求，制定各类原料的采购规格标准，并在采购工作中坚持使用。这不仅是保证餐饮成品质量的有效措施，也是最经济地使用各种原料的必要手段，因为并非所有菜肴都必须使用相同等级或质量最好的原料。

2. 严格控制采购数量

过多地采购原料必然导致过多储存，而过多地储存原料不仅占用资金、增加仓库管理费用，而且还容易引起偷窃、原料变质损耗等问题。所以酒店应根据需要、资金情况、仓库条件、现有库存量、原料特点、市场供应状况等因素做出采购数量决定，以采购近期内所需要的原材料数量。

3. 采购价格必须合理

食品原料采购者应该在确保原料质量符合采购规格标准的前提下，尽量争取质优价廉。在采购原料时，至少应取得 3 家供应商的报价。同时要合理评估每次采购工作的效益，即

$$采购效益 = 原料质量 \div 价格$$

例 6–4 某种原料单价为 10.00 元，其质量被评为 75 分，则该原料的采购效益为 75 ÷ 10=7.5（分）。如果经过调查，发现相同质量的原料可以 9.1 元的价格购得，那么采购效益为 75 ÷ 9.10=8.2（分）。可见酒店在要求低价的同时更注重采购物品的质量，不然因质量引起的顾客投诉将会给企业带来更大的损失，因此，企业对采购工作的考核应是数量、品质、效益三者兼顾。

（二）验收环节控制

参见第五章第三节存货管理。

（三）储存环节控制

参见第五章第三节存货管理。

（四）发料环节控制

原料发放控制是日常食品成本管理中的一个重要环节，由于发料数量直接影响到每天的食品成本额，酒店必须建立合理的原料领发制度，既要满足厨房用料需要，又要有效地控制发料数量。从成本管理的角度出发，发料控制的基本原则是只准领用食品加工烹制所需实际数量的原料，未经批准，不得领用。发料控制要抓好以下几个方面：

1. 使用食品领料单

任何食品原料的发放，必须以已经审批的原料领用单为凭据，以保证正确计算各领料部门的食品成本。同时酒店应有提前交送领料单的规定，使仓库保管员有充分时间正确无误地准备各种原料。

2. 规定领料次数和时间

仓库全天开放，任何时间都可以来领料的做法并不科学，因为这样会助长厨房用料无计划的不良作风。所以，酒店应根据具体情况，规定仓库每天发料的次数和时间，以促使厨房做出周密的用料计划，避免随便领料，减少浪费。

3. 正确计算成本

领用原料的成本是酒店每天食品成本的组成部分，因此仓库管理员每天须及时、正确地计算领料单上各种原料的成本以及全天领料成本总额。

（五）生产环节的控制

食品原料的初加工、切配以及烹调、装盘过程对酒店食品成本的高低也有很大影响。这些环节如不加以控制，往往会造成原料浪费，致使成本增加。因而，在食品原料的加工烹调阶段，酒店必须注意以下几方面工作。

1. 切割烹烧测试

对于肉类、禽类、水产类及其他主要原料，酒店应经常进行切割和烹烧测试，掌握各类原料的出净率，制定各类原料的切割、烹烧损耗许可范围，以检查加工、切配工作的绩效，防止和减少初加工和切配过程中造成原料浪费。

2. 制订厨房生产计划

厨师长应根据业务量预测，制订每天各餐的菜肴生产计划，确定各类菜肴的生产数量和供应份数，并据此决定需要领用的原料数量。生产计划应提前数天制订，并根据情况变化进行调整，以求准确。

3. 坚持标准投放量

坚持标准投放量是控制食品成本的关键之一，在菜肴原料切配过程中，必须使用称具、量具，按照有关标准菜谱中规定的投料量进行切配。酒店对各类菜肴主料、配料投料量应制表张贴，以便员工遵照执行，特别是在相同菜肴采用不同投料量的情况下更应如此，以免出现差错。

4. 控制菜肴份额

酒店中有不少食品菜肴是成批烹制生产的，因而在成品装盘时必须按照规定的份额即应按照标准菜谱所规定的烹制份数进行装盘，份数不足会增加每份菜肴的成本，影响毛利。

（六）销售环节的控制

销售环节的控制的目的是要保证厨房生产的产品能够产生收入，严防各种形式的舞弊和差错的发生。

传统按照点菜单进行的餐饮销售模式是接待客人的预订、点菜、服务员递送点菜单到厨房、厨房凭单制作、服务员凭单上菜、收银员凭单结账。因为这些环节是在不同空间、不同时点进行的，如果一个环节出现问题，会引起后续操作难以进行，加之操作人员和地点分散，使得餐饮销售中存在跑、冒、滴、漏现象。为了改变这种状况，除了加强对员工的培训和建立完善的内部控制制度外，更重要的是运用先进的信息技术来改善作业流程，提高生产能力、提升酒店服务品质。

目前一些酒店运用电子点菜系统进行管理。其基本流程是：客人点餐时，服务员通过具有无线功能的智能掌上电脑，随时随地使用系统为客人点菜、加菜，计算机处理系统收到数据后自动处理，把菜单自动分类传送到冷菜、热菜、面点、酒水吧等制作间，通过厨房打印机打出厨房单，厨房制作完成后传菜部凭自动打印出的传菜单为客人上菜。客人用餐后，由收款员在收银台打出结账单为客人办理结账。

使用电子点菜系统的优点：首先，可以改善部门之间、工作环节之间的沟通与协调，使得信息的传递更准确、更及时，提高人员的工作效率，减少差错率。如服务员在为客人点菜的同时，其信息便迅速传递到厨房的打印机或显示屏上，厨师可立即按订单出品，而无需由服务员拿着点菜单跑来跑去。又如，住店客人在进行餐饮消费时，可以随时与酒店前台系统相连，将审核通过的挂账餐饮账单即时地计入客账中，杜绝了走账的现象。其次，可以随时了解餐饮收入情况，减少人情菜或跑单现象的发生。电子点菜系统取消了原有的四联单操作方式，所有操作信息都记录在电脑中，未在收银台开台的菜单是无法进入厨房进行加工生产的，杜绝了内部人员舞弊行为的发生。最后，可以提高管理和决策的有效性。酒店管理者可以利用信息系统和标准菜单，根据实际销售量计算出每一日或某一段时间的标准成本，并与实际成本做比较，发现问题可及时处理。可根据系统采集数据，做相关分析，如畅销菜品分析、滞销菜品分析、销售定价分析、营销方式分析等。

三、酒水饮料成本控制

酒水饮料的成本控制与食品的成本控制不同，无须复杂的切配过程，但是由于酒水的易损耗及价格贵重等特点，容易被盗和损耗，因此需要采取其他有效的控制方法。

（一）标准酒谱

不论餐厅还是酒吧采取何种控制方法，都必须首先制定各种鸡尾酒和饮料的标准酒谱以核算标准成本和制定销售价格。如同标准菜谱一样，标准酒谱是调制鸡尾酒和混合饮料的标准配方。它不仅是保证饮料质量的基础，而且也是成本控制的必要工具。标准酒谱必须列明调制该鸡尾酒或混合饮料所需的基酒和其他配料的数量，说明调制方法，规定所用酒杯的种类和型号。曼哈顿鸡尾酒标准酒谱如表 6-7 所示。

表6-7　曼哈顿鸡尾酒标准酒谱

名　　称	曼哈顿鸡尾酒	标准配方编号	×××
每杯售价	47 元	每杯成本	9.50 元
成本率	20.2%		
成分		数量	成本
黑麦威士忌酒		2.5 盎司	7.50 元
甜味苦艾酒		0.75 盎司	1.00 元
苦味药酒		少许	0.30 元
樱桃		1 只	0.20 元
冰块		0.75 盎司	0.50 元
合计		4 盎司	9.50 元
调制方法： 加入冰块，将所有成分倒入酒杯，充分搅拌，滤入酒杯；用一只有梗樱桃装饰		饮料样图：	
器皿： 4 盎司有刻度线的鸡尾酒杯			

（二）计算饮料的标准成本

根据标准酒谱规定的基酒和配料的数量，可以计算出该鸡尾酒或混合饮料的标准成本，具体计算方法与计算菜肴的标准成本相同，即饮料的标准成本等于基酒和配料成本之和。

一般来说，酒吧中作为基酒的饮料可以分成两类：一类是纯烈酒或烈酒加其他饮料，如威士忌加冰、金酒汤力水等；另一类是混合饮料，如各种鸡尾酒，通常需要一至两种烈酒及多种配料。为了准确地计算烈酒的成本，酒吧一般会先核算出该烈酒的每盎司成本。例如，某牌号的威士忌进价为 186 元一瓶，容量为 32 盎司，则每盎司的成本为：186 ÷ 32=5.8（元），但在实际经营中，还应该规定酒液的自然溢损（流失）量，一般为每瓶 1 盎司。因此，本例中威士忌的每盎司成本为：186 ÷ 31=6（元）。

（三）酒水消耗量控制

酒水成本控制中一个十分必要的手段就是控制消耗量。控制消耗量的步骤是：统计消耗数量，计算出酒水的标准消耗瓶数、盘点库存数量，计算酒水的实际消耗量，将标准消耗量与实际消耗量进行比较，达到对实际消耗量的控制。一般采用整瓶销售酒水的控制、零杯和混合销售酒水的控制两种方法。

1. 整瓶销售酒水的控制

整瓶销售的酒水比较容易控制，采用标准储存量的餐厅或酒吧，要求对销售的整瓶酒水填写整瓶销售单，可以有效地控制各种酒水数量。用公式表示为：

整瓶销售数 + 其他用料数 + 结存数 = 标准储存数

2. 零杯和混合销售酒水的控制

酒吧中大部分烈酒都是零杯销售或者配制成鸡尾酒等进行混合销售。零杯销售和混合销售的份数要折合成整瓶数进行消耗量控制。零杯销售首先要求根据销售的标准单位来核算。常用的标准单位为盎司、标准量杯等。例如，酒店设定的折合单位是 1 盎司的液体单位 =30 毫升，1 量杯 =45 毫升。

一瓶 750 毫升容量的酒，如果以 1 盎司为单位销售就可以销售 25 杯。如果以量杯为单位销售就只能销售 16 ~ 17 杯。所以，零杯销售要考虑每杯的容量以及销售杯数。零杯和混合销售者折合的整瓶数可以用以下公式计算：

折合整瓶数量 = 每杯容量 × 销售杯数 ÷（每瓶容量 − 每瓶允许流失量）

为控制消耗量，要规定标准的允许流失量，普遍的做法是规定一瓶酒允许流失 1 盎司，有的规定允许流失比率为 3% ～ 4%。

例 6–5　某酒吧用哥顿金酒作为基酒配制鸡尾酒出售，其用量如表 6–8 所示，请计算折合整瓶数（每瓶容量为 32 盎司，允许流失量为每瓶 1.5 盎司）。

折合整瓶数 =（2 × 96+1.5 × 122+1.8 × 90）÷（32–1.5）=17.6（瓶）

在采用标准储存量的控制方法时，要求核实销售及其他耗用的杯数所折合的整瓶销售数是否与空瓶数相等，空瓶数及其他用料数与结存数之和是否与标准储存数相等。不采用标准储存量的控制方法时，耗用酒水折合的瓶数应等于期初储存数加上领料数再减去期末结存数。每日营业结束时，有必要对餐厅、酒吧各种酒水的消耗数和饮料的销售份额数做好记录。

表 6–8　基酒用量表

饮料名	每杯容量（盎司）	销售杯数（杯）	总量（盎司）
马天尼	2	96	192
1 号零杯金酒	1.5	122	183
2 号零杯金酒	1.8	90	162
总　计			537

四、餐饮成本的计算

从理论上讲，餐饮成本应包括原材料、燃料、机器设备和人工费用等的耗费，但是由于酒店餐饮成本具有一定的特殊性，是生产和销售同步进行，且餐饮制品的成本较难准确计量，按照现行酒店会计制度规定，餐饮成本只核算耗用的原材料成本，其他成本如工资、物料消耗等均计入销售费用。因此餐饮成本核算的内容仅包括食品成本，这样以利于会计信息更好地为财务管理服务。

（一）日食品成本的确定

日食品成本的确定是计算每日每个餐厅所出售的食品的成本（见表 6–9）。通过每日计算成本便于管理者及时发现经营中存在的问题，并检查预算执行效果如何，为纠正偏差寻找改进措施提供依据。

表6-9 日食品成本计算过程

项　目	说　明
期初存货	期初各厨房的食品存货
加：直拨原料成本	可从每天的验收日报表上得到直拨各厨房的原料
加：仓库发料成本	可从当日仓库的凭领料单发往各厨房的原料
加：调入调整数	根据内部调拨单记入的从酒吧调入的料酒和从其他单位调入的食品原材料
减：调出调整数	调给酒吧或其他单位的食品原料
减：食品原料出售收入	厨房屠宰时余料出售和向酒店员工出售的食品原料收入
减：宴请成本	酒店有签单权的经理人用来招待客人的食品成本
耗用食品成本	反映当日酒店耗用的食品成本总额（包括对客人的销售食品成本和员工食堂的食品耗用）
减：员工膳食成本	酒店规定可免费在餐厅就餐的职工每日消耗的食品原料成本
减：当日各厨房食品存货	在当日营业结束后尚未用完的食品原料
日食品成本	

在确定日食品成本之后，根据当日餐饮营业收入计算日食品成本率，其计算公式为：

日食品成本率 =（日食品成本 ÷ 当日食品营业收入）× 100%

但是日食品成本率可能由于种种原因而变化，失去意义，因此有些酒店通过计算本期累计食品成本率来克服这一问题。

本期累计日食品成本率 =（本期累计日食品成本 ÷ 本期累计食品营业收入）× 100%

例 6–6 开立酒店的中餐厅记录的 1 月份日食品成本计算如表 6–10 所示。

表6–10 开立酒店日食品成本计算表

单位：万元

日期	期初存货	直拨原料	仓库发料	内部调整		员工购买	余料出售	宴请成本	职工膳食	期末存货	食品成本		营业收入		食品成本率	
				调入	调出						当日	累计	当日	累计	当日	累计
1	15	125	40	8	5		2	3	35	10	133		580		23%	
2	10	130	45	10	7	2		2	32	8	144	277	670	1250	21%	22%
3	8	135	44	12	6	1	3	5	34	7	143	420	650	1900	22%	22%
…																
31																

（二）餐饮月成本的计算

餐饮成本与餐饮营业收入是配比的。餐饮的月营业成本是当月销售的菜品和饮料所耗用的成本。因餐厅经营的连续性和特殊性，每天购进或领用的菜品不可能全部消耗掉，所以应通过成本倒挤的方法计算餐饮成本。其计算公式为：

食品成本 = 期初食品存货 + 本期购进（领用）食品 + 本期调拨食品净额 – 期末食品存货

在上述公式中，可从当月的仓库领料单和厨房之间的调拨单，并通过月末盘点获得，但是由于是在每月末才能掌握本月成本发生情况，这并不利于成本的管理。

饮料成本的日成本和月成本计算可以参照餐饮的日成本和月成本计算执行。如计算月饮料成本则简单计算公式即为：

饮料成本 = 期初饮料存货 + 本期购进（领用）饮料 + 本期调拨饮料净额 – 期末饮料存货

通过餐饮成本的计算和汇总可以考核一个餐厅的经营业绩，同时每期的成本数据也可以作为后期编制预算的基础。

例 6–7　某酒店餐饮部在 6 月份计算各餐厅成本和餐饮收入情况如表 6–11 所示，要求计算每个餐厅的餐饮成本率、餐饮部的平均餐饮成本率和平均毛利率。

表6–11　餐饮部各餐厅的营业收入和餐饮成本统计表

单位：万元

项　目	中餐厅	西餐厅	风味厅	自助餐厅
营业收入总额	600	480	300	360
餐饮成本总额	270	192	105	216

分析：

第一步：根据餐饮成本率的计算公式，分析计算出各餐厅的餐饮成本率。

$$餐饮成本率 = \frac{餐饮成本总额（食品成本 + 饮料成本）}{餐饮收入总额} \times 100\%$$

第二步：将各餐厅的成本之和与各餐厅收入之和相比计算出餐饮部的平均餐饮成本率为 45%（783 ÷ 1740）。

第三步：可知餐饮毛利率 =1– 餐饮成本率，所以餐饮部的平均毛利率为 55%(1–45%)。具体计算结果如表 6–12 所示。

表6-12　餐饮部的平均成本率和平均毛利率计算表

单位：万元

项　目	中餐厅	西餐厅	风味厅	自助餐厅	合　计
营业收入总额	600	480	300	360	1740
餐饮成本总额	270	192	105	216	783
餐饮成本率（%）	45	40	35	60	45
餐饮毛利率（%）	55	60	65	40	55

课堂思考

如果总经理在与餐饮部总监讨论第三季度酒店餐饮成本率时，要求餐饮部平均成本率下降到 40%，其中中餐厅餐饮成本率不得超过 40%，请你帮助餐饮部总监制定相关的成本控制方案（提示：可以考虑增加收入或者是降低成本）。

五、餐饮成本差异分析

（一）实际成本与标准成本比较分析法

该法是将酒店一定时期发生的实际成本与标准成本对比分析发现成本差异的方法。由于不同的菜肴，其标准是不同的，所以标准成本可以用加权平均标准成本率进行分析。其基本计算公式是：

$$餐饮成本差异 = 餐饮实际成本 - 预算营业收入 \times 标准成本率$$

式中：餐饮实际成本可以根据前述日成本或月成本计算获得，预算营业收入是酒店餐饮部与财务部等部门编制的各期预计营业收入；标准成本率是根据标准食谱中所规定的计算标准加权后得出。

例 6-8　开立酒店中餐厅 7 月份销售三种菜品的情况如表 6-13 所示，请分析 7 月份中餐厅的成本差异及其产生原因。

表6-13 开立酒店中餐厅7月份标准成本计算表

单位：元

菜肴名称	销售量	销售单价	销售额	单位标准成本	标准成本总额	标准成本率（%）	销售毛利率（%）
A	120	35	4200	15	1800	42.86	57.14
B	70	60	4200	36	2520	60.00	40.00
C	20	120	2400	32	640	26.67	73.33
	—	—	10800		4960	45.93	54.07

从表中可见，A、B、C 三种菜肴的标准成本率各不相同，其中 B 菜肴的标准成本率最高。三种菜肴当月标准成本总额为 4960 元，销售总额为 10800 元，加权标准成本率为 45.93%（4960 ÷ 10800）。假定 7 月份实际经营情况如表 6-14 所示。

表6-14 开立酒店中餐厅7月份实际成本计算表

单位：元

菜肴名称	销售量	销售单价	销售额	实际成本总额	实际成本率（%）	销售毛利率（%）
A	120	32	3840	1900	46.88	53.13
B	70	58	4060	2520	62.07	37.93
C	20	120	2400	640	26.67	73.33
	—	—	10300	5060	49.13	50.87

通过比较表 6-13 和表 6-14 分析可知：

（1）实际成本与标准成本差异额 =5060-4960=100（元）。

（2）实际成本率 =5060 ÷ 10300=49.13%。

（3）成本率因素对成本差异的影响：

$$10800 \times (49.13\%-45.93\%) = 345.60\text{（元）}$$

说明成本率的上升使得实际成本比标准成本增加了 345.60 元。

（4）销售额因素对成本差异的影响：

$$(10300-10800) \times 49.13\% = -245.65\text{（元）}$$

说明销售总额的下降，使得实际成本比标准成本减少支出 245.65 元。

以上两项因素综合影响，导致实际成本比标准成本增加 99.95 元（345.60- 245.65）。

这些是通过因素分析法得出的基本结论，但进一步分析会发现成本率上升和销售额下降，一是 A 和 B 菜肴因为促销的需要单价分别降低了 3 元和 2 元，同时增加了 A 菜肴的制作成本，导致整个餐饮部平均实际成本率的提升。为此，企业应制定严格的营销政策，加大成本控制的力度，使成本率控制在合理范围之内。当然，实际成本与标准成本之间的差异还可能是由以下原因造成，如销售构成发生了变化、食品原材料进价发生了变化、内部控制制度不健全所发生的变化，酒店应仔细分析，对症下药。

课堂思考

假定在例 6-8 中，开立酒店对 C 菜肴实行了有力度的促销政策，实际销售量为 30 份，销售单价微调至 122 元，实际发生成本总额为 1000 元，其他条件不变，请分析中餐厅的成本差异。

（二）本期成本与历史先进水平比较分析法

历史先进水平（或同行先进水平）是指企业在经营中取得较好的成本控制水平，也是企业通过努力可以实现的目标；同行业、同档次的先进成本水平是本企业的标杆，也是企业的努力方向。无论是选择本企业还是选择外部企业的成本作为努力方向都要进行合理推算，有时因为餐位数或经营方式的改变会使得原有的标杆指标发生一定的变化。

（三）实际成本与预算成本比较分析法

实际成本与预算成本比较分析法是酒店通过编制成本费用预算作为成本管理的手段，将每期发生的实际成本数与预算数进行对比分析的方法。所采用的分析方法与前述实际成本与标准成本分析法类似。

课堂思考

餐饮成本从标准菜谱的制定到日成本、月成本的计算，最终是要通过成本差异及时分析评价当期成本管理的效果，请你结合所参加的酒店成本分析会中提到的问题，谈一谈你对餐饮成本管理的看法。

第三节　酒店人工成本管理

一、酒店人工成本管理的内容

人工成本是指酒店向员工的劳动支付的报酬，包括工资、津贴、福利、奖金等。不同的酒店，由于薪酬职级体系划分的不同，人工成本包含的内容或者划分的内容会更细。

（1）工资。是酒店支付给员工劳动的最基本形式，有计时工资、计件工资、计时奖励工资三种形式。

（2）津贴。是为了补偿员工特殊或额外的劳动消耗或由于其他特殊原因支付给员工的货币补偿，如物价津贴、职务津贴、特殊作业津贴、差旅津贴、加班津贴、值班津贴等。

（3）福利。是酒店支付给员工用于个人和集体生活保障的活动、措施的总称。福利体现的是企业对员工的关爱程度，表现在：改善员工居住条件，提高员工伙食标准，关心员工生活（如员工联欢会、带薪休假等），健全各种保险（社会保险、意外伤害险等）。

（4）奖金。是对工资的补充。奖金并非每个人都定期发放，而是根据组织的需要对企业效益做出特殊贡献者支付的额外报酬。

二、酒店人工成本管理的方法

（一）设置科学的薪酬体系

酒店薪酬体系的设定，根据酒店规模和星级标准及运行管理模式而异。酒店员工有管理人员和一般员工之分，因为他们所承担的责任不同，因此在设定薪酬档次上要体现不同。

在同样是 9 档 24 级的员工薪酬体系中，酒店对不同的职务和职能的岗位不同的薪酬将会影响整个酒店人工成本的水平，如表 6–15 所示。

表6-15　酒店不同薪酬计算方案比较表

单位：元

序　号	岗　位	职级档次	薪金方案一	薪金方案二	员工数	方案一薪酬合计	方案二薪酬合计
1	总经理	1	20000	20000	1	20000	20000
		2	18000	16000	1	18000	16000
		3	16000	14000	1	16000	14000
2	总监	4	14000	12000	3	42000	36000
		5	13000	11000	1	13000	11000
		6	12000	10000	1	12000	10000
3	部门经理	7	11000	9700	3	33000	29100
		8	10000	9600	2	20000	19200
		9	8900	9500	4	35600	38000
4	分部门经理	10	8000	9200	2	16000	18400
	大堂副理	11	7000	8700	1	7000	8700
5	主管	12	6600	8300	1	6600	8300
		13	6000	7700	5	30000	38500
		14	5300	5300	6	31800	31800
		15	5000	5000	7	35000	35000
6	领班	16	4800	4800	4	19200	19200
		17	4600	4600	12	55200	55200
7	高级服务员	18	4200	4200	12	50400	50400
		19	4000	4000	20	80000	80000
8	服务员	20	3500	3500	35	122500	122500
		21	3200	3200	40	128000	128000
		22	2800	2800	23	64400	64400
9	初级服务员	23	2500	2500	30	75000	75000
		24	2100	2200	20	42000	44000
合　　计						972700	972700

可以看出，在同样是总额为972700元薪酬成本和员工数235人的条件下，方案一和方案二薪酬体系是体现在部门经理、主管、基层员工的薪酬不同，方案一看重的是中高层管理者薪酬基数高，方案二是中下层管理者和基层员工薪酬基数高。

无论何种薪酬体系设置关键是要体现能力与薪酬获得的对等机制，兼顾技术人员的含金量，以充分激发管理人员和普通员工工作的积极性。同时要拉开档次，以为员工后续发展留有空间。

（二）合理调配内部人员

管理人员要熟悉酒店的运行管理流程，并与员工建立一定的融洽合作关系，通过合理调配内部人员，充分调动他们的工作积极性，挖掘其潜力，为企业创造更多的价值，这也可以节约一定的招聘成本和培训成本。

（三）招聘合适人才，降低招聘成本

酒店应该采用以岗招人，而非以人设岗的方式。对任何岗位的招聘要充分吸纳合适人才。一些基础性的工作，只要应聘者符合基本的素质和技能要求即可招聘。

进行招聘工作时，要认真分析招聘职务的具体要求，通过多元化的招募渠道，最大限度地吸引合适的人选进入酒店企业，力求使招聘成本最小化。招聘渠道可以通过代理中介或报纸、网络、电视、期刊广告进行，也可以通过朋友介绍、直接上门应聘选拔人才，后者的招聘成本相对更低些。

（四）制定人工成本预算标准

酒店通过制定各部门的人工成本预算来控制费用支出，如表 6–16 所示。

表6–16　某酒店人工成本预算表

部　门	员工数	合　计	工　资	津　贴	奖　金	福　利	其　他
前厅部							
客房部							
餐饮部							
商场部							
娱乐部							
人事部							
财务部							
保安部							
工程部							
总经办							
合　计							

课堂思考

酒店可以采取哪些措施控制人工成本？结合你所了解的酒店谈一谈你对每种方法的认识，并举例说明酒店是如何运用这些方法的。

第四节　酒店能源及其他费用管理

一、酒店能源费用管理的内容

能源费用主要包括水、电、气、燃料等能源的消耗费用，它是酒店成本费用中占据份额较大的部分，大多数酒店每年的能源消耗费用要占收入的5% ~ 15%。影响酒店能源消耗的因素有建筑结构、功能布局、设备系统的优劣等客观因素，又有节能意识和管理水平等主观因素。

酒店能耗水平和酒店的经营状况有关，高星级酒店的能耗量要大于一般中小型酒店，但从能耗费用率看，越是出租率高和餐厅上座率高的酒店，其能耗率反而更低。这是因为在淡季时，酒店要维持正常的经营状态必须承担一定的能源消耗成本，如酒店大堂的照明设施、冷热空调的开启等，所以最大限度地节能降耗是酒店成本费用控制的重点。

二、能源费用管理的方法

（一）预算控制法

1. 各营业部门的能耗预算计算公式

某营业部门的能耗费用 = 部门营业收入 × 能耗率

式中：能耗率是能耗费用 / 营业收入。如果一些酒店营业部门能清晰地计算出水、电、煤等能源的消耗量，这样编制的预算的精确性会更高，如表6–17所示。

表6-17 客房部能源消耗预算表

月 份	客人数	水耗	人均量	电耗	人均量	气耗	人均量	…	合 计
1									
2									
⋮									
合 计									

2. 酒店整体的能耗预算计算公式

酒店能耗费用 = 酒店预算期营业收入 × 能耗率

（二）定额控制法

国际集团酒店一般是将能源费用作为酒店公共事业费用，不分配到各部门，而是在会计核算中设置“能源消耗费用”会计科目，统一核算，集中考核。这里的能耗率与前述公式的能耗率不同，各营业部门、全酒店的能耗率的制定是依据酒店历史数据和专家及行业调研后认定的，它表明酒店每一单位的营业收入中需要花费多少能源费用。

（三）制度控制法

对于各营业部门而言，酒店可以建立分级管理制度，即把能源费用分摊到各营业部门进行核算的办法。而对于酒店的公共区域如大堂、前厅、员工通道、员工浴室、员工餐厅的能耗费用则作为酒店整体利润的抵减部分，这样分区域、分管辖责任人将目标责任制与奖惩制度结合在一起，以对能耗实行有效控制。

三、其他费用的管理

（一）行政管理费用

酒店行政管理费用是指行政办公部门发生的人工费用、办公费用、应酬费、安保费、收账费用、车辆费用、报纸杂志费用、会费、数据处理及维护费等费用。行政管理费用应采用精细化管理，开源节流。如酒店的信用政策太过宽松会导致收账费用增加；酒店车辆管理无标准则增加车辆的损耗和油耗；酒店的办公用品如打印纸、计算器和铅笔，单价虽低，但如果管理不善，偷盗和浪费会增加。

（二）市场营销费用

酒店市场营销费用是营销部门发生的广告费、促销费、市场推广及有关的费用，属于可控费用。酒店的每一项营销活动都应有详细的计划及创收能力分析，以便管理层决策酒店资源的合理分配。

（三）维修保养费用

酒店维修保养费是酒店为使房屋建筑、设施设备达到正常使用状态而发生的材料费及修理费或劳务承包费等。维修保养工作采用“预防为主”和“维护与计划检修相结合”的措施，建立日常巡检制度，建立设施设备保养制度；建立设备大修制度，使设备经常处于良好状态，保证设备设施的长期、安全、稳定运转，以满足酒店各项工作的需求。

？复习与思考

一、名词解释

营业成本　期间费用　标准菜谱　消耗定额　人工成本　预算控制法

实际成本　标准成本　预算成本

二、简答题

1. 酒店成本费用包含哪些内容？是如何进行分类的？
2. 简述酒店成本费用管理的方法。
3. 简述酒店饮料成本的管理方法。
4. 如何正确计算餐饮食品的日成本和餐饮食品的月成本？
5. 分析合理的薪酬体系设置在酒店人工成本管理中的作用。
6. 简述酒店能源费用的日常管理方法。

三、单项选择题

1. 酒店财务部门的办公用品费用属于（　）。

A. 财务费用　　B. 销售费用　　C. 管理费用　　D. 期间费用

2. 以下哪一项不属于酒店成本管理的方法？（　）

A. 制度控制法　　　　B. 预算控制法

C. 主要消耗指标控制法　　　　D. 差异分析控制法

3.（　）是指酒店在正常经营条件下，以标准消耗量和标准价格计算出的各部门的成本。

A. 实际成本　　B. 标准成本　　C. 预算成本　　D. 变动成本

四、多项选择题

1. 属于酒店一次性消耗物品的有（　）。

A. 拖鞋　　B. 沐浴液　　C. 浴巾

D. 卫生纸（或餐巾纸）　　E. 餐厅椅套

2. 酒店针对食品、物料、饮料等发料环节可采取的控制措施有（　）。

A. 所有食品、物料、饮料等必须经过领料单才能发货

B. 仓库管理员实行两班倒工作制，以满足经营部门的领料需求

C. 仓库管理员可采取简化做法，每月集中计算所发出物品的成本

D. 酒店应规定各部门的领料次数和领料时间，以保证仓库管理员有充裕的时间备料、盘点，同时避免原料浪费

E. 酒店管理者应定期检查发料清单，以统计物品的耗用情况与库存量，以便及时安排采购

五、实践单元

1. 某饭店西餐厅 5 月份实际成本为 50 万元，标准成本为 60 万元，当月营业收入总额为 100 万元，假定标准成本率为 50%，请分析饭店西餐厅 5 月份的成本差异。

2. 某酒店有客房 225 间，餐厅座位 200 个（含小单间）。按四星级酒店标准建造，客房、餐厅客用一次性消耗物品标准见下表，全年按 365 天，客房计划出租率 70%, 餐厅座位利用率为 90%，请核定该酒店物品消耗定额。

某酒店客房、餐厅物品配备标准

客房物品配备标准			餐厅物品配备标准		
品　名	标　准	价　格	品　名	标　准	价　格
牙刷、牙膏	2 套 / 间	2 元 / 套	餐巾纸	1 份 / 座	0.10 元 / 份
小香皂	1 块 / 间	0.9 元 / 块	牙签	1 份 / 座	0.05 元 / 份

续表

客房物品配备标准			餐厅物品配备标准		
品 名	标 准	价 格	品 名	标 准	价 格
茶 叶	6 包 / 间	0.10 元 / 包	茶叶	1 份 / 座	0.20 元 / 份
拖 鞋	2 双 / 间	2 元 / 双	垫盘纸	1 份 / 座	0.05 元 / 份

3. 开立酒店餐饮总监给了你一份菜单，请你帮他分析填列表格中的数据，并计算分析企业平均成本率，企业当天的毛利是多少？

开立酒店的菜单分析

菜肴名称	单位成本	单位售价	平均每天销售客数	成本总额	营业收入总额
A	20	46	75		
B	25	60	45		
C	13	54	65		
D	18	75	100		
E	21	57	70		
合 计					

六、案例分析

某酒店的餐饮成本率为何偏高

某酒店是一家三星级酒店，位于大都市繁华地带，酒店设施设备齐全，色彩温馨典雅，拥有堂皇华丽、可同时提供 450 人进餐的美食城，其中西餐厅、中餐厅、民族轩及音乐快颐的迷你酒吧，风格各异，美不胜收；并由名厨主理，精心出品正宗川、鄂、粤、鲁佳肴，独具匠心，可满足不同口味的客人需求。

某酒店的餐饮收入在 1999 年达到高峰，原因是从事餐饮的竞争者少，或品种与该酒店相比较单一。酒店的餐饮经理发现，自 2000 年以来，餐饮成本呈逐年抬升的趋势，今天他拿来了 2019 年 1 月份的"月餐饮成本和营业分析报表"。表中所列成本率为 46.12%，而以往正常的成本率为 40%。

某酒店餐饮成本分析表（2019年1月）

单位：元

直接进料	337400	－ 厨房盘点	3850
＋库房发料	635900	－ 其他杂项扣除	960
＋内部调拨：调入	4200	本月食品成本	951190

续表

－调出	4700	本月营业收入	2059435
－职工用餐	10200	食品成本率（%）	46.12
－招待用餐	6600		

根据以上案例回答如下问题：

1. 分析该酒店在餐饮管理上可能存在的成本泄漏点及原因。
2. 你有什么解决办法？

推荐阅读

1. 叶江建，朱凤萍．基于PDCA循环的国有酒店成本管理优化研究［J］．商业会计，2022（4）：66-68.
2. 郑泽龙．酒店财务管理中的成本控制策略研究［J］．财会学习，2022（4）：105-108.
3. 韩英．加强酒店财务管理中成本控制的路径探究［J］．低碳世界，2020（5）：179-180.

第七章 酒店利润及利润分配管理

利润是企业生存发展之本，是酒店一定时期的经营成果，即酒店的收入在抵补成本费用之后的差额。酒店取得的利润，要按照国家的规定在兼顾各方利益的基础上予以合理分配，并能够对未来的目标利润进行合理预测。

本章介绍了酒店客房和餐饮价格的制定，酒店客房收入管理的具体操作要求及基本管理方法，餐饮收入的管理流程及管理方法，酒店利润的形成和利润分配的顺序，酒店缴纳税金的种类及其内容，税务筹划的技术及其运用，股利政策的种类及其选择，目标利润的确定及其运用。重点是掌握各种计算方法。

学习目标

知识目标

1. 了解酒店客房收入管理的基本流程和管理要求。
2. 了解酒店餐饮收入管理的基本流程和管理要求。
3. 能区分酒店缴纳各种税金的基本概念及其计税依据，掌握各种税金的计算。
4. 熟悉酒店税务筹划的技术。
5. 掌握酒店股利政策的制定及具体实施内容。
6. 熟悉确定目标利润的方法。

能力目标

1. 能运用合理的方法确定酒店客房和餐饮产品的价格。
2. 掌握各种股利政策的制定方法，并能够正确确定最优股利政策。
3. 掌握本量利分析的概念及其运用。
4. 掌握目标利润在酒店决策分析中的运用。

案 例

企业数字化转型与股利分配

截至 2021 年年底，我国数字经济规模已达 45.5 万亿元，占 GDP 比重达 39.8%，为促进我国经济高质量发展提供了有力支撑。数据这一新型生产要素，蕴藏着巨大的经济价值，而企业数字化转型正成为撬动这一生产要素的重要工具。

股利分配政策与投资者利益息息相关，恰当的股利分配政策能向外界传递出企业良好稳定发展的信号，有利于提高企业对潜在投资者的吸引力。通过数字技术与核心业务的融合及数据要素价值的挖掘，数字化转型会改变企业的生产销售方式、经营决策、商业模式甚至价值链关系，从而推动企业生产效率和绩效的显著提升。由此可推断，企业数字化转型能够为其发放现金股利提供良好的业绩支持。然而，企业通过数字化转型所获得的数字技术虽然有助于企业利用外部环境的新知识，但会推动企业快速扩张，使得企业形成产业升级需求，引致新的投资需求。此外，为保障数字化转型的稳步推进，企业需要对管理层进行重组和优化，促使数字化战略与企业各部门之间有效融合，重塑企业的动态能力。因此，企业需要持有更多的现金来满足数字化转型期间对投资支出的资金需求，进而可能会减少现金股利分配。

通过分析 2008—2020 年中国 A 股上市公司样本数据发现：企业数字化转型会显著减少现金股利发放，在小规模企业、多元化程度高以及数字经济欠发达地区的企业中更为显著。进一步研究发现，企业进行数字化转型会提高企业的研发支出，进而降低现金股利分配。

——资料来源：李滟，李金嶽，刘向强．企业数字化转型与股利分配［J］．西南大学学报（社会科学版），2023，49（2）：114-126.

案例分析

酒店进入数字化时代，人工智能、大数据、区块链、云计算等新兴技术得到广泛运用，请围绕酒店数字化转型，思考以下问题：

1. 酒店进行数字化转型时是如何实现开源节流的，请举例说明。

2. 酒店的股利分配仅有现金股利吗？还有哪些？

3. 酒店的利润是如何形成的？历年积累的利润可以被用于分配吗？不同的股利分配政策对酒店发展会带来哪些影响？

4. 低成本就会获得高回报吗？请结合本量利分析的概念对此加以分析。

第一节 酒店产品价格管理

酒店为客人提供各种服务并获得营业收入，是基于酒店制定了相应的产品销售价格，不同时期的定价策略影响酒店经营业绩，同时也会给客源带来一定的冲击，因此良好的价格策略应既能给酒店带来高额收益，又能为客户带来性价比等值的服务。

一、酒店客房产品的定价

酒店客房产品常用的定价方法有随行就市定价法、千分之一定价法、赫伯特公式计价法、目标利润定价法、需求差异定价法等。这些定价方法主要是根据竞争需求、成本、收入、利润的不同进行定价。

（一）随行就市定价法

随行就市定价法是以同一地区，同档次竞争对手的客房价格作为本酒店定价的参考，来确定客房价格。一般可以采用两种方法：一是将数量一定的同等级酒店的平均价格水平作为定价目标（一般为10家左右饭店平均数）；二是追随“领导型酒店”的价格，以该酒店的定价为参照来制定本酒店的客房价格，这样有利于抓住市场机会，在一定程度上降低风险。

（二）千分之一定价法

千分之一定价法是根据酒店建造成本来推算客房价格。建造成本包括酒店占用的土地使用费、建造费及设施设备成本。计算公式为：

$$\text{平均房价}=\frac{\text{酒店总投资额（包括土地使用费}+\text{建造费}+\text{设施设备成本等）}}{\text{客房总数}\times 1000}$$

（三）赫伯特公式计价法

一般而言，新建酒店往往采用赫伯特公式计价法定价。与千分之一定价法相比，赫伯特公式计价法要合理得多。它是根据计划的营业量、固定费用及酒店所需达到的投资收益率来确定平均房价。其具体计算步骤如下：

（1）估计酒店总投资额；（2）确定正常情况下的目标收益率，并计算出目标利润额；（3）估计酒店的税金、保险费和折旧；（4）估计酒店的行政管理、水电消耗及维修保养、营销费用等；（5）计算酒店营业总收入，即（5）=（2）+（3）+（4）；（6）计算酒店其他部门的利润（不含客房部）；（7）计算客房部利润，即（7）=（5）-（6）；（8）计算客房部营业费用；（9）计算客房部应取得的营业收入，即（9）=（7）+（8）。

经过上述 9 个步骤计算可知：

$$\text{客房营业收入}=\text{预期投资利润}+\text{非经营性固定费用（税、折旧、利息等）}+\text{酒店经营费用}-\text{其他部门利润}+\text{客房部营业费用}$$

$$\text{平均房价}=\frac{\text{客房营业收入}}{\text{预计客房出租间数}}$$

式中：预计客房出租间数 = 可供出租客房数 × 出租率 ×365。

例 7–1　假定开立酒店预计客房出租率为 80%，其他资料如表 7–1 所示，请按照赫伯特公式计价法计算客房平均房价。

表7–1　开立酒店客房平均房价计算表

单位：万元

一、投资总额	30000
负债筹资	10000
权益筹资	20000
二、预期投资利润（按权益筹资的 20% 计算）	4000
三、税前利润（所得税率为 20%）	5000
加：利息（按负债筹资的 10% 计算）	1000
四、息税前利润	6000
减：折旧费	450
减：财产税和保险费	240
五、扣除固定费用前的收益	5310
未分配营业费用	
管理费用	1017
营销费用	300
维修费用	474
其他	547
未分配营业费用合计	2338

续表

六、营业部门利润总和	7648
减：餐饮部利润	1200
减：康乐部利润	850
七、客房部利润	5598
加：客房部营业费用	320
八、客房部营业收入	5918
可供出租客房数（间）	300
预计客房出租率（%）	80%
九、全年预计出租客房数（间）	87600
十、平均房价（元）	676

由表中计算可知，确定的平均房价为676元。但是采用这种计算房价方法必须是由客房部承担实现酒店投资收益的责任。当其他部门盈利能力强时，客房房价可低些；而当其他部门发生亏损时，则房价必须提高。但是在市场供需严重不平衡的状态下，会造成客源的流失，不利于酒店经济效益的提高。

（四）目标利润定价法

目标利润定价法是指酒店在既定的固定成本、平均变动成本和预计目标利润下的销售量条件下，计算得出的平均房价。其基本原理是，房价 = 成本费用 + 税金 + 利润，即

$$\text{平均房价} = \frac{\text{每间客房日费用额}}{1-\text{税率}-\text{利润率}}$$

其中，每间客房日费用额包括客房的固定费用和变动费用。

客房固定费用日分摊额可以根据不同类型的客房使用面积计算得出，即

$$\text{客房每平方米使用面积日固定费用} = \frac{\text{全年客房固定费用总额}}{\text{客房总使用面积} \times 365 \times \text{预计客房出租率}}$$

客房变动费用，由于其总额是随着客房出租率的变化而变化，所以可以按客房间（套）数计算分摊，即

$$\text{客房每间（套）变动费用} = \frac{\text{全年客房变动费用总额}}{\text{客房间（套）数} \times 365 \times \text{预计客房出租率}}$$

这样，每间客房的日费用额就是

$$\text{客房每日费用额} = \text{客房每间日固定费用} + \text{客房每间日变动费用}$$

= 客房每间（套）使用面积 × 每平方米使用面积固定费用 + 客房每间（套）变动费用

例 7–2　假定开立酒店有客房 300 间，其中标准间 250 间，每间 25 平方米；套间 50 套，每套 60 平方米，假设酒店要实现目标利润率 50%，预计出租率为 90%，客房全年总费用为 2600 万元，其中固定费用 2300 万元，变动费用 300 万元，不考虑其他税费，则：

$$\text{客房每平方米使用面积日固定费用}=\frac{23000000}{(250\times 25+50\times 60)\times 365\times 90\%}=\frac{23000000}{3038625}\approx 7.57\text{（元）}$$

$$\text{客房每间（套）变动费用}=\frac{3000000}{300\times 365\times 90\%}=\frac{3000000}{98550}\approx 30.44\text{（元）}$$

$$\text{客房标准间平均房价}=\frac{25\times 7.57+30.44}{1-50\%}=\frac{219.69}{50\%}\approx 439.38\text{（元）}$$

$$\text{客房套间平均房价}=\frac{60\times 7.57+30.44}{1-50\%}=\frac{484.64}{50\%}\approx 969.28\text{（元）}$$

课堂思考

假定在例 7–2 中，开立酒店市场营销总监认为现在的房价有些偏高，需要进行调整，但不清楚房价的最低点如何确定。请你帮他计算保本时的房价是多少。

（五）需求差异定价法

需求差异定价法是根据客人不同的需求特征和价格弹性，对客人执行不同的价格标准。如根据客人类型的不同可以执行签约商务公司价格、散客价格、旅行社团队价格、订房中心价格，根据酒店经营时间的不同分为旺季价格、淡季价格、工作日价格、周末价格等。在需求差异定价法下，酒店应及时根据市场和客户需求变化做出调整，使房价在相对合理区间内运行，避免大起大落。

除了上述介绍的五种酒店客房产品定价方法之外，酒店的定价目标、产品或服务成本水平、市场供求关系、竞争对手的价格、酒店的地理位置、旅游业的季节性、酒店服务质量、相关部门制定的价格政策、消费者的需求和消费心理等因素均会影响酒店客房价格。

二、酒店餐饮产品的定价

酒店餐饮产品的定价同客房类似，一般而言餐饮产品的价格是以成本为基础进行计算得出的。即餐饮产品价格 = 原材料成本 + 毛利额。

其中，毛利额 = 餐饮销售收入 × 毛利率 = 餐饮销售收入 – 餐饮销售成本。

因为在餐饮产品的销售过程中，其耗费的原材料成本可以分摊到每个菜品中，但是对于其他费用如水电费、物料消耗费、工资及福利费用等难以进行分摊，因此在计算餐饮产品价格时，通常把原材料成本作为产品成本要素，而把经营费用、税金、利润合并在一起形成“毛利”，以毛利率来计算餐饮产品价格。具体包括成本毛利率和销售毛利率。

（一）成本毛利率

成本毛利率又称外加毛利率法，是以菜肴的成本价格为基数，按确定的成本毛利率加成计算出销售价格的方法，其计算公式为：

$$\text{餐饮产品价格} = \text{原材料成本} \times (1+\text{成本毛利率})$$

例 7–3 开立酒店中餐厅一盘“葱烤河鱼”的主料河鱼成本为 14 元，葱花、料酒、盐、味精等辅料和调料的成本为 1 元，饭店确定的成本毛利率为 30%，请计算该菜肴的销售价格。

$$\text{餐饮产品价格} = (14+1) \times (1+30\%) = 19.5 \text{（元）}$$

例 7–4 开立酒店中餐厅生产一批面点，原材料共耗用 600 元，全部销售获得收入 900 元。问该批面点的成本毛利率是多少？

$$\text{成本毛利率} = \frac{(900-600)}{600} \times 100\% = 50\%$$

综上所述，用成本毛利率法计算销售价格，简单明了，易于掌握，一般厨房操作人员多采用此方法计算销售价格。

（二）销售毛利率

销售毛利率又称内扣毛利率法，是按照原材料成本和销售毛利率来计算出销售价格的方法，其计算公式为：

$$\text{餐饮产品价格} = \frac{\text{原材料成本}}{1-\text{销售毛利率}}$$

例 7–5 开立酒店中餐厅一盘“葱烤河鱼”的主料河鱼成本为 14 元，葱花、料酒、盐、味精等辅料和调料的成本为 1 元，酒店确定的销售毛利率为 25%，请计算该菜肴的销售价格。

$$\text{餐饮产品价格}=(14+1)\div(1-25\%)=20\ (\text{元})$$

上述两种方法在实际工作中都有运用，但销售毛利率使用更为简便，因为酒店主管部门和物价部门所确定的企业毛利率标准是销售毛利率指标，另外在计算费用率、利润率等财务指标时也都是以销售收入为基数，以便于比较。

（三）餐饮产品毛利率的换算

$$\text{成本毛利率}=\frac{\text{销售毛利率}}{1-\text{销售毛利率}}\times 100\%$$

$$\text{销售毛利率}=\frac{\text{成本毛利率}}{1+\text{成本毛利率}}\times 100\%$$

例 7–6　开立酒店供应的“蟹粉小笼”，成本毛利率为 70%，问销售毛利率是多少？

$$\text{销售毛利率}=\frac{\text{成本毛利率}}{1+\text{成本毛利率}}\times 100\%=\frac{70\%}{1+70\%}\times 100\%\approx 41.18\%$$

课堂思考

如果开立酒店供应的“蟹粉小笼”的销售毛利率为 45%，请计算该菜肴的成本毛利率。

相关链接　搜索

酒店餐饮产品销售毛利率的一般规律

一般而言，宴会的毛利率要高于一般餐饮形式的毛利率，特色菜肴、名贵餐饮制品的毛利率要高于一般餐饮制品的毛利率，装潢豪华、高档次的饭店、餐厅毛利率要高于一般的饭店和餐厅（这里毛利率均指销售毛利率）。

——资料来源：作者收集并整理。

第二节　酒店收入管理

酒店营业收入指标的高低，直接影响着酒店利润水平的高低。酒店在经营过程中所消耗的人力、物力、财力需要通过商品销售或服务的提供获得收入予以补偿，如果无法进行补偿，则企业将面临资金周转困难，甚至影响企业生存。因此酒店必须加强营业收入的管理。

营业收入是指酒店从事生产经营活动所取得的各项收入，包括客房收入、餐饮收入、商品销售收入以及杂项收入（主要是指商务中心收入、小酒吧收入、洗衣收入等）。

一、客房收入的管理

客房收入是酒店总收入的重要来源，一般占营业收入结构比的50%以上，客房出租率高，相应地会带动餐饮、娱乐、洗衣、商品、商务等产品的消费量，为酒店带来更多的收益。

酒店建立以总台收款为中心的收入管理运行程序，以及时汇总和统计每日收入情况，如图7–1所示。

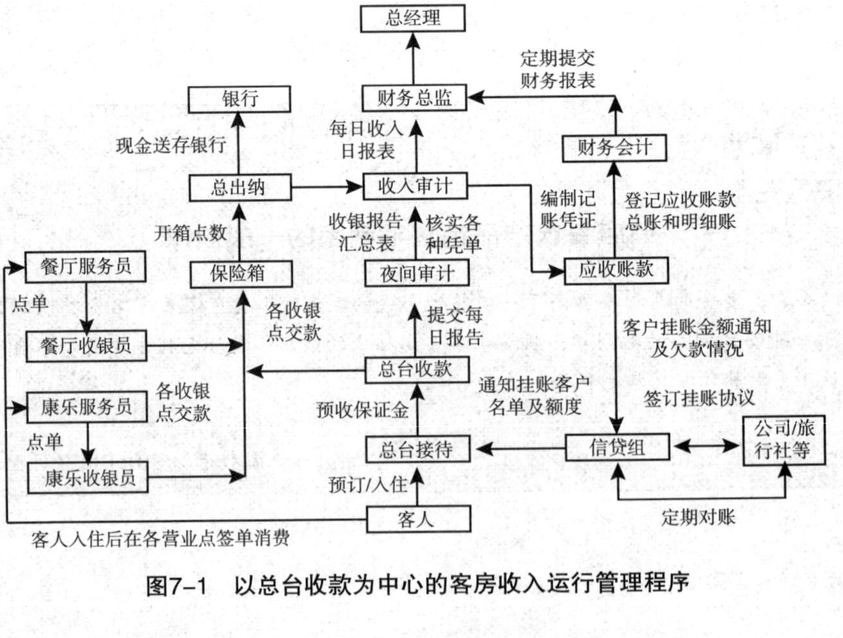

图7–1　以总台收款为中心的客房收入运行管理程序

客房收入的管理程序分为四个方面：接受住房预订和入住登记的管理；客户账卡的开立及管理；客人消费记账与结账的管理；账务汇总和稽核管理。

在账务汇总和稽核阶段，由各营业点收银员以班为单位，下班后对本班账务进行汇总和核对，并编制当班收银日报表。对于当日的各收银员提交的日报表即凭单由酒店夜审和日审人员进行汇总和审计，以编制酒店每日收入报表（随着信息技术的运用有些酒店已取消了夜审岗位，转由酒店管理系统自动生成相关报表和进行清户处理）。

（1）清点现金。每位收银员要对当班的现金、信用卡签购单、支票等进行清点，除了留下原有的备用金外，按分类金额填报交款单，并将所有现金、票证都密封在指定的交款袋内投入专用的保险箱，填写投银见证记录。第二天由总出纳和有关人员开箱清点。

（2）整理账单。收银员把已经结账离店的账单按账单和结算方式进行归类整理，编制收银报表。收银报表分为两份，一份是按账户排列的明细表，一份是按借贷平衡方式编制的综合报表。

表7-2 XX酒店前厅收银员报告（账户式）

单位：元

收银员： 班次： 日期： 时间：

房 号	账 号	时 间	账单号	账项代码	费用账项	现 金	信用卡	转 账	支 票	现金支出
601	12465	10:20	1222	200		–600				
1009	12589	11:50	1308	100	330					
1222	12308	12:03	2305	400						150
1608	12487	12:55	1701	200			1100			
1710	12007	13:01	1809	300	800					
…										
…										
	合计				12430	–3500	–6230	–5600	–2000	500

表 7–2 是为每位客人建立应收账款—应收寓客账，根据资产类账户的借贷记账法则，当客人有消费发生时计入应收账款，表现为正数；当客人离店结账时，应收账款减少，则表现为负数。其中现金、信用卡、转账、支票表示客人离店时结清款项的方式及其金额。现金支出是指酒店为客人代办某些事项而发生的支付。

表7-3　XX酒店前厅收银员报告（借贷平衡式）

单位：元

收银员：　　　班次：　　　日期：　　　时间：

借方项目	金　额	贷方项目	金　额
房　租	9000	现　金	3500
房租服务费	1350	信用卡	
餐　费	1020	××卡	3200
洗衣费	325	××卡	3030
房间小酒吧	800	转　账	
减　免	–715	A公司	4000
杂项费用	650	B公司	1600
现金支出	500	支　票	
		支票号103	2000
合　计	12930	合　计	17330

表7-3中，通过计算，借项与贷项的差额为4400元，仅仅表示当日应收寓客账的入住客人与离店客人之差，即当日离店客人的交费数大于当日接待客人的消费额，但是酒店是持续不断经营的，这个差额始终是存在的。

（3）稽核账单，编制收益试算表。稽核是对所有当天总台及各营业点收银员提交的账单凭证根据系统中的相关记录进行核对的过程。由于酒店的各项服务大多是在白天进行，相对晚上时间较为空闲，故多数酒店的稽核是在夜间进行，又被称为夜间稽核。夜间稽核的资料由财务部收入，审计人员再次审核并据以登记入账。

稽核的内容是对收益进行稽核，由夜审人员利用电脑编印当日酒店收益试算表。试算表分为借方（Debits）、贷方（Credits）和余额（Balance）三部分。其中借方反映饭店当日营业收益，即饭店应向客人收取的账款；贷方反映当日客人结算的款项，余额反映截至当日打印该表时客人累计欠账总数。试算表的格式和内容如表7-4所示。

表7-4　XX酒店收益试算表

日期：　　　制表人：　　　单位：元

房　租	9000	现金收进	4500
房间服务费	1350	信用卡	7230
中餐费	2400	转　账	6600
西餐费	1200	支　票	3500

续表

房间小酒柜	600		
商　场	600		
电话费	400		
商务中心	700		
康乐中心	680		
洗衣费	900		
减　免	–715		
杂项收入	650		
现金支出	500		
借方合计	18265	贷方合计	21830
		净差额	–3565
		承前日余额	5625
		新余额	2060

其中，新余额（截至今日累计欠账总额）的计算过程如下：

借方合计（客人欠账总额）– 贷方合计（客账结算总额）+ 承前日余额（截至昨日累计欠账总额）=18265–21830+5625=2060（元）。

试算表编印完毕，应据以进行分项核对工作：把当日总台收银员及各营业部门交来的单据、账表按试算表中的项目分别加以汇总，然后分别项目进行一一核对相符。

①核对借方项目，即检查当日应收的饭店收益是否正确。其核对公式如下：

试算表借方项目合计数 = 总台收银员经手工输入电脑的应收收益

+ 夜间稽核人员经手工输入电脑的应收收益 + 各营业点收银员输入的收益

②核对贷方项目，即检查当日客账结算数额是否正确。其核对公式是：

前台收银员交来的结算单据合计数 + 夜间稽核人员手工输入电脑的结算数据

= 试算表的贷方项目合计数

③核对试算表中借方合计与贷方合计之差额及新余额的计算结果是否正确。核对时如果发现有不符的账项，应及时查明原因。如果未发生错误，便可以利用电脑编印酒店收益终结表（Final Balance），据以作为编制确认当日营业收入的依据。终结表格式内容与核对相符的试算表相同，故不再赘述。酒店收益终结表一经编印出来，夜审人员即

可进行电脑的过日操作，即电脑进行各项数据的自动更新，最终打印出当日所有营业报表，并将系统日期自动推后一天，为下一个工作日的到来做好准备。

在对客房收入管理的同时要在制度中建立内部控制制度，即客房销售由销售部门（销售部和前厅部）负责，主要是负责客人入店及离店的工作输入及核对；客房服务由客房部负责，主要是负责客人住店期间的卫生清扫、物品补充清洗等服务；结账收款由财务部总台收银负责，并由财务部的审计人员进行复核。

课堂思考

开立酒店总台发生了 4 笔业务，请分析这些业务应如何反映在表 7-3 前台收银报告中。

1. 收到 A 公司用于结账的支票，金额为 3000 元。

2. 王丽夫妇入住饭店 1808 房间，并预交了 1500 元房费。

3. 809 房间的客人张晔用现金支付了其中的部分账单 400 元。

4. H 公司在饭店召开年会，会议持续三天，第一天在酒店总消费 12000 元，其中住宿费 3000 元，会场费 9000 元。

二、餐饮收入的管理

餐饮收入管理与客房收入管理略有不同，主要是在于餐饮销售与生产的同步性，多数酒店为向客人提供多样化服务，安排了零点、宴会、婚宴、酒会、自助餐等不同形式的餐饮服务，且无论是住店客人还是非住店客人都可以到酒店进行消费，餐饮类型多、酒店客流大、餐饮配菜及生产过程复杂等因素均给餐饮收入管理带来极大的挑战。

（一）餐饮收入管理的基本流程

餐饮收入活动涉及钱（账单）、单（点菜单）、物（餐饮原材料）三个方面，三者的关系是，先消耗物品，然后开账单，收取货款，从而完成餐饮收入活动的全过程。在钱、单、物三者之间，物品是前提，因为物品不消费，其余二者都是空的；钱款是中心，因为所有控制都是紧紧围绕款项的流入而展开的；单据是关键，因为物品是根据单据制作和发出的，钱款是根据单据计算和收取的，失去了单据，控制就失去了依据。因此，餐饮收入管理的程序是，既要把握三者的有机联系进行综合考虑，又要对三者分开进行控制，如图 7–2 所示。

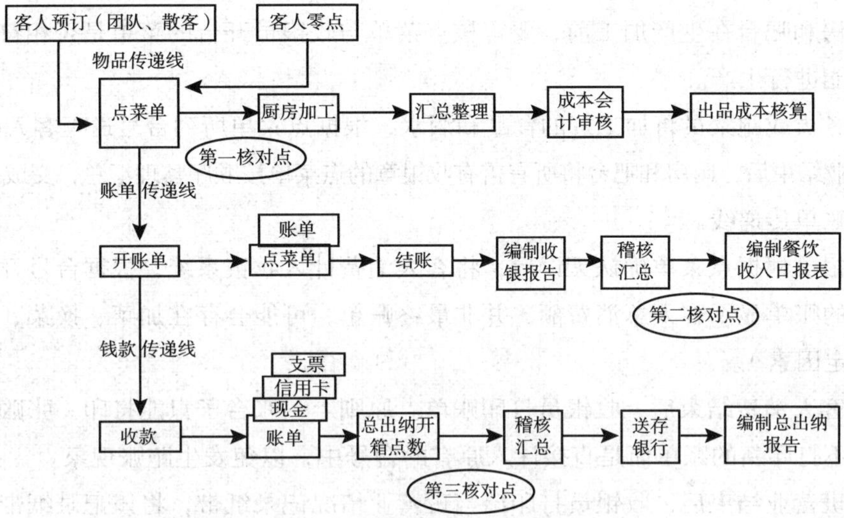

图7–2　餐饮收入“三线控制、三点核对”管理流程

（二）餐饮收入管理的基本程序

1. 三线控制

预订客人或零点客人点菜后，由餐厅服务员根据客人的要求，填写点菜单或饮料单，分别送厨房和收银台。厨师根据点菜单配菜加工生产，加工完成由服务员上菜。收银员根据点菜单开台，并做好结账准备。点菜单如表 7–5 所示。

表7–5　点菜单

台号：　　　　人数：　　　　账单号码：　　　　开单时间：

项　目	单　位	数　量

日期：　　　　服务员：　　　　收银员盖章：

由点菜单开始，形成了餐饮收入三条线的控制，即物品传递线、账单传递线、钱款传递线。

（1）物品传递线。

①物品是指食品和酒水，根据点菜单厨房进行的食品加工或酒吧进行的饮料配制等，如果有宴会预订单，一般厨房会提前备料，以保证出品的质量和上菜速度。

②厨房和吧台在生产加工前，要审核点菜单与收银员开台的菜单是否相符，如果不相符则不能进行生产。

③服务员或跑菜员将加工好的食品和酒水，根据点菜单所列台号送至客人处。

④营业结束后，厨房和吧台将所有盖有收银章的点菜单按顺序整理汇总，交成本控制处。

（2）账单传递线。

①收银员根据点菜单确认无误后，将客人消费计入收银系统，根据台号开设客人账单（此时的账单显示客人总消费额，并非最终账单，可能会存在加菜、换菜、退菜、优惠等不确定因素）。

②在客人消费结束后，收银员打印账单。原则上一张台子只能打印一张账单，加菜加酒水等不打印新的账单而是直接计入原有的台号中，以免发生跑账现象。

③当班营业结束后，收银员打印出当班营业情况记录纸带，将该记录纸带和点菜单以及收入的款项三者进行核对。

④审核无误后，编制当班收银报告表，连同相关凭单及收银款交投银箱。

⑤稽核严格核对酒店所有营业点收银报告、点菜单和客人账单，在审核无误的基础上，编制“餐饮收入日报表”。

（3）钱款传递线。客人所有的餐饮消费最关键的是结账，它是酒店收入的重要来源，收银员要确保所有账单都能准确无误地收到款项。

①结账时，餐厅服务员应告知收银员台号，取得账单时再次核对提供给客人的所有服务是否都已录入账单，有无遗漏。

②账单必须编号，账单作废时，须加盖“作废”章，以杜绝违法行为的发生。

③收取支付钱款时，如采用现金结账，服务员应当客人面点数，辨别现金真伪，并将钱款和点菜单一起交收银员办理结账。如采用信用卡结账，服务员应先查看信用卡是否在酒店受理范围内，并将点菜单与信用卡交由收银员办理，收银员应通过专用系统确认该信用卡是否在“黑名单”之列，确认该卡的最高消费额度；若刷卡金额超过限额，则必须取得信用卡公司的授权，若无法获得授权，则请客人现付。如采用支票结账，服务员将支票转交收银员，收银员收到支票后应检查支票的真伪、支票是否过期，金额是否超过限额，支票的填写金额、日期、行号、账号、支票上的印鉴是否清楚完整。如采

用签客房账时，由服务员确认客人身份并请客人签字认可，收银员根据房号转入相对应房间账，并核对客人签名与房间资料是否相符。如采用协议挂账结账，应查看客人是否为有效签单人或是否有效授权，要核对客人笔迹是否与预先所留笔迹一致，并在电脑中及时将收款转入应收账系统中对应的挂账单位。如为酒店招待，要核对签单人是否为酒店有效签字人员，如为非有效人签字应要求出示有效的招待单，否则，只能作个人消费挂账处理。

在上述的钱款传递中，酒店对于账单的填制或打印、款项的收取、账单的传递与处理以及服务人员的管理等各项工作要建立严密的管理制度，对于钱款的收取确定专人负责，所有账单上要写明服务员的号码以明确责任。账单格式如表 7–6 所示。

表7–6　XX酒店账单

编号：

台号：　　　　　客人数：　　　　　点菜单号：　　　　　日期：

序　号	品　名	数　量	金　额
	XX 食品		
	XX 食品		
	食品小计		
	XX 饮料		
	XX 饮料		
	饮料小计		
	15% 服务费		
	总　计		
房号或公司名称：		客人签名：	

服务员：　　　　　　　　　　　　收银员：

课堂思考

如果你在为客人结账的时候，客人提出挂账的要求，但客人单位及客人签字不在酒店协议挂账单位或签字有效名单上，请说明你将如何处理。

2. 三点核对

（1）第一个核对点，点菜单与厨房和吧台加工生产单进行核对。为确保所点菜肴在收银台有记录，同时在厨房和吧台有生产，酒店应建立“凭单出菜、出酒水”的原则，以控制餐饮成本，杜绝人情菜的产生。

采取相应的控制措施：所有进入厨房和吧台生产或加工的点菜单必须经过收银审核后方可进行生产；送菜和跑菜员必须按照有收银盖章或审核后的点菜单送菜；设置专用的跑菜通道，指定专人进行检查与核对，检查菜肴制作是否符合标准，是否都有收银台盖章；营业结束后，所有厨房和吧台的加工联应按编号整理，与点菜单进行核对并存档。

（2）第二个核对点，点菜单与账单核对。点菜单是开具账单的依据，如果两者记录的信息不一致，说明结账环节出现问题。

当点菜单项目多于账单时，可能出现的问题有：出现“人情菜”，说明收银台没有起到监控作用；中途加菜、加酒水收银台没有及时入账，导致跑账；收银员责任心不强，出现记账差错，漏记或少记收入；客人恶意逃账，餐厅管理人员及服务员看台失责；账单丢失，在生意繁忙时，容易导致工作失误。当点菜单少于账单时，可能出现的问题有：收银员出现差错，多收客人钱款；点菜单遗失。

为保证点菜单与账单的一致性，酒店应采取严格的措施：点菜单须经收银员签章后方可转入厨房加工环节，这样避免人情菜的现象；所有点菜单和账单必须编号，同时每份账单上需列明点菜单的编号，以便于查找差错，防止单据的遗失；建立严格的奖惩制度和内部控制制度，明确各岗位职责，减少差错的发生。

（3）第三个核对点，账单与各项结算款项、信用卡签购单、支票、挂账客人签单、住店客人签单、酒店内部员工签单的核对，以保证账款相符。

账款不符的原因有：收银员没有按规定的结账办法办理，使企业实际收款少于应收款，减少了现金收入。如受理了伪钞或假钞；信用卡没有严格审核信用，导致信用卡公司拒付；支票已超过有效期，无法兑现；挂账公司的信用审核不严，无法偿付欠款等。工作疏忽导致客人账单、证件复印件、信用卡签购单等发生遗失，从而使酒店遭受损失。酒店内部员工签单，字迹模糊，或者消费金额超过额定，无形中造成酒店的内部招待费的上升，减少了餐饮收入。

为保证账款相符，酒店应采取的控制措施有：建立结账工作流程标准，明确收银员的岗位职责；制定详细的账证管理制度，包括各种账单、凭证、点菜单的编号、领用、保管等制度；建立内部员工签单管理制度，建立内部签单消费检查制度，确保所有的消费用于开展酒店业务之需。

3. 账务汇总和稽核管理

餐厅收银员在每班结束前应进行账务汇总工作，具体操作与客房收入管理中所述内容相同。主要区别点是，酒店为了更好地掌握餐厅收入情况，收银员根据收银机纸带和账单填报“餐厅营业收入日报”，如表 7–7 所示。

表7–7　餐厅营业收入日报表

日期：2019年8月8日　　　　××饭店

餐厅		本日实际			本月累计				
		人数（人）	收入（元）	人均消费（元）	人数（人）	收入（元）	人均消费（元）	本月预算（元）	百分比（%）
中餐部	行政楼早餐	106	5300	50	1330	66886	50	180425	37
	零点	1	1178	1178	207	64358	311	72456	89
	宴请	21	5996	286	857	221693	259	336905	66
	小计	128	12474	97	2394	352937	147	589786	60
	婚宴	0	0	0	0	0	0	808574	0
	会议	0	47612	0	0	198290	0	202143	98
	会议用餐	178	34454	194	632	89334	141	0	0
	圣诞券	0	0	0	0	0	0		0
	小计	178	82066	461	632	287623	455	1010717	28
合计		306	94540	309	3026	640560	212	1600503	40
西餐部	普通楼早餐	371	19467	52	4495	235526	52	406663	58
	大堂酒吧	186	13545	73	2343	155649	66	297245	52
	午餐	4	405	101	16	1569	98	0	0
	晚餐	55	8347	152	593	86462	146	139315	62
	圣诞券	0	0	0	0	0	0	0	0
	小计	616	41764	68	7447	479205	64	843223	57
	饼屋	13	350	27	251	5606	22	13000	43
	月饼	166	19225	116	4458	674096	151	700000	96
	小计	179	19575	109	4709	679702	144	713000	95
	送餐服务	16	1352	84	184	16795	91	30000	56
合计		811	62690	77	12340	1175702	95	1586223	74
餐厅收入合计		1117	157230	141	15366	1816262	118	3186726	57

稽核人员负责餐厅收银点各账目之间、账单和点菜单之间、账单与结算凭证之间的

核对工作，并在此基础上编制稽核报告，以保证营业收入的准确性，同时为及时发现酒店经营管理中存在的问题提供翔实数据支撑。

课堂思考

在节假日，你外出到一家酒店用餐时，观察到餐厅服务、餐厅收银环节中存在哪些漏洞？你的建议是什么？

第三节　酒店税金管理

一、酒店税金的种类

酒店在经营过程中因销售商品取得销售收入或因提供劳务取得服务收入以及经营利润，这些需要按照国家规定纳税。

税金是酒店按照税法的规定向国家缴纳的款项，是国家参与国民收入分配和再分配的形式，也是国家财政收入的重要组成部分，同时，税金管理也是酒店财务管理的重要内容。按照新税制的要求，酒店所承担并向国家缴纳的税金主要有以下几种：增值税、消费税、所得税、城市维护建设和教育费附加、房产税、车船使用税、印花税、土地使用税、关税。

课堂思考

酒店发生了如下经济业务，分别应缴纳哪些税金？

1. 中秋节，酒店向每位员工发放慰问金 500 元。

2. 酒店购置了一辆商务别克轿车用于机场接送客人，轿车总价为 35 万元。

3. 酒店出售了健康会员卡 20 张，每张售价为 10000 元。

4. 上海 ABC 酒店租用上海环球金融中心 79 ～ 83 楼，假定按 2018 年标准 20 元每平方米·天支付租金。

5. 东方宾馆 2019 年 6 月 30 日的半年报显示商铺租赁取得收入 605.34 万元。

二、酒店税金的计算

按照税法的有关规定，酒店要在企业开办时，根据工商管理部门批准的营业执照，连同有关部门批准的企业合同、章程、协议等文件，到税务局领取税务登记表一式三份填列上报，进行税务登记。税务部门根据企业上报的税务登记审查合格后，根据企业的经营范围，以书面答复企业，做出纳税鉴定，并列明应纳税的税种、税率、征收方式和缴纳的期限，作为企业缴税的依据。

（一）增值税的计算

根据财政部、国家税务总局《关于全面推开营业税改增值税试点的通知》（财税〔2016〕36 号）规定，酒店业从 2016 年 5 月 1 日开始全面推行营业税改征增值税。

增值税是以单位和个人生产经营或销售服务过程中取得的增值额为课税对象征收的一种税。

增值税按纳税人类别不同分为一般纳税人和小规模纳税人。其划分标准及适用税率如表 7–8 所示。

表7–8 增值税一般纳税人和小规模纳税人划分标准及适用税率

	一般纳税人	小规模纳税人
年应税销售额标准	1.从事货物生产或提供应税劳务：50万元 2.从事货物批发或零售：80万元 3.销售服务、无形资产或不动产：500万元	1.应税服务的年应征增值税销售额未超过500万元（≤500万元），并且会计核算不健全，不能按规定报送有关税务资料的纳税人 2.年应税销售额超过规定标准的其他个人不属于一般纳税人 3. 年应税销售额超过规定标准但不经常发生应税行为的单位和个体工商户可选择按照小规模纳税人纳税
适用税率	13%、9%、6%	3%（征收率）
计算公式	应纳增值税税额=当期销项税额–当期进项税额	应纳增值税税额=销售额×3%

酒店业增值税一般纳税人根据不同销售和购进业务有多档税率，其中住宿服务、会议服务、娱乐服务适用税率为 6%；餐饮服务堂食 6%，餐饮外卖 13%；停车服务、房屋出租、设备租赁税率为 9%；商品零售税率为 13%。

酒店业采用销售额和销项税额合并定价方法向消费者开具增值税专用发票，这样销售的商品或服务售价中包含了增值税的税额，在期末统计销售收入总额时，需要将含税销售收入换算为不含税的销售收入，其换算公式为：

$$销售收入=\frac{含税销售收入}{1+增值税税率}$$

例 7–7 开立酒店附设商场，经营商品的增值税税率为 13%。2020 年 8 月酒店共取得商品销售收入 90400 元，当月增值税进项税额账户借方余额为 3400 元，请计算本月应缴增值税税额。本月不含税销售收入是多少？（假定增值税其他明细账户无期初余额）

分析：

本月不含税销售收入 =90400÷（1+13%）=80000（元）

当期销项税额 =80000×13%=10400（元）

本月应缴纳增值税税额 =10400−3400=7000（元）

（二）消费税的计算

消费税是针对消费品或消费行为的当期销售额或销售量征税。其税率有差别比例税率（1% ~ 56%）和定额税率两种。酒店可以根据课税对象的具体情况来确定，对一些供求基本平衡、计量单位规范的消费品选择定额税率，如黄酒、啤酒等；对一些供求矛盾突出、价格差异较大、计量单位不规范的消费品选择比例税率，如烟酒、化妆品、护肤护发品、贵重首饰及小汽车等。其计算公式按销量额和销售量分别为：

从价定率：应纳税额 = 不含税销售额 × 比例税率

从量定率：应纳税额 = 销售数量 × 单位税额

卷烟和白酒采用混合计算方法，即

应纳税额 = 不含税销售额 × 比例税率 + 销售数量 × 单位税额

例 7–8 开立酒店 2019 年 8 月向客户销售化妆品，取得含增值税销售额 3390 元（消费税税率为 15%），出售 500 毫升白酒 50 瓶，每瓶白酒的不含税销售价格为 1540 元（白酒的计税单位每 500 毫升为 20%，0.5 元）。试计算酒店当月应缴消费税税额。

化妆品应缴纳的消费税额 =［3390÷（1+13%）］×15%=450（元）

白酒应缴纳的消费税额 =（50×1540×20%）+［（50×500）÷500］×0.5=15425（元）

酒店 8 月份应缴纳消费税税额 = 450+15425=15875（元）

（三）城市维护建设税及教育费附加的计算

应纳城市维护建设税税额 =（应缴增值税额 + 应缴消费税额）× 适用税率

应缴教育费附加 =（应缴增值税额 + 应缴消费税额）× 适用税率

例 7-9　结合例 7-8 中的资料可知，开立酒店 2019 年 8 月应缴增值税 7000 元，应缴消费税额 15875 元，假定开立酒店位于大城市的市中心，据此计算应缴城市维护建设税和教育费附加分别为：

应缴城市维护建设税 =（7000+15875）× 7%=22875 × 7%=1601.25（元）
应缴教育费附加 =（7000+15875）× 3%=22875 × 3%=686.25（元）

（四）所得税的计算

所得税以所得额为征收对象，其征收原则是所得多的多征，所得少的少征，无所得的不征。

1. 企业所得税

酒店经营所得必须依照有关规定缴纳企业所得税。新的所得税法规定，所得税的税率统一为 25%，但是对符合条件的小型微利企业，减按 20%，国家重点扶持的高新技术企业，减按 15% 税率征收企业所得税。其计算公式为：

应纳所得税税额 = 应纳税所得额 × 适用税率
=（税前会计利润 ± 按照税法规定的调整项目）× 适用税率

2. 个人所得税

酒店员工个人的薪酬、奖金等所得，在计算个人所得税时，一般采用的是支付单位扣缴办法。

个人所得税的税率，根据个人每一个纳税年度内取得的所得不同，分别采用超额累进税率和比率税率计算。

（1）综合所得，包括工资、薪金所得，劳务报酬所得，稿酬所得，特许权使用费所得，适用 3% ~ 45% 的超额累进税率。

（2）经营所得，包括个体工商户生产、经营所得和对企事业单位的承包经营所得，适用 5% ~ 35% 的超额累进税率。

（3）利息、股息、红利所得，财产租赁所得，财产转让所得和偶然所得适用比例税率，税率为20%。

（五）印花税的计算

印花税纳税人根据规定计算应纳税额，并一次购买贴足印花税票的缴纳办法，即“纳税人自行计税，自行纳税，自行作废”的管理办法。

（六）房产税的计算

房产税实行按年征收、分期缴纳的办法。计税依据是房产原值或租金收入。以原值计算时，一次性减除原值的10%～30%的余额为计算的基数，年税率为1.2%；以租金计算时，按年租金的12%计征。

（七）城镇土地使用税的计算

城镇土地使用税按纳税人实际占用的土地面积，按规定的定额从量计征的办法（见表7-9）。其计算公式为：

年应纳城镇土地使用税税额＝实际占用应税土地面积（平方米）×适用税额

表7-9　土地使用税的税率表

地　区	每平方米的年纳税额	地　区	每平方米的年纳税额
大城市	1.5～30元	小城市	0.9～18元
中等城市	1.2～24元	县城、建制镇、工矿区	0.6～12元

（八）车船使用税的计算

车船使用税实行从量定额征税，按年征收，分期缴纳的办法。分机动车船和非机动车船等计税对象的不同，以净吨位、载重净吨位及车辆数为计税依据计算征收。

（九）关税的计算

酒店关税主要涉及进口原材料、机器设备、国外高档消费品等业务，关税的税率按不同的产品分别设置。

三、酒店税务筹划

（一）税务筹划的定义

税务筹划是要在不违法的前提下，通过对经营、投资、理财活动中涉税事项的筹划和安排，尽可能地减轻税负以实现企业财务目标。

酒店在实施税务筹划时必须坚持五条原则：不违法原则、整体性原则、动态性原则、成本效益均衡原则、事先筹划原则。

酒店的经营特点使其存在混合销售和兼营销售行为，不同决策会影响企业税负高低。如果酒店有兼营销售，却未分别核算，那么，只能从高适用税率，就会增加酒店纳税金额。

例 7–10　开立酒店 2019 年 8 月取得住宿服务、商品销售、停车服务等收入，销售额分别为 100000 元、6000 元、7000 元，该酒店是增值税一般纳税人，提供劳务、销售货物、不动产租赁服务等适用的增值税税率分别为 6%、13%、9%。

1. 假定开立酒店未对销售业务分别核算，则酒店当期应纳增值税税额

=[（100000+6000+7000）÷（1+13%）] × 13%=[113000 ÷（1+13%）] × 13%=13000（元）

2. 假定开立酒店对销售业务分别核算，则酒店当期应纳增值税税额

=[100000 ÷（1+6%）] × 6% + [6000 ÷（1+13%）] × 13% + [7000 ÷（1+9%）] × 9%

≈ 5660.38+690.27+577.98

≈ 6928.63（元）

相关链接　搜索

如何区别违法和合法节税

纳税筹划作为纳税人合理、合法的优化税收的活动，与偷税、漏税、骗税、抗税和欠税有着严格的区别，因为这些避税方式都是法律所不允许的。

1. 偷税

偷税是指纳税人有意违反税法规定，采取欺骗、隐瞒等非法手段，不按规定缴纳应纳税款的行为。该行为有三个显著特征：主观上是故意的；客观上采取了欺骗、隐瞒等非法手段；后

果是不按规定缴纳。例如，伪造、涂改、销毁账册、票据或记账凭证，虚列、多报成本和费用，少报、隐瞒应税项目、销售收入或经营利润，转移资产、收入和利润等以达到逃税目的，这些都属于偷税行为。

2. 漏税

漏税是指纳税人非故意未缴或者少缴税款的行为。例如，由于不了解、不熟悉税法规定和财务制度，或者是会计核算的差错，业务管理的差错，或者是工作粗心，错用税率，漏报应税项目，少计课税对象，少计应税数额以及计算差错而造成的未缴、少缴应税税额等行为，这些都属于漏税行为。

3. 骗税

骗税是指企业或个人以假报出口或者其他欺骗手段，骗取国家出口退税款。《税收征收管理办法》第 66 条规定，对这种行为，由税务机关追缴其骗取的退税款，并处骗取税款 1 倍以上 5 倍以下的罚款；构成犯罪的，依法追究刑事责任。税务机关可以在规定期间内停止为其办理出口退税。

4. 抗税

抗税是所有违规行为中手段最恶劣、情节最严重、影响最坏的行为。它是指负有纳税义务的个人或法人，故意违反税收法律、法规，采取暴力、威胁方法拒不缴纳税款的行为。

5. 欠税

欠税是指超过税务机关核定的期限，没有按时缴纳税款、拖欠税款的行为。纳税期限是指实体法中规定的纳税期限。欠缴税款既影响国家税款的及时入库，又侵占了国家税款，破坏了税法的严肃性，应承担法律责任。

以上这些行为都是法律所不允许的，违者将受到法律的惩罚。与上述行为不同，纳税筹划却是在合法前提下的节税行为。因此，要区分清楚违法和合法的节税方法，避免承担不必要的法律责任。

——资料来源：刘建伟．财务经理岗位职业技能培训教程［M］．广州：广东经济出版社，2007.

（二）税务筹划技术

税务筹划技术是指利用不违法、合理的技术处理使纳税人尽量少缴纳税款的方法和技巧。包括减免税技术、分割技术、税率差异技术、扣除技术、抵免技术、退税技术、延期纳税技术。

例 7–11 考虑到当前人力成本趋高，开立酒店开始在不需要个性化服务以及具有重复性、易于标准化的服务环节使用机器人，采购了 5 台机器人设备，取得了增值税专用发票，依据税法规定，设备采购的进项税额可以抵扣。另外，开立酒店将餐饮后厨帮工、酒店公共区域的保洁服务、地下停车库的安保以及日常设备维修、洗涤类的服务等外包给专业的公司，依据取得的增值税专用发票进行进项税额抵扣，这些举措的推行降低了酒店税负。

第四节 酒店利润及利润分配

一、酒店利润的形成

利润是酒店生存和发展的基础，追逐利润是酒店经营的动力，利润管理在酒店经营中起到关键作用。

利润从不同的角度理解，可以用于不同的分析目的，本章将利润从会计核算的角度、财务管理的角度、目标利润的角度进行分析。

（一）从会计核算的角度看利润

利润是指酒店在一定会计期间的经营成果，也是企业在一定期间内取得收入扣除相应的营业成本、费用和税金之后的余额，包括营业利润、利润总额、净利润。在会计核算上其计算公式分列如下：

营业利润＝营业收入－营业成本－税金及附加－销售费用－管理费用－财务费用＋其他收益
＋投资收益（－投资损失）－资产减值损失＋资产处置收益（－资产处置损失）
＋公允价值变动收益（－公允价值变动损失）

营业收入是酒店生产经营业务所实现的收入总额，包括主营业务收入和其他业务收入。营业成本是指酒店生产经营业务所发生的实际成本总额，包括主营业务成本和其他业务成本。税金及附加是指酒店缴纳的消费税、城建税、教育费附加、房产税、城镇土地使用税等。销售费用是指酒店在销售商品、提供劳务过程中发生的各种费用，如广告费、商品运输费、销售人员工资等。管理费用是指酒店为组织和管理各项生产经营所发生的各种费用，如筹建期间的开办费、行政办公人员的工资、办公费和差旅费等。财务费用是指酒店为筹集生产经营所需资金而发生的筹资费用，如利息支出、汇兑损益以及相关手续费、发生的现金折扣或收到的现金折扣。投资收益（或损失）是指酒店以股权或债权等方式对外投资所取得的收益（或损失）。资产减值损失是指酒店计提有关资产减值准备所形成的损失，如计提坏账准备、存货减值准备等。资产处置收益（或损失）反映酒店出售划分为持有待售的非流动资产（金融工具、长期股权投资和投资性房地产除外）或处置组（子公司和业务除外）时确认的处置利得或损失，以及处置未划分为持有待售的固定资产、在建工程及无形资产而产生的处置利得或损失。公允价值变动收益（或损失）是指酒店所持有的交易性金融资产等公允价值变动形成的应计入当期损益的利得（或损失）。即

利润总额 = 营业利润 + 营业外收入 − 营业外支出

营业外收入是指酒店确认的与日常活动无直接关系的各项利得，如政府补助、资产盘盈、捐赠利得等。营业外支出是指酒店发生的与其日常活动无直接关系的各项损失，如非流动资产毁损报废损失、捐赠支出、盘亏损失、非常损失、罚款支出等。

利润总额是酒店一定时期内通过生产经营活动所实现的财务成果。按照企业所得税法的规定，酒店应当按照月度或者季度的实际利润额进行预缴所得税。这里的实际利润额是在利润总额的基础上进行局部调整后得出的。即

实际利润总额 = 利润总额 + 特定业务计算的应纳税所得额 − 不征税收入
− 免税收入、减计收入、所得税减免等优惠金额 − 资产加速折旧、摊销（扣除）调减额
− 弥补以前年度亏损

净利润是酒店经营的最终成果，净利润越多，说明酒店经济效益好；净利润少，说明酒店经济效益差，其计算公式如下：

净利润 = 利润总额 − 所得税费用

这里的所得税费用是指酒店确定的应从当期利润总额中扣除的所得税费用（企业所得税费用），不包括酒店代扣代缴的个人所得税。

（二）从财务管理的角度看利润

在酒店开展财务管理活动中，可能涉及筹资活动，那么会发生利息费用，因此根据利润在利息偿付、所得税缴纳等不同阶段的计算结果，将利润分为：息税前利润、税前利润和税后利润。

息税前利润是指酒店支付利息和缴纳所得税之前的利润，从形成方面分析息税前利润，其计算公式为：

息税前利润 = 营业收入 − 营业成本 − 税金及附加 − 销售费用 − 管理费用 − 财务费用 + 其他收益

+投资收益（-投资损失）-资产减值损失+资产处置收益（-资产处置损失）
+公允价值变动收益（-公允价值变动损失）+营业外收入-营业外支出

息税前利润=利润总额+利息费用

如果是从分配方面分析息税前利润，其计算公式为：

息税前利润=净利润+所得税费用+利息费用

由此可见，息税前利润反映了资金来源的各方对利润的要求权，其中，净利润和所得税费用体现了投资者和国家的诉求，利息费用体现了债权人的诉求，因此，酒店要选择适当的资本结构，借助财务杠杆效应，提升酒店经济效益。

税前利润是指酒店的息税前利润扣除利息费用后的余额，是酒店计算企业所得税的依据，也称为利润总额，其计算公式为：

税前利润=息税前利润-利息费用

税后利润也称为净利润，是指酒店的税前利润扣除所得税费用后的余额，是归属于投资者的利润，其计算公式为：

税后利润=税前利润-所得税费用

税后利润越多说明酒店经营效益越高，但是如何进行税后利润的分配，酒店需要根据未来发展对资本的需求、现金支付能力与现金流量状况，以及投资者对收益的偏好等因素，确定对内留存和对外分配的比例。

（三）从目标利润的角度看利润

会计核算上的利润以及财务管理上的利润都是依据已经发生业务活动所产生的利润变化结果进行的分析，酒店经营管理是需要面向未来的，是对于尚未发生的经营业务活动进行预测，因此目标利润是指酒店在未来一段期间内，通过酒店经营管理应该或者可以实现的利润控制目标，是酒店制定战略发展目标时必须考虑的重要因素之一。目标利润一般采用定量预测分析方法，通过对产品销售量、销售价格和产品成本以及其他对利润产生影响的因素进行分析和研究，对酒店未来一定期间内的经营成果进行预测。在本章第五节酒店目标利润管理中将会对目标利润的确定方法进行详细介绍。

二、酒店利润分配

酒店的利润分配就是将酒店取得的会计利润在酒店和利益主体之间进行的分配，这种分配不仅关系到企业的现金流量，而且影响到酒店价值以及各利益主体的经济利益，进而影响酒店财务的安全稳定。所以酒店应根据自身发展需要决定利润分配政策。

（一）股份公司的利润分配顺序

股份公司缴纳所得税后的利润，按下列顺序分配：

（1）支付被没收的财物损失和税收滞纳金、罚款。

（2）弥补以前年度亏损。

（3）提取法定盈余公积金（按税后利润的10%提取）。

（4）提取公益金（按税后利润的5%～10%提取）。

（5）支付优先股股利。

（6）提取任意盈余公积金（由股东大会决定）。

（7）支付普通股股利。

需要注意两点：一是酒店的税后利润在弥补亏损和提取法定盈余公积金和公益金前，不得分配股利。二是关于法定盈余公积金的比例。我国财务制度规定，企业当年无利润不得向投资者分配利润。其中股份有限公司当年无盈利时，原则上不得分配股利，但在用盈余公积金弥补亏损后，经股东大会特别决议，可以按照不超过股票面值6%的比率用盈余公积金分配股利。在分配股利后，企业法定盈余公积金不得低于注册资金的25%。

相关链接 搜索

君亭酒店集团股份有限公司关于2022年度利润分配预案的公告

君亭酒店集团股份有限公司（以下简称公司）于2023年4月26日召开第三届董事会第十五次会议和第三届监事会第十一次会议，会议审议通过《关于公司2022年度利润分配预案的议案》，本次利润分配预案尚需提交公司2022年年度股东大会审议批准，现将有关情况公告如下：

经中审众环会计师事务所（特殊普通合伙）审计，按照合并报表与母公司报表可供分配利润孰低的原则，截至2022年12月31日，公司合并报表归属于母公司所有者的净利润为2974.59万元，母公司实现净利润4370.87万元。按照《中华人民共和国公司法》以及公司章程的规定，提取法定盈余公积金437.09万元，加上期初的未分配利润15778.44万元，扣除2021年度权益分派派发现金股利4027.00万元，截至2022年12月31日经审计可供股东分配的利润为15685.22万元。

基于公司对未来发展的良好预期，为积极合理回报投资者、共享企业价值，根据《中华人民共和国公司法》及公司章程的相关规定，经公司董事会研究决定2022年度利润分配预案如下：

以公司现有总股本129634031股为基数，向全体股东按每10股派发现金股利2元（含税），共分配现金股利25926806.2元（含税），同时进行资本公积金转增股本，向全体股东每10股转增5股，合计转增股本64817016股。本年度公司不送红股。经上述分配后，剩余未分配利润全部结转以后年度。

在利润分配方案实施前，公司总股本如发生变化，将按照分配总额不变的原则对分配比例进行相应调整。

——资料来源：深圳证券交易所。

（二）非股份公司的利润分配顺序

（1）支付被没收的财物损失和税收滞纳金、罚款。

（2）弥补以前年度亏损。

（3）提取法定盈余公积金和公益金（分别按税后利润的10%、5%提取）。

（4）提取任意盈余公积金。

（5）按公司规定的金额，上缴未分配利润或向投资者分配利润。

（三）利润分配中的几个重要概念

1. 弥补亏损

当酒店的利润总额为负数时，说明酒店经营是亏损的。酒店经营过程中发生的亏损应当予以弥补。按照《企业所得税暂行条例》的规定，纳税人发生年度亏损的，可以用下一年的利润弥补，如果不足以弥补的，可以在5年内延续弥补，但不得超过5年，若延续5年尚未弥补亏损，就需要用所得税后利润弥补。

税后利润用以弥补亏损的资金可以是酒店的未分配利润，如果亏损数额较大，用未分配利润不足以弥补的时候，可以用提存的盈余公积金来弥补亏损。需要说明的是，在酒店没有清算前，注册资本和资本公积金不能用于弥补亏损。

课堂思考

请登录上海证券交易所或深圳证券交易所网站，选择一家旅游企业分析其弥补亏损情况。试说明其采用哪一种弥补亏损的方式，这种做法有什么优点？

2. 盈余公积金

盈余公积金是从酒店的净利润中提取形成的，是利润分配的重要形式，盈余公积金可用于弥补亏损、扩大企业生产经营能力或支付股利。包括法定盈余公积金和任意盈余公积金。

（1）法定盈余公积金按照当年净利润的 10% 提取，当盈余公积金累计达到公司注册资本的 50% 时，可以不再提取。法定盈余公积金的提取是按照抵减年初累计亏损后的本年净利润进行的。

（2）任意盈余公积金的提取是在法定盈余公积金和公益金之后，根据企业章程或股东会议决议决定的，按照当年净利润的一定比例提取，提取的比率没有规定。

3. 公益金

公益金是指酒店从净利润中提取的，用于购置或建造职工集体福利设施的资金。公益金的提取在法定盈余公积金之后，支付优先股股利之前，按照净利润的 5% ~ 10% 提取。公益金和职工福利费有区别，用公益金建造或购置的资产属于企业，是所有者权益的组成部分，而职工福利费计提后成为企业的负债，计入“应付职工薪酬—职工福利费”，减少企业的净资产。

4. 向投资者分配的利润或支付股利

向投资者分配的利润或支付股利是在酒店提取盈余公积金、公益金之后进行的。分配金额应根据企业的盈利状况决定。向投资者分配的利润额是以投资者的投资额为依据，按比例进行分配。股份有限公司可以根据累计盈利中分派股利，无盈利不得支付股利。

例 7–12 某酒店 2019 年实现利润总额为 300000 元，上年未弥补亏损 100000 元，应缴所得税税率为 25%，按税后利润的 10% 提取法定盈余公积金，按税后利润的 5% 提取公益金，按税后利润的 10% 向投资者分配利润。要求：（1）计算企业应缴纳的所得税；（2）计算企业提取的盈余公积金；（3）计算企业提取的公益金；（4）计算应分配给投资者的利润；（5）计算企业的未分配利润。

分析：

（1）企业弥补亏损后的税前利润 =300000–100000=200000（元）

企业应缴纳的所得税额 =200000 × 25%=50000（元）

企业的净利润（税后利润）=300000–100000–50000=150000（元）

（2）企业提取的盈余公积金 =150000 × 10%=15000（元）

（3）企业提取的盈余公益金 =150000 × 5%=7500（元）

（4）企业应分配给投资者的利润 =150000 × 10%=15000（元）

（5）企业的未分配利润 =150000–15000–7500–15000=112500（元）

三、酒店股利分配对企业经营的影响

在酒店实现税后利润一定的情况下，选择股利分配政策就是要寻找股利与酒店留存收益之间的最佳比例关系。股利分配将对公司的市场价值产生影响，因而公司在制定股利分配政策时应考虑法律因素、股东因素、公司自身盈余管理及资本扩张等因素。如果公司已经无力偿债，或者发放股利会导致公司无力偿债，为了保护债权人的利益，公司不进行股利分配。

（一）股利支付的程序及发放股利的形式

1. 股利分配的程序

通常在公司会计年度决算后，是否分配股利不仅取决于公司是否有可供分配的利润，还取决于公司的相关政策，具体的决策程序包括：

（1）由公司董事会根据公司的盈利水平和所选择的股利政策，制定股利分配方案并经董事会批准，提交股东大会审议并通过。

（2）公司对外发布股利分配公告并具体实施。实施过程包括股利宣告、股权登记、除息和股利支付，与其相对应的日期分别为股利宣告日、股权登记日、除息日和股利支付日。

股利分配公告，一般在股权登记日前 3 个工作日发布，如果公司股东较少，股票交易也不活跃，公告日可以与股利支付日放在同一天进行。股利分配公告应包括利润分配方案、股利分配对象（通常为股权登记日当日登记在册的全体股东），以及股利发放方法。

相关链接　搜索

首旅酒店 2019 年年度权益分派实施公告

本次利润分配方案经公司 2020 年 5 月 20 日的 2019 年年度股东大会审议通过。

一、重要提示

1. 发放年度：2019 年年度。

2. 每股分配比例：A 股每股现金红利 0.07 元（含税）。

3. 实施日期：股权登记日：2020 年 7 月 16 日；除息日：2020 年 7 月 17 日；现金红利发放日：2020 年 7 月 17 日。

二、分派对象

截至股权登记日下午上海证券交易所收市后，在中国证券登记结算有限责任公司上海分公司（以下简称“中国结算上海分公司”）登记在册的本公司全体股东。

三、分配方案

分配以方案实施前的公司总股本 988222962 股为基数，每股派发现金红利 0.07 元（含税），共计派发现金红利 69175607.34 元。

——资料来源：上海证券交易所网站，http://www.sse.com.cn.

2. 股利分配的形式

（1）现金股利。支付现金是企业向股东分配股利的基本形式。在企业营运资金和现金较多而又不需要增加投资的情况下，采用现金分配形式既有利于改善企业长短期资金结构，又有利于股东取得现金收入和增强投资能力。否则，采用现金分配形式将会增加企业的财务压力，从而导致偿债能力下降。

（2）股票股利。发放股票股利的优点是可以避免由于采用现金分配股利而导致企业支付能力下降，财务风险加大的缺点，当企业现金紧缺时，发放股票股利可以起到稳定股价的作用，从而维护企业的市场形象，股票股利可以避免发放现金股利后再筹集资本所发生的筹资费用；股票股利可增加企业股票的发行量和流动性，从而提高企业的知名度。当然，发放股票股利有时被认为是企业现金短缺的象征，有可能导致企业股票价格下跌。

（3）财产股利。财产股利是以现金以外的资产支付的股利，主要有两种形式：一是证券股利，即以本公司持有的其他公司的有价证券或政府公债等证券作为股利发放；二是实物股利，即以公司的物资、产品或不动产充当股利。

（4）负债股利。负债是公司以负债支付的股利，通常以公司的应付票据支付股东，在不得已的情况下也有公司发行公司债券抵付股利的。

财产股利和负债股利其实是现金股利的替代，实务中很少使用，但是非法律所禁止的。

（二）企业不同经营阶段股利政策的选择

酒店的股利分配政策受国家法律约束，并受到企业或集团公司经营环境、经营方针、经营情况和投资者（股东）要求等诸多因素的影响，因此，各企业股利分配的政策是不完全相同的，如表 7–10 所示。

表7–10 不同发展阶段的公司股利政策

公司发展阶段	特　　点	适用的股利政策
初创阶段	公司经营风险高，有投资需求且融资能力差	剩余股利政策
高速发展阶段	公司业务快速发展，投资需求量大	低正常加额外股利政策
稳定增长阶段	业务增长稳定，投资需求逐步减少，现金净流入量增加，每股收益逐步提升	固定或持续增长股利政策
成熟阶段	公司盈利水平稳定，已积累了一定的留存收益和资金，可供发放股利的累计资金充裕	固定股利支付率政策
衰退阶段	公司业务锐减，获利能力和现金获得能力下降，现金净流入量减少，有时甚至出现现金净流量为负数	剩余股利政策

第五节 酒店目标利润管理

一、目标利润的确定

前文中介绍了利润的形成及利润分配的过程，在酒店经营决策中更多的是需要思考如何合理预测未来期间的利润，以此作为衡量各部门绩效高低的标准之一，所以目标利润的确定成为各经营部门必须思考的问题。

常用的确定目标利润的方法有：增长百分比法、本量利分析法、资产报酬率法。

（一）增长百分比法

增长百分比法是在上年（或基期）利润水平上确定增长百分比。例如，20 世纪 80 年代首钢确定利润的增长情况为：每年提升 20%，每年上缴国家利润为 7.2%。短期内运用这种方法可使大部分利润留在企业，对企业发展有利。但是没有考虑到企业长期经营的实际情况，不利于企业的发展。因为市场变化并非完全按照企业需求直线上升的，且企业经营规模达到一定的高度后，其利润基数越来越大，利润提升空间有限。所以企业应结合具体情况加以运用。

例 7-13 2018 年某酒店实现税前利润为 2000 万元，业主方经过市场调研认为，2019 年税前利润应比上年增长 10%，请问 2019 年该酒店的目标利润是多少？

2019 年目标利润 =2000 ×（1+10%）=2200（万元）

（二）本量利分析法

本量利分析法就是研究酒店在一定期间内成本、业务量、利润三者变量之间关系的专门方法，其计算公式为：

利润 = 销售收入 –（固定成本 + 变动成本）

如以字母表示则为：

$$E=PQ-(F_C+Q\cdot V_C)=(P-V_C)\cdot Q-F_C$$

式中：E 为息税前利润（EBIT），P 为销售价格，Q 为销售价格，V_C 为单位变动成本，F_C 为固定成本总额。

例 7-14 某度假村拥有客房 20 间，每间出售客房的变动成本为 10 元，每月的固定成本为 20000 元，酒店销售预测当平均房价在 50 元到 80 元之间时，可出售客房 500 间。假定酒店计划在 30 天内盈利 5000 元，问平均房价是多少？

$$E=PQ-(F_C+Q\cdot V_C)$$

$$P=\frac{E+Q\cdot V_C+F_C}{Q}=\frac{5000+500\times 10+20000}{500}=60\text{（元）}$$

答：酒店平均房价为 60 元，当月可获得 5000 元盈利。

（三）资产报酬率法

资产报酬率法是企业常用的方法，也比较科学，它是根据资产报酬率应该达到的水平，预估目标利润，即企业投资获得的报酬或企业拥有的资产赚取的利润是多少。具体有两种计算方法：净资产报酬率和总资产报酬率。

1. 净资产报酬率

净资产报酬率是企业净资产与利润总额的比率，它反映企业净资产获利能力的高低。计算公式为：

$$净资产报酬率 = \frac{净利润}{净资产} \times 100\%$$

净资产报酬率也称为股东权益报酬率，在一些上市公司的目标利润确定中以此衡量企业盈利能力的大小。该比率越高说明股东投资的收益水平越高，企业获利能力越强。

2. 总资产报酬率

总资产报酬率是企业资产平均总额与利润总额的比率，它反映企业总资产获利能力的高低，其计算公式为：

$$总资产报酬率 = \frac{净利润}{资产平均总额} \times 100\%$$

资产平均总额为年初资产总额与年末资产总额的平均数，此项比率越高，表明资产利用的效率越高，企业盈利能力越强。

例 7–15　某酒店 2019 年、2020 年的相关报表数据如表 7–11 所示，请预测 2021 年的目标利润。

表7–11　某酒店2019～2020年相关报表数据

单位：万元

项　目	2019 年	2020 年	2021 年
净利润	200	180	
资产总额	2380	2450	2600
股东权益总额	1050	1200	1250
净资产收益率	19%	15%	
总资产收益率	8%	7%	

分析：如果按照净资产收益率保持 15% 的比率不变，则

$$2021\text{ 年的目标利润} = 15\% \times 1250 = 187.50\text{（万元）}$$

如果按照总资产报酬率保持 7% 的比率不变，则

$$2021\text{ 年的目标利润} = 7\% \times 2600 = 182\text{（万元）}$$

酒店结合 2021 年整个行业的经济环境、法律环境、金融环境及企业内部环境的情况最终确定合理的目标利润为 182 万元。

二、目标利润的分析决策

我们已经熟悉了目标利润的确定方法，那么对于酒店而言是否能通过降低成本或提高单位销售价格使企业获得更多的利润呢？下面我们以本量利分析法在酒店中的运用为例加以介绍。

（一）保本点分析

保本点分析（又称 CVP 分析法，Cost Volume Profit Analysis）是当目标利润为零时的企业成本、销售量与利润三者之间的关系。即表示为：

$$\text{单位售价} \times \text{销售量} - (\text{单位变动成本} \times \text{销售量} + \text{固定成本}) = 0$$

从公式中我们可以推导出：

$$\text{保本点销售量} = \frac{\text{固定成本}}{\text{单位售价} - \text{单位变动成本}}$$

或

$$\text{保本点销售量} = \frac{\text{固定成本}}{\text{单位边际贡献}}$$

式中：单位边际贡献 = 单位售价 – 单位变动成本，表示为每增加一个单位销售量所得到的销售收入扣除成本后给企业带来的额外收益。即表明酒店在销售产品扣除自身变动成本后所做的贡献，它首先用于弥补固定成本，剩余部分则为利润，如不足以弥补则为亏损，如表 7–12 所示。

表7-12　边际贡献与业务量变化之间的关系

项目	变化 1	变化 2	变化 3
出售客房数（间夜）	200	201	202
单位房价（元 / 间夜）	100	100	100
单位变动成本（元）	15	15	15
单位边际贡献（元）	85	85	85
边际贡献总额（元）	17000	17085	17170
销售收入总额（元）	20000	20100	20200
固定成本总额（元）	17000	17000	17000
利润（元）	0	85	170

从表 7-12 中可见，当出售客房数为 200 间夜时，酒店利润为零；当出售客房数为 201 间时，酒店利润为 85 元，85 元即为边际贡献。当出售客房数为 202 间时，酒店利润为 170 元（可以看作 170=2×85）。

课堂思考

请分析边际贡献是什么？当表 7-12 中出售客房数为 250 间时，假定其他条件不变，酒店可获得多少利润？

$$保本点销售额=\frac{固定成本}{边际贡献率}$$

保本点销售额是企业在不盈不亏状态下实现的销售收入。边际贡献率是单位边际贡献与单位售价之间的比率，且边际贡献率与变动成本率呈反比关系。按照表 7-13 所列数据可以计算无论销售量如何变化，企业的边际贡献率和变动成本率始终保持不变，两者之和为 100%。

表7-13　边际贡献率与变动成本率之间的关系

	变化 1	变化 2	变化 3
出售客房数（间夜）	200	201	202
单位房价（元 / 间夜）	100	100	100

续表

	变化 1	变化 2	变化 3
单位变动成本（元）	15	15	15
单位边际贡献（元）	85	85	85
边际贡献总额（元）	17000	17085	17170
销售收入总额（元）	20000	20100	20200
固定成本总额（元）	17000	17000	17000
利润（元）	0	85	170
变动成本率	15%	15%	15%
边际贡献率	85%	85%	85%

例 7–16 酒店的餐厅有餐座 200 个，每天应摊销的固定费用为 1500 元，每餐平均消费 25 元，原材料占售价的 40%，如不考虑其他税费，试计算：餐厅保本点销售量；餐厅保本点销售额；餐厅保本点上座率。

分析：

$$餐厅保本点销售量=\frac{固定成本}{单位边际贡献}=\frac{1500}{25\times(1-40\%)}=\frac{1500}{15}=100（个）$$

$$餐厅保本点销售额=\frac{固定成本}{边际贡献率}=\frac{1500}{1-40\%}=\frac{1500}{60\%}=2500（元）$$

$$=保本点销售量\times单位售价=100\times25=2500（元）$$

$$餐厅保本点上座率=\frac{100}{200}\times100\%=50\%$$

运用本量利做决策分析时，必须注意到这种计算方法是在一定的假设条件下进行的试算：

（1）酒店目前与销售水平相关的所有成本都可以合理地、精确地分解为固定成本和变动成本。

（2）在受某个决策影响的整个时期内固定成本保持不变。

（3）在同一时期内变动成本随销售量的变化而作线性变化。

（4）此方法仅限于个别情况和个别部门，当问题涉及整个酒店的决策时，须谨慎。

（5）此方法仅限于经济和其他条件都比较稳定的情况，如果在通货膨胀时期，当提前数周也难以预测销售收入、成本、价格时，用保本点分析法作决策具有一定的风险。

（6）保本点分析法只能作为决策的向导。计算结果只是为决策指出大致的方向，而其他因素（如客人意愿、社会和环境影响等）可能会使决策与保本点分析法分析相反。

（二）目标利润销售量和销售额分析

目标利润销售量是指企业为获取目标利润而必须完成的销售量，同理按照上述计算可以求出目标利润下的销售额。计算公式分别为：

$$目标利润销售量=\frac{固定成本+目标利润}{单位边际贡献}$$

$$目标利润销售额=\frac{固定成本+目标利润}{边际贡献率}$$

例 7–17 接例 7–16，假定餐厅预计每天实现目标利润 300 元，请计算目标销售量和目标销售额分别为多少？

$$目标利润销售量=\frac{1500+300}{25\times（1-40\%）}=\frac{1800}{15}=120（个）$$

$$目标利润销售额=120\times25=3000（个）$$

在实际经营中，为了实现企业的目标利润，变动成本、售价以及固定成本可以进行相应的调整。

例 7–18 某酒店客房部每年的固定成本为 1450000 元，客房每间夜的平均房价为 240 元，每间可使用客房的单位变动成本为 80 元，请根据假定条件分析计算：

（1）假定酒店客房部拟实现目标利润 1200000 元，在其他条件不变的情况下，需要销售多少间客房？

（2）假定酒店客房部计划销售 17000 间客房，计划实现目标利润 1350000 元，在其他条件不变的情况下，问平均房价应为多少元？

（3）假定酒店客房部每年固定成本不变，平均房价为 240 元，计划销售 17000 间客房，计划目标利润 800000 元，问每间客房单位变动成本是多少？

（4）假定酒店每间客房单位变动成本为 80 元，平均房价为 240 元，计划销售 17000 间客房，目标利润 750000 元，问固定成本应控制在什么水平？

分析：现将酒店的上述四个条件下平均房价、单位变动成本、销售间数、固定成本列示如表 7–14。

表7-14　某酒店客房部四种条件下计算结果比较表

	目标利润（元）	平均房价（元）	单位变动成本（元）	销售间数（间）	固定成本（元）
假定条件 1	1200000	240	80	16563	1450000
假定条件 2	1350000	245	80	17000	1450000
假定条件 3	800000	240	108	17000	1450000
假定条件 4	750000	240	80	17000	1970000

相关数据计算过程如下：

（1）需要销售客房间数 =（1200000+1450000）÷（240−80）=16563（间）

（2）平均房价 =（1350000+1450000+80 × 17000）÷ 17000=245（元）

（3）每间客房单位变动成本 =（240 × 17000 −800000−1450000）÷ 17000=108（元）

（4）固定成本 =240 × 17000−80 × 17000−750000=1970000（元）

（三）经营多种产品下的目标利润分析

对经营多种产品的旅游企业而言，由于各单项旅游产品的销售单位不同，如客房，计算单位是房间数；餐饮，计算单位是客（份）；商场，计算单位是件数等，因此，要进行保本分析，就必须用保本销售额来代替保本销售量。由于旅游企业所经营的各单项旅游产品的边际贡献率不等，所以在计算时一般采用加权平均数更符合实际。其计算公式为：

$$保本点销售额=\frac{固定成本}{加权平均边际贡献率}$$

例 7-19　某酒店 3 月份客房、餐饮、商场部经营的各产品单价、成本及销售情况如表 7-15 所示。

表7-15　某酒店3月份经营情况表

项　目	客　房	餐　饮	商　场	合　计
单位产品价格（元）	100	35	25	
单位变动成本（元）	15	14	20	
变动成本率	15%	40%	80%	
预计销售量	200（间）	600（人）	200（个）	
单位边际贡献（元）	85	21	5	
边际贡献总额（元）	17000	12600	1000	30600
销售收入总额（元）	20000	21000	5000	46000

续表

项　目	客　房	餐　饮	商　场	合　计
固定费用（元）	2500	1800	800	5100
加权平均边际贡献率				66.52%

从表中可知，客房、餐饮、商场的边际贡献总额为30600元，销售收入总额为46000元，则加权平均边际贡献率为66.52%。

$$保本点销售额=\frac{5100}{66.52\%}\approx 7667（元）$$

例7-20　接例7-19，假定酒店3月份预计目标利润为5000元，则客房、餐饮、商场的总营业额应达到多少才能实现利润？

$$目标销售额=\frac{5100+5000}{66.52\%}\approx 15183（元）$$

复习与思考

一、名词解释

赫伯特公式计价法　成本毛利率　销售毛利率

税务筹划　利润分配　本量利分析法

目标利润销售额

二、简答题

1. 试述酒店客房产品采用的定价方法。
2. 试述酒店餐饮产品采用的定价方法。
3. 请结合你所了解的酒店分析客房收入管理中存在的问题及其改进措施。
4. 请结合你所了解的酒店分析餐饮收入管理中存在的问题及其改进措施。
5. 酒店需要缴纳哪些税金？这些税金的计算上有何不同？
6. 什么是税务筹划？酒店可以采用何种税务筹划技术进行合理避税？请举例说明。

三、单项选择题

1. 下列关于利润分配的说法中，不正确的是（　）。

A. 企业在弥补亏损、提取盈余公积金后才可以向股东分配利润

B. 如果当年无利润，企业就可以不进行利润分配

C. 企业应当根据当年实现的净利润直接分配股利

D. 企业持有的本公司股份不得用于利润分配

2. 甲上市公司 2020 年净利润为 600 万元，预计 2021 年投资所需资金为 200 万元，假设目标资金结构是负债资金占 40%，公司按照 10% 的比例计提盈余公积金，计划保持现有资金结构不变且不再对外筹资，则 2021 年公司可向投资者支付的股利为（　）万元。

A. 420　　B. 300　　C. 200　　D. 240

3. 酒店购置并实际使用税法所得税优惠目录的节能节水等专用设备，以合理避税，这是属于税务筹划中的（　）。

A. 减免税技术　　B. 税率差异技术

C. 扣除技术　　D. 抵免技术

四、判断题

1. 企业向股东发放现金股利这种分配形式可以改善企业的资金结构。（　）

2. 进行客房收入管理时，实行总台集中记账制，即各结算点的客人消费账单必须按规定及时汇总到总台收银处，由总台人员及时、准确地记入客账中，以作为客人结算的原始凭据。（　）

3. 餐饮收入管理中的账单传递线是要严格核对酒店所有营业点收银报告、点菜单和客人账单，在审核无误的基础上编制“餐饮收入日报表”。（　）

五、实践单元

1. 假定某酒店有客房 200 间，其中标准间 150 间，每间 25 平方米；套间 50 套，每套 60 平方米，假设酒店要实现目标利润率 50%，预计出租率为 80%，客房全年总费用为 2600 万元，其中固定费用 2300 万元，变动费用 300 万元，假定相关税率为 5.6%，请计算客房标准间的平均房价和套间的平均房价。

2. 顾客王女士到开立酒店预订酒席 10 桌，每桌标准为 1200 元。如饭店确定销售毛利率为 48%，问每桌酒席的成本为多少元？销售毛利额为多少元？ 10 桌酒席酒店共

可获得多少毛利额?

3. 假设有一个 80 间客房的酒店，每日应摊固定费用为 2500 元，变动费用每间 20 元，假定相关税率为 5%，每间房价 120 元。试计算 :（1）酒店每天的保本销售量；（2）酒店每天的保本销售额 ;（3）酒店的保本出租率。

六、案例分析

A 高档会所拥有客房 65 间，以接待休闲度假、小型商务会议为主，并提供餐饮服务，拥有 180 个餐位。酒店收入来源于客房和餐饮，两者比重 4.5 : 5.5。酒店每月预计固定费用支出如下表所示。

A会所每月固定支出明细表

单位：元

项目	金额
福利及相关	15000
办公费用（办公、差旅、车辆使用）	4500
财务费用（利息及手续费）	300
能耗（水电）	25000
资产折旧	17000
开办费摊销	53000
宣传推广	2000
绿化装饰 / 清洁	4000
维修保养	2000
交际应酬费	4100
电话宽带	3500
小计	190400

目前预计 6 月份按平均房价为 168.00 元 / 间夜，餐饮人均消费为 70.00 元 / 人经营定位，以此确定的每月变动成本费用如下表所示。

每月变动成本费用表

客房宾客消耗品	出售客房数 × 客房标配费用（6.00 元 / 间）
餐饮成本	餐饮收入 × 餐饮成本率（50%）
洗涤费	占收入 0.65%（占总收入比重计算）
厨房燃料（柴油、液化气）	占收入 5%（占餐饮收入比重计算）

续表

财务费用（信用卡、佣金）	暂无
其他费用（网络订房返佣）	暂无
税费支出（营业税）	暂无

根据以上案例回答如下问题：

1. 计算A高档会所保本营业收入总额为多少？

2. 假定酒店总客房间数为65间，其中自用房为5间，其余60间客房为可供出租房。按照客房收入与餐饮收入4.5：5.5的结构之比，试计算6月份会所的客房收入是多少？客房每日出租率为多少？月出租率为多少？

3. 按照客房收入与餐饮收入4.5：5.5的结构之比，试计算6月份会所的餐饮收入是多少？每天上座率为多少？每月平均上座率为多少？

推荐阅读

1. 沈洁．收入管理理论及其在酒店行业中的应用［J］．中国管理信息化，2021，24（20）：30-31.

2. 韩茂芬．金税四期背景下国有企业税务管理研究［J］．财会学习，2023（16）：134-136.

3. 王玮．“一房多价”背后：规则、利益的博弈［N］．中国旅游报，2021-09-09（005）.

4. 张倩．公司利用“账外账”利润分红是否应认定为公司盈余分配行为［J］．法制博览，2022（28）：88-90.

第八章 酒店预算管理

预算是一系列专门反映酒店在未来一定预算期内预计财务状况、经营成果以及现金收支等价值指标的各种预算的总称。通过预算管理，可以优化酒店的资源配置，全方位地调动酒店各个层面员工参与工作的积极性，是促进酒店效益最大化的有力工具。

本章主要介绍了经营预算和财务预算的编制。经营预算结合酒店实例以销售预算为基础，分别介绍了营业收入预算、成本费用预算、利润预算的编制。财务预算主要包括预计利润表、预计资产负债表和预计现金流量表。介绍了编制预算的基本方法：固定预算、弹性预算、增量预算、零基预算、定期预算和滚动预算。本章的重点是掌握各种预算编制方法的运用。

学习目标

知识目标

1 了解编制预算的六种方法。

2 熟悉酒店预算编制的程序和要求。

3 了解酒店损益表、部门利润表、经营性费用和非经营性费用预算表的基本内容。

4 熟悉利润预算编制的全过程及常用方法。

5 了解三张会计报表预算的编制及其之间的关系。

能力目标

1 能运用弹性预算法和增量预算法编制营业收入、成本费用预算。

2 能正确编制现金预算。

3 能正确编制利润表预算。

案 例

酒店经营预算编制的分析

酒店经营预算是指为了规划、控制和管理酒店的经营活动，预测酒店收入和成本的一项重要财务规划工具。它是管理层根据过去的业绩和市场趋势，为未来一段时间制订的一份详细的计划和指南。

业主方、酒店管理方以及酒店各部门对于经营预算的编制关注点不同。

（1）业主方通常会更加注重酒店的盈利能力和资金回报率。他们认为预算编制对于控制成本、改进效益和提高酒店价值至关重要。业主方希望通过预算编制来评估投资回报，判断是否需要进行资本投入或改进。他们关注预算的准确性和可靠性，以便为业务决策提供可靠的基础。

（2）酒店管理方通常将预算视为实现酒店经营计划和目标的工具，酒店管理方关注预算的灵活性和即时性。他们希望预算能够及时调整以应对市场波动和变化的需求，以确保酒店运营的持续性和可持续发展。

（3）酒店各部门经理期望预算能够为部门提供明确的目标和资源分配，以及衡量部门绩效的依据，通过对预算与实际绩效的比较，及时发现问题并采取措施加以解决，以确保酒店整体运营的顺利进行。

业主方、酒店管理方以及酒店各部门经理对于酒店经营预算编制的重要性有不同的认识。但无论是哪方都认识到预算编制对于酒店管理和业绩提升的关键作用，预算的准确性、灵活性以及与战略目标的一致性是共同关注的要素。通过合作和沟通，可以确保预算编制过程能够充分考虑各方的需求和目标，实现酒店的长期成功和可持续发展。

——资料来源：作者收集并整理。

案例分析

请结合上述资料中业主方、酒店管理方以及酒店各部门经理对酒店经营预算编制的不同认识，请思考：

1. 酒店经营预算的数据收集与分析是哪些部门完成的？你认为部门之间应该如何配合才能高效完成经营预算的编制？

2. 经营预算与资本预算有何不同？

3. 经营预算能否进行调整？为什么？

第一节　酒店预算概述

当前我国酒店业面对的是成熟的市场环境，一方面，酒店产品已经基本定型，不同酒店之间产品和服务的差异化程度不断下降，同质化竞争削减了整个产业的最终利润潜力。另一方面，来自供应商的压力，人力资源的压力，使酒店经营成本逐年结构性上升；来自客户的压力，不可避免地要求酒店在价格、质量和服务内容上做出更多让步；大量的替代竞争对手和潜在进入者也合力挤压现有酒店的市场空间。在此情况下，酒店要想做大、做强，单靠扩大市场份额是不够的，必须对外寻求市场空间，发现潜在宾客群体，寻求新的利润增长点。

预算管理是科学合理地利用市场环境资源，优化酒店人、财、物的配置，提高管理效率及经济效益的重要手段。

一、酒店预算的含义

酒店预算是以货币计量形式，预计酒店在预算期内各个经营领域所要达到的利润目标，以及为实现这一目标如何运用酒店资金、资源的一项综合性计划。

通过预算的制定，可以明确工作目标、协调各部门之间的关系、控制各部门日常活动、考核各部门工作业绩。

二、酒店预算的分类

（一）按预算反映的内容划分

1. 经营预算

经营预算也被称为收入和费用预算或损益预算，指酒店在一个经营周期基本活动中所发生的收入和成本费用的预算。其中最主要的是销售预算，其他的各项成本、费用则是根据销售预算的业务量分别编制的。经营预算不仅包括客房、餐饮、康乐、商场和其他收益中心部门的预算，还有行政管理、营销、财务、人力资源、设备管理等服务中心的预算。

2. 非经营性费用预算

非经营性费用预算是指酒店业主承担的非经常性支出预算，是由酒店财务部配合业主财务总监，在业主财务总监的指导下编制。它主要包括固定资产折旧、房屋使用占用费、房产税、财产保险、无形资产、上缴集团的管理费、装修及大修理费、贷款利息支出等各项支出预算。

在一些采用委托管理方式的酒店，需要单独考虑非经营性费用预算。其他管理方式的酒店可将此内容并入经营预算中。

3. 现金预算

现金预算表明在预算期内对现金的需要量，它是以收入和支出预算中的基本数据为基础编制的。现金预算并不一定能显著改变酒店的利润额，但它有助于保证酒店流动性资金。

4. 资本预算

资本预算又称资产重置预算，是对酒店的固定资产的购置、扩建、改造、更新以及其他投资等所做的预算。资本预算一般是由酒店工程部会同财务部共同编制，主要包括：固定资产购置、基建投资和更新改造预算。编制的内容包括：资产购置或投资的时间、内容、资金的来源、可获得的收益、现金净流量、投资回收期等。在实行委托管理的酒店里，由经营管理者提出每个年度所需要固定资产购置、更新改造等资本性支出预算草案，经业主审批后由业主提供预算资金。

5. 资产负债预算

资产负债预算是财务预算中的决策性预算，是在预算期末时点上，对各项资产占用、各项负债及所有者权益情况的预算，它是根据酒店经营损益预算中的营业收入预算以及为完成营业收入目标需要占用的资产量和现金预算等有关数据编制的。它反映预算期末和期初比较各项资产的增减变化量、负债及所有者权益的增减变化量。编制资产负债预算，实际上就是对资金筹资、资金投放、各项资产利用以及利润分配的全面检查和修正，保证酒店业务经营活动顺利进行，完成营业收入指标，最终完成既定的利润目标。

（二）按预算编制的时间划分

1. 长期预算

长期预算为预算期在一年以上的预算，包括长期销售预算和资本支出预算，有时还包括长期资金筹措预算和研究与开发预算。

2. 短期预算

短期预算为预算期在一年以内的预算，一般是指年度预算，或者时间更短的季度或月度预算。

相关链接　搜索

某酒店年度预算编制服务流程与规范

流程名称	年度预算编制服务流程与规范	文件受控状态			
		文件管理部门			
服务流程	服务规范				
制定编制方针	1. 制定编制方针 （1）酒店总经理和财务总监根据酒店的战略发展目标，确定下年度酒店的整体经营目标和财务目标 （2）酒店总经理召集预算管理委员会，根据酒店下年度的财务目标并结合之前的预算情况制定预算编制方针和大纲				
编制财务预算	2. 各部门编制财务预算 （1）财务处向酒店各部门下发预算编制方针和大纲 （2）酒店各部门根据预算编制要求，编制本部门的预算并报财务处 （3）在各部门编制预算的过程中，财务处要为其提供各种预算资料（如现金流量、收入、成本、资产、负债）				
形成预算初稿	3. 形成年度预算初稿 （1）财务处汇总各部门预算并经测算、平衡、审核后，形成年度预算初稿，并上报预算管理委员会审批 （2）预算管理委员会召开会议讨论年度预算初稿并提出修改意见				
修改预算初稿	4. 修改年度预算初稿 （1）财务处召集酒店各有关部门，下达预算管理委员会的修改意见 （2）各有关部门按照预算管理委员会的意见进行修改后再报财务处				
确定年度预算	5. 确定年度预算 （1）财务处再次汇总修改后的各部门预算，将酒店年度总预算上报预算管理委员会审批 （2）预算管理委员会审批通过后，报总经理审批 （3）总经理审批后，财务处向各部门下发酒店年度总预算				
相关说明					
编制人员		审核人员		批准人员	
编制日期		审核日期		批准日期	

——资料来源：王宏．酒店服务精细化管理全案［M］．北京：人民邮电出版社，2009.

第二节　编制酒店预算的方法

酒店预算的编制是一项专业技术要求很高的工作，必须采用专门的方法进行，酒店可以根据预算项目内容的不同分别采用固定预算、弹性预算、增量预算、零基预算、定期预算、滚动预算等方法进行。

一、固定预算与弹性预算

编制预算方法按业务量基础的数量特征不同，可以分为固定预算和弹性预算。

（一）固定预算

固定预算，又称静态预算法，是按照某一固定的业务量来编制预算的一种方法。即假定在预算期内业务量是不变的。在市场竞争环境中，对于现实酒店的经营来说，有些预算项目是随着业务量变化而发生改变的。如随着餐饮收入的增加、餐饮成本相应会增加；但是有些项目并不随业务量变化而变化，如固定资产折旧、办公费等。所以这种方法适用于业务量水平较为稳定的生产和销售业务的成本费用预算的编制，如非经营性项目支出中固定资产折旧或贷款利息预算编制。

（二）弹性预算

弹性预算，又称动态预算或滑动预算，是在成本习性分析的基础上，依据业务量、成本和利润之间的联动关系，按预算期可能的一系列业务量水平编制预算的方法。弹性预算的特点是当酒店预算年度销售量发生变化时，预算控制数可随着业务量变化做出调整，使之能真实反映酒店在某一特定营业规模上应当发生的费用开支或取得的收入和利润。

弹性预算适用于随业务量变化而变化的预算项目，如成本预算、费用预算。其基本计算公式为：

$$成本的弹性预算 = 固定成本预算数 + \sum（单位变动成本预算数 \times 预计业务量）$$

弹性成本预算的编制方法有公式法和列表法。

1. 公式法

公式法是指运用成本总额与业务量之间数量关系的习性模型（$Y=a+bX$）来直接推算弹性成本的预算方法。式中：a 为固定成本，b 为变动费用率，Y 为预算成本数，X 为业务量。

例 8-1　开立酒店营业费用中的洗涤费，按照以往经验，占客房收入的 1%，已知当期客房收入为 2000 万元，用公式法计算得出当期洗涤费的预算为 20 万元（2000 × 1%=20）。

如果有些成本项目属于混合成本应采用高低点法分解成变动成本和固定成本后再进行计算。

例 8-2　开立酒店餐饮部煤气费预算，煤气公司每年的固定收费为 3600 元（每月 300 元），按小时计算，根据以往经验，煤气变动费用是餐饮收入的 1%，假定当年餐饮收入为 200 万元，则煤气费预算为：

$$Y=a+bX=0.36+200\times 1\%=0.36+2=2.36\text{（万元）}$$

以此类推，可以计算出开立酒店当期的营业费用预算表，如表 8-1 所示。

表8-1　营业费用预算表（公式法）

单位：万元

客房收入	1500 ~ 1600		1600 ~ 1700		1700 ~ 1800		1800 ~ 1900		1900 ~ 2000	
费用 / 项目	*a*	*b*	*a*	*b*	*a*	*b*	*a*	*b*	*a*	*b*
水电费	0.05	10%	0.05	10%	0.05	10%	0.05	10%	0.05	10%
物料消耗		3%		3%		3%		3%		3%
洗涤费		1%		1%		1%		1%		1%
运输费		0.2%		0.2%		0.2%		0.2%		0.2%
工　资	50		50		50		60		60	
广告宣传费	20		20		20		25		25	
修理费	20		20		25		25		30	
折旧费	10		10		10		10		10	
财产保险费	2		2		2		2		2	
其　他	15		15		15		15		15	

注：a 为固定成本，b 为变动费用率。

2. 列表法

列表法是通过列表的形式，在相关范围内，每隔一定业务量范围计算相关数值来编制预算的方法，如表 8-2 所示。

表8-2 营业费用预算表（列表法）

单位：万元

费用类型	收入 项目	1500 ~ 1600	1600 ~ 1700	1700 ~ 1800	1800 ~ 1900	1900 ~ 2000
变动费用	水电费	160.05	170.05	180.05	190.05	200.05
	物料消耗	48	51	54	57	60
	洗涤费	16	17	18	19	20
	运输费	3.2	3.4	3.6	3.8	4
半变动费用	工资	50	50	50	60	60
	广告宣传费	20	20	20	25	25
	修理费	20	20	25	25	30
固定费用	折旧费	10	10	10	10	10
	财产保险费	2	2	2	2	2
	其他	15	15	15	15	15

从表中可见，当收入在1700万~1800万元时，水电费、物料消耗、洗涤费用、运输费这些变动费用随业务量增多而增多，但是固定费用始终保持不变。也就是说收入在1700万~1800万元时，工资、广告宣传费预算不变，但是修理费预算比原来的区间收入增加5万元。

列表法可以直接从表中看到各业务量水平下的成本预算，便于预算的控制和考核。在实际运用时可以将公式法和列表法结合使用。

课堂思考

请结合你所了解的酒店，谈谈哪些项目预算是采用公式法，哪些项目预算是采用列表法。

二、增量预算与零基预算

编制预算的方法按其编制的基础不同，分为增量预算和零基预算。

（一）增量预算

增量预算是指在基期水平基础上，分析预算期业务量水平及有关影响因素的变动情况，通过调整基期项目和数额，编制相关预算的一种方法。

例 8–3　某酒店基期餐饮营业费用为 5 万元，为了响应国家创建绿色饭店的要求，饭店进行节能减排的改造，计划期收入在增长 10% 的基础上，费用率比基期下降 2%，则饭店计划期餐饮营业费用为：

$$营业费用预算 = 5 \times（1-2\%）=4.90（万元）$$

增量预算方法的假定前提有：现有的业务活动是企业必需的；原有的各项业务都是合理的。

由于增量成本费用预算是不加分析地保留或全部接受以往合理与不合理的因素，容易造成成本费用水平逐年上升，不利于企业未来长期发展。

（二）零基预算

零基预算是以零为基础编制预算的方法，在编制成本费用预算时，不考虑以往期间费用项目和费用数额，主要根据预算期的需要和可能分析费用项目和费用数额的合理性，综合平衡编制费用预算的一种方法。如酒店员工岗前培训项目、客房电器维修项目等，可根据实际需要进行估算。

零基预算的优点：不受前期费用项目和费用水平的制约，能够调动各部门降低费用的积极性。但是需要结合酒店可支配资金予以考虑，以合理安排预算项目的支出。

例 8–4　某经济型酒店基期末，各部门提出的费用预算项目如表 8–3 所示。

表8–3　零基预算编制费用预算表

单位：万元

预算提出部门	项　目	预算金额
公关销售部	广告费	10
人力资源部	培训费	5
行政办公室	房租费	10
工程部	大修理费	18
合　　计		43

根据历史资料，对各项成本费用进行分析：房租费、大修理费为必须支付的项目，预算应优先安排；培训费和广告费，可根据资金可用量大小灵活安排。假定酒店高层审

定后的总金额为 38 万元，则预算分配为房租 10 万元，大修理费 18 万元，余下的 10 万元，按照广告费和培训费可能带来的收益进行分配，如表 8–4 所示。

表8–4　酒店广告费和培训费预算金额分配表

单位：万元

项目	预算金额（审批前）	预计带来收益	预算金额（审批后）
广告费	10	40	8.42
培训费	5	7.5	1.58

课堂思考

2020 年 12 月一家业主方财务总监，认为酒店管理公司提交的年度利润预算过低，仅为 3000 万元利润预算额。他要求年度利润预算不得少于 3300 万元，请分析这是何种预算编制方法?

三、定期预算和滚动预算

编制预算方法按其预算期的时间特征不同，可以分为定期预算和滚动预算。

（一）定期预算

定期预算是指在编制预算时以不变的会计期间（如日历年度、季度、月份）作为预算期的一种预算编制的方法。

定期预算的优点是能够使预算期间与会计年度相配合，便于考核和评价预算的执行结果；缺点是不利于前后各个期间的预算衔接，不能适应连续不断的业务活动过程的预算管理。

（二）滚动预算

滚动预算又称连续预算法或永续预算法，是在上期预算完成情况基础上，调整和编制下期预算，并将预算期间逐期连续向前滚动推移，使预算期间保持一定的时期跨度。

滚动预算按滚动的时间单位不同可以分为逐月滚动、逐季滚动、混合滚动。

1. 逐月滚动预算法

逐月滚动预算法是指在预算编制过程中，以月份为预算的编制和滚动单位，每个月调整一次预算的方法。如在 2019 年 1 ～ 12 月的预算执行过程中，需要在 1 月末根据当月预算执行的情况，修订 2 ～ 12 月的预算，同时补充 2020 年 1 月份的预算。在 2019 年 2 月末，需要在 2 月末根据当月预算执行的情况，修订 3 ～ 12 月的预算，同时补充 2020 年 2 月份的预算，以此类推，如表 8–5 所示。

表8–5　逐月滚动预算编制表

第一年（2018 年）						第二年（2019 年）												第三年（2020 年）					
7月	8月	9月	10月	11月	12月	1月	2月	3月	4月	5月	6月	7月	8月	9月	10月	11月	12月	1月	2月	3月	4月	5月	6月
预算预测		预算准备		预算编制		B	B	B	B	B	B	B	B	B	B	B	B						
						实际数	A	A	A	A	A	A	A	A	A	A	A	B					
							实际数	A"	A"	A"	A"	A"	A"	A"	A"	A"	A"	A	B				

注：通过各月份实际发生数和预算数分析，修改下期及后期的预算数。表中预算数用 B 表示，调整后的预算数用 A 表示。

2. 逐季滚动预算法

逐季滚动预算法是指在预算编制过程中，以季度为预算的编制和滚动单位，每个季度调整一次预算的方法，如表 8–6 所示。

表8–6　逐季滚动预算编制表

第一年			第二年				第三年	
第三季度		第四季度	第一季度	第二季度	第三季度	第四季度	第一季度	第二季度
预算预测	预算准备	预算编制	B	B	B	B		
			实际数	A	A	A	B	
				实际数	A	A	A	B

注：通过各季度实际发生数和预算数分析，修改下期及后期的预算数。表中预算数用 B 表示，调整后的预算数用 A 表示。

3. 混合滚动预算法

混合滚动预算法是指在预算编制过程中，同时使用月份和季度作为预算的编制和滚动单位的方法。

逐月滚动预算法：较精确、工作量大。逐季滚动预算法：精确度较差、工作量小。混合滚动预算法：简化长期计划，使得近期计划详细，远期计划简略，减少工作量。在实际工作中，酒店采用何种滚动预算编制方法应结合自身情况而定。

相关链接 搜索

各种预算方法的比较

预算种类	方　法	要　点
固定预算	适用于固定成本费用预算的编制	固定成本费用的划分
弹性预算	适用于变动成本费用预算的编制	变动成本费用的划分，对于某些选择性固定成本费用预算也可以考虑用这种方法编制
增量预算	适用于影响因素简单和以前年度基本合理的预算指标编制	合理使用增量法，可以减少预算编制的工作量，但应详细说明增减变动原因
零基预算	适用于以前年度可能存在不合理或潜力比较大的预算指标编制	使用周期不宜过短，否则会增加工作量
定期预算	适用于固定资产、部门费用、咨询费、保险费、广告费等预算的编制	合理使用定期预算，可以减少预算编制的工作量
滚动预算	适用于定期预算以外的指标预算的编制	通常按季度滚动，每季度第三个月中旬着手滚动预算编制工作

——资料来源：作者收集并整理。

上述六种预算编制方法各有优缺点，企业应结合自身的具体情况及不同业务活动特点，按照成本—效益原则，在有利于提高预算管理效率的基础上，选择适宜的预算编制方法或多种方法的组合。

课堂思考

JM 酒店是一家高档商务型公寓酒店，以往多采用增量预算法编制预算，虽然简单，但是暴露出很多问题，预算执行不到位。为此酒店经过充分的市场调研和内部沟通，对营业收入、营业成本、营业费用等项目进行细分，采用增量预算与零基预算相结合的方法编制预算，具体调整内容如下：

JM酒店部分预算项目编制基础及方法

预算项目	编制基础	编制方法
客房收入预算	客房总数、预期客房出租率、预期房价、可入住天数、预期折扣	零基预算
餐饮收入预算	预期客房出租率、餐厅上座率、客人消费水平、预期营业天数	零基预算
餐饮成本预算	预期客房出租率、餐厅上座率、原材料及配料的物价变动	零基预算
人力成本预算	新增人力需求计划、员工薪酬变动情况、同行业薪酬变动水平	增量预算
行政办公费预算	预期通信增减情况、预期出差变动情况、预期车辆交通使用情况	零基预算
市场推广费预算	广告费预测值、微信平台维护费预测值、同行业广告促销策略、市场推广计划	零基预算
能源消耗费预算	预期客房出租率、餐厅上座率、能源价格	零基预算
能源保养费预算	设备更新置换计划、预测设备损耗率、历年维修保养费	增量预算
财务费用预算	汇率变动预测、当期财务费用发生额	增量预算

请同学们分析讨论，JM 酒店针对哪些预算项目编制采用增量预算，针对哪些预算项目编制采用零基预算，为什么？

——资料来源：王雨宁 . JM 酒店全面预算管理现状及优化研究［D］. 山西大学，2019.

第三节　编制酒店预算

酒店经营的目的是实现收入，同时要承担相应的成本费用支出，这些收入、成本费用（包括税金）、利润的预算编制，需要经过科学的计量和合理的预测才能使预算具有控制和考核的作用。

从损益预算表及各部门利润预算表、有关费用预算表中可见：酒店是按收入与费用配比原则来划分损益的。酒店各营业部门承担的工资、福利、办公用品费用等来考核各营业部门的经营情况。对于酒店非营业部门所产生的费用如行政管理费、人力资源费、工程维修材料费、能源消耗等无法分摊到具体营业部门中的，则单独编制费用表予以反映。

相关链接 搜索

酒店预算编制的部门分工

经营预算，是酒店日常发生的各项基本活动的预算。其中最主要的是销售预算，其他的各项成本、费用则是根据销售预算的业务量分别编制的。经营预算主要包括的内容及分工见下表。

酒店预算编制的部门分工表

序　　号	经营预算内容	分　　工
1	销售收入预算	市场销售部
2	营业成本预算	营业部门
3	销售费用预算	营业部门
4	人工成本及员工福利预算	人力资源部
5	教育培训费预算	人力资源部
6	市场推广费用预算	市场销售部
7	行政管理费用预算	管理部门
8	能源燃料预算	工程部
9	采购预算	财务部
10	维修费用预算	工程部

一、营业收入预算的编制

营业收入是指酒店按照一定价格，通过提供劳务或出租、出售等方式所取得的货币收入，包括客房收入、餐饮收入、康乐收入、商品销售收入、租金收入、洗衣收入、交通运输收入、服务费收入及杂项收入等。酒店营业收入预算的编制一般是以各营业点为独立核算部门进行编制的。

酒店的营业收入总额等于各部门的营业收入之和。但是对于服务费的归类，国内外酒店处理方法不同。在我国，酒店是将其作为营业收入列支的，而国际酒店管理公司是将其作为员工福利的减项进行列支的。

营业收入预算必须以销售预测为基础。销售预测是在市场调查研究的基础上，确定酒店的市场营销目标，从而预测在一定时期酒店需要达到的经营目标。下面以酒店几个主要部门为例加以说明。

（一）客房营业收入预算的编制

1. 计算公式

客房营业收入的预算可以按下面的公式计算：

客房部预算营业收入＝可供出租客房数 × 预计出租率 × 预计平均房价 × 预算期营业天数

其中，

预计出租率＝（预计出租客房数 ÷ 可供出租客房数）×100%

预计平均房价＝客房营业收入总额 ÷ 预计出租客房数

2. 考虑因素

（1）可供出租客房数。可供出租客房数是根据各房型数确定，如高级房、豪华房、行政房、行政套房、总统套房等，不同房型房间数不同。

（2）预计出租率。预计出租率有两种计算方式，一种是先计算出每月出租率，然后再得出年度累计平均出租率；另一种是先确定年度平均出租率再摊算到每个月的出租率。分摊到每个月的出租率不是相等的，因为酒店经营有淡季和旺季之分，同时也会受到经济、政治、自然灾害等其他因素的影响。

（3）平均房价。平均房价有两种计算方法，一种是先计算出各房型的价格，然后计算出酒店每月的总平均房价；另一种是先确定总的目标房价，然后再计算出各房型的平均房价。

（4）外汇汇率风险。我国酒店除了接待内宾外，还接待国外游客，一些酒店在向海外旅行社、订房中心以及酒店自管的网站实行美元报价，要对外汇汇率风险予以考虑，一般酒店会在销售合同中注明：汇率按月初国家公布的中间价结算。

酒店各房型的不同出租率下的营业收入预算如表 8–7 所示。

表8–7 某酒店客房营业收入预算表

单位：元

客房类型	数量（间／套）	挂牌价格	平均出租率（%）	数量／年	平均售价	客房收入预测	每月平均收入
标准间	16	558	80	4672	320	1495040	124587
小　标	52	380	80	15184	240	3644160	303680
单人间	78	360	70	19929	260	5181540	431795
单人套	30	668	60	6570	400	2628000	219000
小　套	12	588	60	2628	360	946080	78840
标准套间	22	621	60	4818	380	1830840	152570
豪华单间	12	828	40	1752	496	868992	72416
三人间	12	728	40	1752	420	735840	61320
豪华三人间	3	828	20	219	560	122640	10220
豪华双人间	2	868	40	292	520	151840	12653
商务套间	2	780	30	219	480	105120	8760
合　计	241		65.98	58035	305	17710092	1475841

例 8–5 开立酒店有客房 500 间，预计 2021 年 6 月出租率可达到 78%，预计平均房价为 400 元，则预计 6 月份的客房收入为：

客房部预算营业收入 =500 × 400 × 78% × 30=4680000（元）

决定客房营业收入的因素主要有客房出租率和房价。一般情况下，出租率越高，客房营业收入就越多，但是并非出租率越高，客房收入就越高。这是因为酒店常常要给予客人提供优惠或减免，或者是自然灾害或其他风险等原因使房价发生了变动，也会导致营业收入并非发生同向增加。因此，在编制客房营业收入预算时，要充分考虑各种因素，这样才能使编制的预算接近实际情况。

例 8–6 接例 8–5，以往三年（2018 年、2019 年、2020 年）的 6 月份客房营业收入分别为 4008000 元、4208400 元、4418820 元，销售量每年基本递增 5%。经过销售定量与定性预测分析，将有一次全国商贸洽谈会于 2021 年 6 月在本市召开，预计商务客流的增加会提高酒店客房出租率，客房销售量将比上年同期增长 10%，客房营业收入达 4860000 元。预计此时出租率为 81%［4860000 ≈ 4418820 ×（1+10%）］。

如果预计到商务客人对房价的提升并不敏感，且酒店所处位置在大型会议举办的周围，是商务客人入住的选择对象，因此酒店决定在 6 月 1 日起将房价从 400 元调整到

430 元，由此增加客房营业收入 364500 元。

500 ×（430–400）× 81% × 30=364500（元）

再根据以往酒店的减免及优惠资料，预计会占到酒店客房营业收入的 2%，则计算结果为：

扣除减免及优惠后的客房营业收入 =（4860000+364500）×（1–2%）=5120010（元）

在考虑了上述因素后，酒店的客房营业收入预算是 5120000 元，比原来预测的 4680000 元增加了 440000 元。

（二）餐饮营业收入预算的编制

餐饮营业收入包括食品收入和饮料收入，在考虑年度预算时可分开编制。

编制餐饮营业收入预算，要结合客房出租率、客人入住量及停留时间、消费能力、消费习惯，还要结合酒店应季的促销手段一并考虑。由于早、中、晚餐的周转率不同、人均消费水平不同，所以应该针对不同餐厅、不同就餐时间分别计算，然后再汇总。可用下列公式计算：

某餐厅营业收入预算 = 餐厅人均消费额 × 餐厅座位数 × 餐厅上座率 × 预算期营业天数

为了简便，我们可以先计算出餐厅就餐人数，然后再计算餐厅营业收入。其计算公式为：

餐厅就餐人数 = 餐厅座位数 × 餐厅上座率 × 预算期营业天数

餐厅就餐人数反映了餐饮部的接待能力，是根据不同的餐厅的餐位数或上座率（或餐位周转率）来确定的，如酒店的大堂吧、中餐厅、西餐厅、风味餐厅等是不同的餐饮类型，其就餐人数也是不同的。

例 8–7　开立酒店 2019 年全年餐饮收入预算如表 8–8 所示。

表8–8　餐饮收入预算表

单位：元

项目 \ 月份	全年预算	1 月	2 月	3 月	9 月	10 月	11 月	12 月
中餐部：	2327120	206061	229200	288279	300056	219546	229390	229400
人均消费	78	100	76	80	74	74	76	76

续表

项目 \ 月份	全年预算	1月	2月	3月	9月	10月	11月	12月
人数（人）	29827	2069	3014	3623	4040	2977	3007	3011
** 早餐：	1339770	83691	136680	163659	185436	136680	136680	136680
人均消费	51	51	51	51	51	51	51	51
人数（人）	26270	1641	2680	3209	3636	2680	2680	2680
** 零点中市：	335790	49000	27000	53940	29120	27146	27160	26966
人均消费	273	280	270	290	280	277	280	278
人数（人）	1230	175	100	186	104	98	97	97
** 零点夜市：	651560	73370	65520	70680	85500	55720	65550	65754
人均消费	280	290	280	310	285	280	285	281
人数（人）	2327	253	234	228	300	199	230	234

表中先分别计算出早餐、零点中市、零点夜市的人均消费和人数后，即可计算出各餐饮类型的收入，然后将其加总后即为当期的中餐营业收入。如1月份中餐营业收入为：

$$
\begin{aligned}
1\text{月份中餐营业收入} &= \sum(1\text{月份早餐收入}+\text{零点中市收入}+\text{零点夜市收入}) \\
&= \sum(51\times1641+280\times175+290\times253)=206061(\text{元})
\end{aligned}
$$

那么，如何计算1月份中餐的人均消费额呢？从表中可知，早餐、零点中市、零点夜市三者人数合计数为2069，只要将1月份中餐营业收入除以人数即可得人均消费额约100元/人（206061÷2069）。以此类推求得2月、3月……12月的数字，最终计算出全年的中餐营业收入。

（三）商场营业收入预算的编制

商场营业收入预算的编制，可以根据各类商品预计销售量和预计销售价格来计算，其计算公式为：

$$\text{商场营业收入预算}=\sum(\text{某类商品预计销售量}\times\text{预计销售价格})$$

另外一种计算方式是：将商品按类别划分为不同的营业柜组，分别预测各营业柜组在预算期内的主营业务收入。商品营业收入一般呈递增趋势，所以应选择能够反映发展趋势的预测方法。一是根据商场前几年各营业柜组的营业收入历史数据来编制；二是计算出各月份的季节指数；三是以各营业柜组为基础，用平均发展速度计算出下年度商场各柜组营业收入。

例 8-8　开立酒店根据客房出售及餐饮销售情况，预计本年零售和批发的销量和销售价格，编制预算表如表 8-9 所示。

表8-9　开立酒店商场部营业收入预算表

单位：元

项目＼月份	全年合计	1月	2月	3月	8月	9月	10月	11月	12月
百货柜	1800000	130000	130000	160000	130000	180000	180000	140000	150000
食品柜	1260000	100000	100000	110000	100000	110000	110000	100000	110000
合　计	3060000	230000	230000	270000	230000	290000	290000	240000	260000

（四）康乐部及其他营业项目收入预算的编制

酒店康乐部（又称娱乐部）属于配套服务部门，一般经营项目包括游泳、健身、美容美发、桑拿、舞厅、KTV、沐浴、保健按摩、保龄球、网球、高尔夫、棋牌等。一般康乐部的营业收入预算编制方法同商场营业收入预算。

其他营业项目主要是酒店为客人提供延伸服务的产品，为满足客人的各种需求而设置的。如为客人提供的收发传真、复印、打印、上网等的商务中心服务，为客人提供的洗衣服务以及为客人提供的接送机（站）车队服务、票务服务、小酒吧服务、长途电话（国际、国内）服务、停车服务等。

在编制其他营业项目预算时，首先，要确定本酒店的经营项目，每个项目存在的市场接受度及预计销售量和销售价格。随着酒店业的快速发展，一些原有的服务项目逐步消失，如由于智能手机的普及，电脑的更新换代，商务中心原有的长途电话收入、上网收入等在减少。其次，根据客房销售量来确定营业收入。其计算公式为：

$$其他项目营业收入预算 = 客房销售间数 \times 测算比例 \times 平均价格$$

$$客房销售间数 = 可供出租客房数 \times 客房出租率$$

例 8-9　开立酒店预计 6 月份客房出租率为 81%，客房销售间数 500 间，预计使用票务服务的客人比例为 30%，使用停车服务客人的比例为 60%。假定票务代理手续费收入为 20 元 / 次，停车服务每小时 10 元，预计每位客人停车 2.1 小时。请计算 6 月份酒店的票务收入和停车费收入是多少？

$$票务收入 =500 \times 81\% \times 30\% \times 20=2430（元）$$
$$停车费收入 =500 \times 81\% \times 60\% \times 10 \times 2.1=5103（元）$$

二、成本费用预算的编制

酒店成本费用预算的编制需要分别预估酒店营业成本、经营费用、税金和非经营费用。

（一）营业成本预算的编制

从酒店经营过程来看，客房收入虽然在酒店收入占较大比重，但是对于发生在客房销售过程中的直接支出，即可直接列示为营业成本的项目很难予以准确合理的计算，如鲜花、洗涤剂、家具的损耗、设备的折旧、房屋建筑物的折旧和维修等，为了简化工作，因此将归集在客房中所发生的支付视同为间接支出记为经营性费用。在下文中将对经营性费用预算做介绍。

酒店的餐饮原料从采购、生产到销售有一个完整的过程，可以清晰地归集发生在餐饮收入取得过程中的直接支出是多少，商场部向客人销售商品也可以清晰地归集发生在商品销售收入上的直接支出是多少，因此酒店的营业成本预算包括餐饮成本预算和商品成本预算。

1. 餐饮成本预算的编制

酒店在长期的经营过程中，会形成较为稳定的成本标准—成本率指标，尤其是运用标准菜谱的企业和餐饮预测准确度较高的企业，其餐饮成本比率变化相对固定。

餐饮营业成本主要指酒店各餐厅制作食品和饮料的消耗成本，包括原材料、辅料、调料、饮料的采购成本。酒店可根据详细的历史数据结合物价指数和市场环境，合理估计成本率。

$$食品（饮料）成本率 = \frac{食品（饮料）成本}{食品（饮料）收入} \times 100\%$$

例 8–10 开立酒店翠竹厅 2016 ~ 2020 年的食品收入、食品成本率和饮料收入和饮料成本率数据如表 8–10 所示，餐饮部王经理会同市场销售人员预测 2021 年食品收入和饮品收入分别为 1508700 元和 607100 元，请计算 2021 年食品成本和饮料成本是多少？

表8-10　开立酒店翠竹厅餐饮收入、成本预算表

单位：元

年　份	食品收入（元）	食品成本（元）	食品成本率	饮料收入（元）	饮料成本（元）	饮料成本率
2016	1256500	427210	34%	437800	113828	26%
2017	1319325	448571	34%	477202	124073	26%
2018	1372098	466513	34%	515378	133998	26%
2019	1536750	522495	34%	561762	146058	26%
2020	1495587	508500	34%	584233	151900	26%
2021	1508700			607100		

由表 8-10 可见，2016 ~ 2020 年开立酒店翠竹厅的食品成本率一直是 34%，饮料成本率为 26%，预计 2021 年饭店的经营策略和市场环境不会有大的改变，可以采用原有的成本率来估算 2021 年的相关数据，计算结果为：

$$2021\text{ 年食品成本预算} = 1508700 \times 34\% = 512958\text{（元）}$$
$$2021\text{ 年饮料成本预算} = 607100 \times 26\% = 157846\text{（元）}$$

2. 商品成本预算的编制

酒店商场部商品种类多样，每种商品的进价和售价以及销售毛利率均不相同，在编制商品成本预算时，可采用两种方法：

（1）按进价成本确定预算数。这要求酒店能合理预估未来销售商品的成本是多少，然后将各类商品的成本乘以商品销售量即计算出预算期商品成本预算数额。

（2）按销售毛利率计算。按照各商品的毛利率分别计算各类商品的预算成本，用公式表示为：

$$\text{商场营业成本预算} = \sum [\text{预算期某类商品预计销售额} \times (1 - \text{该类商品销售毛利率})]$$

例 8-11　开立酒店商场部有 3 个柜台，分别是百货柜、工艺品柜、食品柜，它们的销售毛利率分别为 35%、55%、30%，则商场部成本预算表如表 8-11 所示。

表8-11　开立酒店商场部成本预算表

项目＼类别	百货类	工艺品类	食品类
营业收入预算（元）	700000	1200000	260000
毛利率（%）	35	55	30

续表

项目＼类别	百货类	工艺品类	食品类
毛利额（元）	245000	420000	91000
营业成本预算（元）	455000	780000	169000

相关链接 搜索

销售毛利率

销售毛利率是毛利占销售净值的百分比，通常称为毛利率。其中毛利是销售净收入与销售成本的差。

销售毛利率计算公式：销售毛利率 =（销售净收入 − 销售成本）/ 销售净收入 ×100%。销售净收入 = 销售收入 − 销售退回和折让。

销售毛利率表明 1 元销售收入扣除销售成本后，有多少钱可以用于弥补各项期间费用从而计算出商品销售利润。一般而言销售毛利率越大，企业未来获利的可能性就越大，因此销售毛利率是企业销售净利润率的最初基础，没有足够大的毛利率便不能盈利。

例如，某公司 2019 年商品销售总收入为 300 万元，其中销售折扣为 20 万元，销售成本为 220 万元，该年度公司的销售费用为 8 万元，管理费用为 10 万元，则该公司的销售毛利率为 21.43%［300−20=280,（280−220）÷280=21.43%］，当期的销售利润为 42 万元，销售利润率为 14%（42/300）。假定其他条件不变，公司年度销售成本为 180 万元，请计算销售毛利率和销售利润率。

（二）经营费用预算的编制

酒店的经营费用指饭店在日常经营过程中发生的营业费用及管理费用。对于费用的预估，可以按照经营部门和管理部门分别预估。营业费用一般由酒店营业部门预计本部门的费用，如客房部、餐饮部、康乐部、商场部等。管理费用一般是由酒店非营业部门来预计。

1. 营业部门经营费用预算

酒店的营业部门是指客房（含前厅部）、餐饮、商场、娱乐、车队、商务中心、健身房等能为饭店带来收益的经营部门。营业部门中大多数费用可按它们与收入的变化关系（费用率）或者消耗定额进行预计。例如，客房部的洗涤费、修理费、物料用品消耗费都与客房出租量有关；餐饮部餐饮布件的消耗、洗涤与餐饮收入成正比变化。酒店可采用的方法是：

（1）根据历史资料可以计算得出各项费用占收入的比率。

（2）制定损耗定额标准作为编制预算的基础。酒店可以根据岗位、经营和管理的需要确定某项费用的定额或标准，如每间出租房单位定额耗用标准、餐饮物品消耗定额等。

（3）根据基期增减法确定，在基期实际数据的基础上，考虑未来的变化情况，确定预算指标：某项预算指标＝基期指标 ×（1 ± ×%）。

（4）根据可竞争成本率法确定，根据行业平均指标或本地区其他竞争对手的成本率情况提出市场可竞争的成本率水平，并根据该成本率进行预算指标的确定：

某项目预算指标＝预计收入 × 可竞争成本率。

例 8-12　开立酒店对酒店布草洗涤费用分别采用历史资料分析法和消耗定额法预计 2021 年的预算数额，具体内容如表 8-12 所示。

表8-12　历史资料分析法和消耗定额法的运用

历史资料分析法	消耗定额法
1. 资料 开立酒店客房收入预算 2200 万元。根据历史资料测算出最近三年客房部物料消耗费占客房收入的比率分别为 3.2%、3.5%、3.4%，近三年该指标基本稳定在 3.2% ~ 3.5%	1. 资料 酒店客房收入预算 1500 万元。根据历史资料测算得出，每间出租客房的布草洗涤消耗为 9.5 元
2. 预算 综合考虑物价上涨指数和酒店成本控制的需求，确定预算期费用率继续控制为 3.5% 客房物料消耗费预算：2200 × 3.5%=77（万元）	2. 预算 预计年度客房出租总量为 82300 间 客房物料消耗费预算：8.23 × 9.5=78.185（万元）

经营费用中，根据费用开支项目与经营业务量的关系不同，划分为固定费用和变动费用。固定费用不随业务量变化而变化，通常包括部门的工资、福利、工作餐、服装、保险等费用。由于这部分费用比较稳定，可以根据经验和预期变化估计预算期内费用额度。

例 8-13　开立酒店中餐厅 5 月份的营业收入为 320800 元，出租率为 55%，如果出租率提高 2%，收入将增长 5%。餐厅经理会同财务部经理一起拟订了 6 月份预算方案，如表 8–13 所示。

第一步：理清变动费用和固定费用，确定预算标准。

表8–13　酒店中餐厅预算标准

项　　目	预算标准
一、工资	
固定工资	20 万元
提成工资	餐饮收入为 550000 元，提成工资奖励为 2%，增长部分提成工资 10%
二、食品成本	占餐饮收入的 35%
三、饮料成本	占餐饮收入的 20%
四、营业费用	
水电消耗	占餐饮收入的 8%
物料消耗	占餐饮收入的 4%
修理费	出租率 60% 以下为 8 万元，出租率 60% ~ 80% 为 10 万元，80% 以上为 12 万元
五、其他	
固定费用	6 万元

第二步：根据酒店客房出租率拟订中餐厅预算，如表 8–14 所示。

表8–14　开立酒店中餐厅6月份预算

单位：千元

费用类型	出租率 / 收入 / 项目	55%	57%	59%	61%	63%
		500	525	550	575	600
变动费用	1. 水电费	40	42	44	46	48
	2. 物料消耗	20	21	22	23	24
半变动费用	3. 工资	200	200	211	213.5	216
	固定工资	200	200	200	200	200
	变动工资	—	—	11	13.5	16
	4. 修理费	80	80	80	100	100
固定费用	5. 固定费用	60	60	60	60	60
预计中餐厅部门利润		100	122	133	132.5	152

对于客房部营业费用预算与餐饮部类似，酒店其他营业部门如康乐、商场等部门费用预算可以按此编制。

例 8–14　开立酒店采用弹性预算中的列表法来编制客房部各项营业费用预算。有关弹性预算的内容在本章第二节已有详细介绍，开立酒店客房部营业费用预算表参见表 8–2。

2. 管理部门经营费用预算

酒店的管理部门是指行政管理部、市场营销部、工程部、人力资源部、安保部等部门。管理费用中的各项目大部分属于相对固定费用，不随营业收入增加而增加，如管理人员工资、福利费、办公费、差旅费、职工教育经费、劳动保险费、财产保险费、绿化费、设备维修费、大修理费、能源消耗费等。编制预算的方法包括：

（1）根据前 3 年平均实际发生额，结合预算期节约费用开支的要求，确定预算控制数。

（2）采用增量预算法。在基期的基础上，结合管理要求和市场环境变化，确定预算控制数。例如，酒店行政管理费 2020 年为 80 万元，预计 2021 年增加 1%，则 2021 年行政管理费为 80.8 万元。

（3）采用零基预算法编制，编制预算时不考虑以往年度实际发生数，或仅作参考，它要求预算单位提供预算数必须是合理的、必要的。

管理费用预算编制时应先由各职能部门提出项目预算草案，由财务部汇总，报预算委员会审批后正式下发。关于市场销售费用、人工成本费用、能源消耗和维修材料费用的预算及控制内容请见本书第六章。

例 8–15　某酒店 2021 年管理费用预算如表 8–15 所示。

表8–15　某酒店管理费用预算表

费用名称	预算金额	费用名称	预算金额
1. 人工费用		婚庆礼仪服务费	
工资		订房佣金	
职工福利费		4. 交际应酬费	
工会经费		5. 物料低易品	
职工教育经费		物料——办公用品	
工作餐费		物料——供应用品	
工作服费		物料——印刷品	
劳动保护费		低值——其他	

续表

费用名称	预算金额	费用名称	预算金额
2. 能源燃料费		6. 坏账及存货亏损	
水费		坏账损失	
电费		应收账款	
煤炭费		其他应收款	
煤气费		存货盘亏和毁损	
燃油（气）费		存货跌价准备	
3. 广告外事宣传		7. 装饰布置	
广告宣传费		装饰布置费	
直接广告费		8. 维修及保养	
业务宣传费		修理费	
业务推广费		设备维护保养费	
销售费用		9. 其他	

注：物料低易品是指物料用品及低值易耗品。

（三）税金预算的编制

酒店在经营过程中需要根据经营所得按照国家规定缴纳流转税和所得税。流转税一般有增值税、消费税、税金及附加（如城市维护建设税、教育费附加）。所得税主要是企业所得税。企业所得税根据会计年度纳税所得额计算并缴纳。具体相关税金的详细内容见本书第七章第三节酒店税金管理。

在编制税金预算时，先是计算出各期的营业收入净额，再乘以适用税率，计算相应的流转税。而所得税一般采用的是各期预缴，年终汇算清缴的方式。所以要根据各期的利润所得乘以适用税率计算得出。

例 8–16 开立酒店根据出租率情况预计缴纳的税金如表 8–16 所示（假定企业适用的增值税税率为 6%、城市维护建设税为 7%、教育费附加为 3%、企业所得税税率为 25%）。

表8-16　开立酒店应缴税金预算表

单位：万元

序　号	预　算 项　目	出租率（%）60	出租率（%）65	出租率（%）70
1	预算年初应缴纳税金	50	50	50
2	营业收入	3000	3600	4000
3	应缴增值税	150	180	200
4	应缴城市维护建设税（7%） = 应纳增值税税额 ×7%	10.5	12.6	14
5	应缴教育费附加（3%） = 应纳增值税税额 ×3%	4.5	5.4	6
6	税前利润	1000	1200	1300
7	应缴所得税（25%） = 税前利润 ×25% （暂不考虑纳税调整项目）	250	300	325
8	合计（8=1+3+4+5+7）	465	548	595

（四）非经营费用预算的编制

非经营费用是与酒店经营无关的，应由酒店业主方承担的费用。比如固定资产折旧、无形资产摊销、利息费用、保险费、财产税、董事会会费及其他与饭店日常经营管理无关的费用。这些费用基本是固定费用，不随着业务量的变化而变化，应根据预算年度的具体情况计算编制。非经营费用预算一般由财务部门负责编制。

例 8-17　开立酒店资本预算购置固定资产 50 万元，上年度固定资产折旧为 50 万元，假定折旧费按直线法摊销，预算期内无报废固定资产。另外，预计每年将发生的审计费 60000 元、缴纳房产税 12000 元、董事会会费 300000 元，则编制的非经营费用预算如表 8-17 所示。

表8-17　非经营费用预算表

单位：元

非经营费用	预算金额	非经营费用	预算金额
1. 折旧费	550000	4. 董事会会费	300000
2. 审计费	60000	合　　计	922000
3. 房产税	12000		

三、利润预算

预算编制的最后环节是汇总各部门预算，将酒店总收入与各项成本费用、税金配比，测算出酒店总的利润预算额。

酒店净利润预算 = 总营业收入预算 − 总成本费用、税金预算

如果净利润预算符合酒店预算目标，则预算编制完成。如果不符合董事会或业主确定的目标，则需要将预算草案返回各部门进行调整，年度预算一般经过从下到上、从上到下的几次修改才能最终编制完成。

相关链接 搜索

如何确定酒店目标利润

计算目标利润可采用如下方法：

1. 与历史数据进行对比，判断目标利润及其相关指标增长幅度的可能性。因为要实现目标利润，收入要增长多少、成本费用应控制在什么水平，均应结合市场水平进行测算。

2. 与竞争对手进行比较。同一档次、同一区域的同行酒店的销售策略、定价方式、资源采购渠道和客源类型均会影响到酒店相关指标增长的可能性。

3. 与酒店市场营销部门进行探讨，确认销售收入增长的可能性。

4. 与酒店财务及采购成本控制部门进行探讨，确认销售成本费用控制的可能性以及原材料、能源、物料用品供应的价格成本的可能性。

酒店按照销售利润率法、标杆测试法等经过综合测算，最终确定目标利润为 2535 万元，如下页表所示。

酒店目标利润的确定

测算主要项目	原有基础	测　算	最终确定
营业收入（万元）	9500	13684.21	13554.6
毛利率（%）	41	45	45.70
毛利（万元）	3895	6157.895	6194.4522
净利润率（%）	18.95	19.00	18.70
净利润（万元）	1800	2600	2535

第四节　三张会计报表预算的编制

财务预算是各项预算的最终体现，也是以销售为起点的预算控制的最终结果。财务预算包括利润预算和现金预算两部分，最终形成预计利润表、预计资产负债表和预计现金流量表。

利润预算在前文从收入、成本费用、税金逐一进行了详细描述，那么如何编制三张会计报表的预算？

本书在第五章营运资本管理中，详细说明了现金预算的编制过程，我们以综合实训中金色酒店资料为依据，分别编制金色酒店利润表、资产负债表和现金流量表三张报表的预算表。

例 8-18　2020 年和预计 2021 年金色酒店的基本资料如表 8-18、表 8-19 所示（按预计出租率为 60% 计算）。

表8-18　金色酒店2021年预计相关资料

单位：万元

收入部分	
1. 客房收入	1716
2. 电话费收入	34.32
3. 餐饮收入	757.4
住店客人就餐	257.4
定点单位用餐	500
4. 洗衣房收入	17.16
5. 商务中心	51.48
收入部分	
6. 商场	102.96
7. 其他	20
合　　计	2699.20
成本、费用税金	
1. 客房营业现金支出	98.64
工资	47.16
一次性消耗品	17.16
维修费用	34.32

续表

2. 餐饮营业现金支出	196.63
工资	35.15
原材料（计入成本）	151.48
其他	10
3. 商场营业现金支出	52.21
工资	6.03
商品采购支出（计入成本）	41.18
其他	5
4. 销售费用现金支出	73.31
工资	27.16
市场调研费	3.43
邮电通信费	1.72
其他	41
5. 税金支出	676.04
税金及附加	148.46
所得税	497.58
其他	30.00
其他项目	
1. 2021 年购置固定资产	500
2. 收回上年度应收账款	75.23
其他项目	
3. 投资短期债券	300
4. 假定本年度不存在赎购业务，也没有偿付 2020 年欠款	
5. 偿还短期借款本金 500 万元，利息 10 万元	
6. 本期税金和上期 2020 年所欠的税金都已支付	
7. 第四季度末酒店应收账款余额为 82.06 万元	
（1716+34.32+17.16）×3÷12×10%+757.4×3÷12×20%=82.06	
8. 第四季度末存货余额为 150 万元	

表8–19　金色酒店资产负债表

单位：万元

2020年12月31日

资　产	2020 年	负　债	2020 年
货币资金	170.00	短期借款	500.00
交易性金融资产	0.00	应付账款	32.00
应收账款	75.23	其他应付款	5.00
存货	50.00	应交税费	30.00

续表

资　产	2020 年	负　债	2020 年
流动资产合计	295.23	流动负债合计	567.00
固定资产	4500.00	长期借款	300.00
减：累计折旧	500.00	负债合计	867.00
固定资产净值	4000.00	实收资本	2800.00
		资本公积	200.00
		盈余公积	300.00
		未分配利润	128.23
		所有者权益合计	3428.23
资产总计	4295.23	负债及所有者权益总计	4295.23

一、预计利润表的编制

预计利润表是酒店预算期经营活动的最终财务成果，根据营业收入预算、营业成本预算、经营费用预算、非经营费用预算、税金预算来确定经营毛利（GOP）、利润总额（税前利润）、净利润（税后利润）。通过编制利润表预算，了解酒店预算期的盈利情况，以及盈利目标与董事会要求是否相符，以便进行调整。

例 8-19　根据表 8-18 的数据，编制金色酒店预计利润表如表 8-20 所示。

表8-20　金色酒店预计利润表

单位：万元

项　目	金　额	项　目	金　额
一、营业收入	2699.32	二、营业利润	1990.32
减：营业成本	192.66	加：营业外收入	—
税金及附加	148.46	减：营业外支出	—
销售费用	228.13	三、利润总额	1990.32
管理费用	129.75	减：所得税费用	497.58
财务费用	10	四、净利润	1492.74

二、预计资产负债表的编制

预计资产负债表是反映酒店在预算期结束时的财务状况，编制预计资产负债表的目的是判断预算期财务状况的稳定性和流动性。如果发现有些财务比率不佳，可以进行修改，以保证预算的科学性和合理性。

填制 2021 年预计资产负债表时需要对 2020 年的资产负债表以及前面所提供的各项预算数字进行分析。

例 8–20 根据表 8–18、表 8–19 的数据，金色酒店 2021 年预计资产负债表如表 8–21 所示。

表8–21 金色酒店2021年预计资产负债表

单位：万元

资 产	2020 年	2021 年	负 债	2020 年	2021 年
货币资金	170.00	325.91	短期借款	500.00	0.00
交易性金融资产	0.00	300.00	应付账款	32.00	32.00
应收账款	75.23	82.06	其他应付款	5.00	5.00
存货	50.00	150.00	应交税费	30.00	0.00
流动资产合计	295.23	857.97	流动负债合计	567.00	37.00
固定资产	4500.00	5000.00	长期借款	300.00	300.00
减：累计折旧	500.00	600.00	负债合计	867.00	337.00
固定资产净值	4000.00	4400.00	实收资本	2800.00	2800.00
			资本公积	200.00	200.00
			盈余公积	300.00	300.00
			未分配利润	128.23	1620.97
			所有者权益合计	3428.23	4920.97
资产总计	4295.23	5257.97	负债及所有者权益总计	4295.23	5257.97

三、预计现金流量表的编制

预计现金流量表是反映酒店预算期内的经营活动、投资活动、筹资活动各业务活动所产生的现金流入和现金流出量、净现金流量。编制现金流量表的目的在于合理估计酒店的各项现金收支、安排筹资和投资计划，保证酒店现金的正常周转使用，并提高现金的使用效率。

例 8–21 根据金色酒店现金预算表的资料表 8–18，编制 2021 年预计现金流量表如表 8–22 所示。

表8-22　金色酒店2021年现金流量表

单位：万元

项　　目	行　　次	金　　额
期初余额		170
一、经营活动产生的现金流量		
销售商品、提供劳务收到的现金（包括预收款项）		2692.49
客房、餐饮收入		2500.91
商品销售收入		102.96
其　他		88.62
收到的税费返还		0.00
收到的其他与经营活动有关的现金		0.00
现金流入小计		2692.49
购买商品、接受劳务支付的现金（包括预付款项）		290.29
其中：原料、包装物、物料和商品等		209.82
支付的能源费用		41.00
支付的修理费		34.32
支付的上网、通信费用		1.72
支付市场调研费		3.43
支付给职工以及为职工支付的现金		115.50
其中：支付的工资		115.50
支付的工资性相关费用		0.00
支付的各项税费		676.04
其中：支付税金及附加		148.46
支付的房产税和土地使用税（费）等		0.00
支付企业所得税		497.58
其　他		30.00
支付的其他与经营活动有关的现金		144.75
现金流出小计		1226.58
经营活动产生的现金流量净额		1465.91
二、投资活动产生的现金流量		0.00
收回投资所收到的现金		0.00
取得投资收益所收到的现金		0.00
处置固定资产、无形资产而收回的现金净额		0.00
收到的其他与投资活动有关的现金		0.00
现金流入小计		0.00
购置固定资产所支付的现金		500.00
装修改造所支付的现金		0.00

续表

项　　目	行　　次	金　　额
投资债券所支付的现金		300.00
支付的其他与投资活动有关的现金		0.00
现金流出小计		800.00
投资活动产生的现金流量净额		−800.00
三、筹资活动产生的现金流量		
吸收投资所收到的现金		0.00
借款所收到的现金		0.00
收到的其他与筹资活动有关的现金		0.00
现金流入小计		0.00
偿还债务所支付的现金		500.00
分配股利、利润或偿付利息所支付的现金		0.00
其中：分配股利、利润		0.00
偿付利息所支付的现金		10.00
支付的其他与筹资活动有关的现金		0.00
现金流出小计		510.00
筹资活动产生的现金流量净额		−510.00
现金及现金等价物净增加额		155.91
期末余额		325.91

? 复习与思考

一、名词解释

资本预算　经营预算　固定预算　弹性预算　增量预算　零基预算

定期预算　滚动预算

二、简答题

1. 酒店编制收入预算、成本费用预算、资本预算时，请分析会运用到哪几种预算编制方法，并举例说明。

2. 简述酒店预算编制的要求和程序。

3. 试分析现金预算与预计三张会计报表之间是什么关系。

4. 分析编制预计资产负债表的要求和程序。

5. 分析编制预计利润表的要求和程序。

6. 分析编制预计现金流量表的要求和程序。

三、判断题

1. 弹性预算适用于随业务量变化而变化的生产和销售业务的成本费用预算项目，而固定预算适用于业务量水平较为稳定预算项目的编制。（　）

2. 酒店的广告费用预算可以采用增量预算法编制。（　）

3. 在计算酒店经营毛利时，需要扣除支付给酒店服务人员、管理人员及董事会成员的薪酬。（　）

4. 酒店所取得的服务费项目，应将其列示为酒店当期的收入项目，而不能作为费用项目。（　）

5. 餐饮收入的预算计算公式是：餐厅人均消费额 × 餐厅座位数 × 餐厅上座率 × 预算期营业天数。（　）

6. 酒店商务中心、洗衣等其他项目的营业收入预算应根据客房销售量来确定。（　）

7. 餐饮营业成本主要指酒店各餐厅制作食品和饮料的消耗成本，包括原材料、辅料、调料、饮料的生产和加工成本。（　）

8. 客房、餐厅、康乐等营业部门中大多数费用可按它们与收入的变化关系（费用率）或者消耗定额预估费用预算金额。（　）

9. 财务预算包括利润预算和现金预算两部分，最终形成预计利润表、预计资产负债表和预计现金流量表。（　）

四、实践单元

1. 假设 A 酒店有 193 间客房，请根据下表的数据，预测 2021 年客房收入，假设 A 酒店未来的经营状况和过去几年类似。请将数字填入表中空白处，并列示计算过程。

A酒店2016～2020年客房出租率和平均房价表

单位：元

年　份	出售客房数（间）	出租率（%）	平均房价（元）	客房收入（元）
2016	45827	65	435	19934745
2017	47183	67	467	22034461
2018	49560	70	498	24680880
2019	52143	72	530	27635790
2020	55789	74	550	30683950
2021				

2. 假设 B 酒店 2016 ～ 2020 年的食品收入、食品成本率和饮料收入、饮料成本率数据如下表所示，已经预测了 2021 年食品收入和饮品收入分别为 1508700 元和 607100 元。请将数字填入表中空白处，并列示计算过程。

B酒店餐饮收入、成本预算表

单位：元

年　份	食品收入（元）	食品成本（元）	食品成本率（%）	饮料收入（元）	饮料成本（元）	饮料成本率（%）
2016	1256500	427210	34	437800	113,828	26
2017	1319325	448571	34	477202	124,073	26
2018	1372098	466513	34	515378	133,998	26
2019	1536750	522495	34	561762	146,058	26
2020	1495587	508500	34	584233	151,900	26
2021	1508700			607100		

五、综合实训

已知 D 酒店坐落在繁华的闹市口，拥有便捷的交通，其接待的客人 80% 为欧美客源，还有大公司的商务客源，酒店拥有客房 320 间。酒店财务部经过汇总后形成了 2019 年 2 月经营预算分析表，如下页表所示，要求：

1. 请填写金额差异和百分比差异（填写表格中阴影标注的部分），用括号标出不利差异。

2. 结合所学知识请分析酒店应采取哪些改进措施。

D酒店经营预算执行情况分析表

单位：万元

实际	预算	完成预算（%）	上年实际	同比增减（%）	项目	全年预算	完成预算（%）
					一、营业收入		
660	563		482		1. 客房	6353	
280	250		210		2. 餐饮	3190	
22	23		19		3. 商场	306	
16	18		21		4. 康乐	34	
10	9		12		5. 电话	164	
18	17		19		6. 其他	96	
1006	880		763		营业收入合计	10143	
138	121		92		二、营业成本	1595	
54	43		39		三、营业税金	553	
430	368		413		四、经营费用	5203	
262	238		256		人工成本	2738	
80	79		69		能源消耗	910	
15	10		11		物料消耗	115	
73	41		77		其他	1440	
311	307		107		五、经营毛利	2792	
					毛利率（%）		
					统计项目		
7162	5986		7191		六、出租间数	94749	
					七、出租率（%）		
					八、平均房价（元）		
					九、RevPAR		
					十、消费人次（人）		
112	110		111		十一、平均消费额（元）	110	

六、案例分析

上海某五星级酒店，其管理方为国际知名品牌的酒店管理公司。酒店开张前夕，管理公司通过调研编制了预算，但是报经业主方审批时未通过。酒店管理方几经修改，测算本年度的经营毛利亏损额从初始的数百万元最后降到了185万元，并认为这是当年最起码要承受的亏损额。但对于业主方来说，这仍然是无法接受的预算。

根据预算，当年营业收入是4700万元，食品成本是715万元，经营费用是4170万元（其中不变费用是2700万元，可变费用是1470万元）。另据相关资料，A酒店拥有客房362间，预计当年的客房出租率为40%，平均房价为550元/间天。酒店总投资为 6.0 亿元，接待客人约为 15.50 万人次，其中客房接待约为 4.0 万人次，餐饮接待约为 11.50 万人次。

根据以上案例回答如下问题：

1. 请结合市场调研情况，分析总投资 6.0 亿元建造的酒店，投资回收期一般需要多少年？

2. 业主方希望新开业的酒店亏损额越少越好，但是酒店管理方几经调整编制的预算是无法做成盈利状态，你认为应该如何调整？

3. 结合案例资料分析，酒店管理方若要保证新开业当年不亏也不盈，在编制收入预算、成本费用预算、税金预算上应做哪些调整？在经营创新上应采取哪些措施？

推荐阅读

1. 王雨宁 . JM 酒店全面预算管理现状及优化研究［D］. 山西大学，2019.

2. 章勇刚，杨国强 . 酒店财务管理［M］. 北京：中国人民大学出版社，2021.

3. 刘容奋 . 基于数字化的企业财务预算管理策略分析［J］. 中国集体经济，2023（22）：125–128.

4. 范军胜 . 关于全面预算管理在酒店行业的应用建议［J］. 财经界，2022（16）：77–79.

5. 李倩 . 加盟酒店企业全面预算管理与绩效评价融合的思考［J］. 财会学习，2020（14）：116+118.

第九章

酒店财务分析

酒店财务分析是运用财务报表数据以及其他经营管理类报表中的有关数据对酒店过去已发生的经营成果和财务状况，以及未来的发展前景所做的综合评价。

本章介绍了如何运用比较分析、比率分析、趋势分析、因素分析等方法对企业在盈利、偿债、发展、资产管理等方面的能力做出评价。结合酒店案例以计算净资产收益率指标为出发点，介绍了杜邦财务分析体系在企业中的实际运用，以及财务比率综合分析和各种常用的酒店营业比率的计算方法。

学习目标

知识目标

1. 了解财务分析的目的和意义。
2. 熟悉资产负债表主要结构及其内容。
3. 熟悉利润表的主要结构及其内容。
4. 熟悉现金流量表的主要结构及其内容。
5. 了解酒店经营活动分析的主要内容。

能力目标

1. 掌握比较分析法、比率分析法、趋势分析法、因素分析法的具体运用。
2. 能熟练计算各种财务比率，正确评价企业的盈利能力、偿债能力、资产管理能力、发展能力。
3. 能结合酒店营业比率，对企业的经营业绩做出综合分析。

案例

H 酒店的财务分析

H 酒店的注册资本为 5000 万元，经营范围为酒店管理、餐饮服务、旅游咨询等相关业务。小王被聘任为酒店的财务经理后，针对马上要召开的酒店年会，积极准备财务分析资料。首先他整理与计算出酒店 2019~2021 年主要财务数据，如下表所示。

H酒店2019~2021年主要财务指标

财务指标	2019 年	2020 年	2021 年
流动比率	1.8	1.6	1.7
速动比率	1.2	1.1	1.4
现金比率	0.3	0.5	0.5
存货周转率	6	5	7
应收账款周转率	8	9	10
销售净利率	15%	12%	18%
资产负债率	40%	45%	38%
净资产收益率	10%	8%	12%

接着，小王收集了部分财务指标的行业平均值资料。

部分财务指标行业平均值

财务指标	行业平均值
流动比率	1.5
速动比率	1.0
现金比率	0.2
存货周转率	5
应收账款周转率	10
销售净利率	20%
资产负债率	50%
净资产收益率	15%

——资料来源：作者收集并整理。

案例分析

请结合上述资料，思考并讨论：

1. 小王要准备酒店的财务分析报告，你认为他收集的资料足够吗？还需补充哪些资料?

2. 请与同学交流，开展财务分析工作的步骤。

3. 站在投资者的立场上，结合上述 H 酒店及行业的相关财务指标，你认为该酒店是否值得投资?

第一节　酒店财务分析概述

酒店财务分析是运用财务报表数据以及其他经营管理类报表中的有关数据对酒店过去已发生的经营成果和财务状况，以及未来的发展前景所做的综合评价。通过这种分析评价，可以为酒店的财务决策、计划和控制提供服务，并调整经营实体的行为和活动，以实现酒店经营管理的目标。

一、财务分析的依据

财务分析的起点是财务报表。这里的财务报表包括对内财务报表和对外财务报表。

（一）对内财务报表

对内财务报表包括收入明细表、成本费用明细表、税金明细表以及酒店分部门利润表等。这些报表仅供内部交流之用。在本书的第七章、第八章中有详细的介绍。如某酒店 2019 年餐饮细分市场分析表，如表 9-1 所示。

表9-1　2019年餐饮细分市场分析表

单位：元

项　目	2018 年	%	2019 年	%	±%
餐饮总收入	2742543.90		3401719.50		24%
就餐总人数（人）	23123.00		26392.00		14%
人均消费	118.60		128.80		9%
中餐厅	417745.00	15%	504633.50	15%	21%
就餐人数（人）	3770.00		4184.00		11%
人均消费	110.80		120.00		8%

续表

项　目	2018 年	%	2019 年	%	±%
大堂酒吧	218312.20	8%	291643.60	9%	34%
就餐人数（人）	3155.00		4396.00		39%
人均消费	69.00		66.30		-4%
零点膳食	402932.50	15%	623491.70	18%	55%
就餐人数（人）	2059.00		3217.00		56%
人均消费	195.60		195.80		0%
婚宴消费	563041.20	21%	501142.80	15%	-11%
就餐人数（人）	3084.00		2103.00		-32%
人均消费	182.50		238.00		30%
自助餐	124485.20	5%	167935.80	5%	35%
就餐人数（人）	935.00		1158.00		24%
人均消费	133.00		145.00		9%
会议	197484.00	7%	440481.95	13%	123%
早餐	471978.00	17%	522809.30	15%	11%
就餐人数（人）	9182.00		10090.00		10%
人均消费	53.50		51.80		-3%

（二）对外财务报表

对外财务报表是依据《中华人民共和国会计法》《企业会计准则》《企业会计制度》的规定要求编报的、必须对外公布的报表。主要包括资产负债表、利润表和现金流量表。

除了上述的财务报表以外，进行财务分析所需要的资料还包括日常核算资料（凭证、账簿）等，营销计划、生产计划等方面的资料、同行业其他企业发布的财务报告、专门机构出具的研究报告、本企业进行的调研报告等。如营销竞争对手分析报告、顾客满意度报告、员工满意度分析报告等。

二、财务评价方法

酒店采用的财务评价方法有比较分析法、比率分析法、趋势分析法和因素分析法等。

（一）比较分析法

比较分析法是对两个或两个以上有关的可比数据进行对比，揭示差异的分析方法。

比较分析是财务分析的基本方法。常见的比较分析方法有：

1. 按比较对象分类

（1）与本企业历史相比，即与不同时期指标相比，如与上年数相比，或与历史时期最好数相比，也称纵向分析。

（2）与同类企业相比，即与行业平均数或竞争对手比较，也称横向比较。

（3）与预算数相比，即将实际数与预算数比较，又称差异分析。

2. 按比较内容分类

（1）比较会计要素的总量。总量是指报表项目的总金额，如总资产、净资产、净利润等。总量比较主要用于时间序列分析，如研究利润的逐年变化趋势，看其增长潜力，有时也用于同行业比较，看企业在市场上的相对竞争地位。

（2）比较结构百分比。即以财务报表中某一项目为基础，分析其他各项目所占比重。如分析利润表时，以营业收入为基数，分析利润表其他各项目所占比重，通过结构百分比分析可以发现有显著问题的项目，及时分析原因、提出解决方案。

（3）比较财务比率。将不同时期的财务比率进行比较，以反映其发展变化的情况，如比较上年与本年的资产负债率，揭示企业长期偿债能力的变化。

运用比较分析法时，指标的可比性非常关键。即选定的比较指标的口径必须相同，包括指标内容、计算方法、评价标准、时间单位、产生指标的不同企业的经营规模和业务范围等方面的一致性。

（二）比率分析法

比率分析法是通过计算各种比率指标来确定经济活动变动程度的分析方法。比率是相对数，采用这种方法，能够把某些条件下的不可比指标变为可比指标，以利于进行分析。

比率指标可以有不同的类型，主要有构成比率、效率比率、相关比率。

1. 构成比率

构成比率又称结构比率，它是某项财务指标的各组成部分数值占总体数值的百分比，反映部分与总体的关系，其计算公式为：

$$构成比率 = \frac{某个组成部分数额}{总体数额} \times 100\%$$

如能源费用占全部费用的比例，客房营收占总营收的比率等，同时可以分析营收、费用等项目的变化与整个经营情况变化的相互关系；又如，酒店资产中的流动资产、固定资产和无形资产占资产总额的百分比，酒店负债中的流动负债和长期负债占负债总额的百分比。利用构成比率可以考察总体中某个部分的构成和安排是否合理，以便协调各项财务活动。

2. 效率比率

效率比率是某项财务活动中投入与收益的比例，反映投入与产出的关系。利用效率比率指标可以进行得失比较，考察经营成果，评价经济效益。比如，将利润总额项目与销售成本、销售收入、资本金等项目加以对比，可以计算出成本利润率、销售利润率以及资本金利润率指标，也可以从不同角度观察比较酒店获利能力的高低以及增减变化情况。

3. 相关比率

相关比率是以某个项目和与其他有关但又不同的项目加以对比所得的比率，反映有关经济活动的相互关系。利用相关比率，可以考察酒店的相关业务安排是否合理，以保障运营活动得以顺利进行。比如，将流动资产与流动负债加以对比，计算出流动比率，据以判断酒店的短期偿债能力。

比率分析法的优点是计算简便，计算结果也较容易判断，但在具体运用中要注意以下几点：

（1）对比项目的相关性。计算比率的分子项和分母项必须具有相关性，把不相关的项目进行对比是没有意义的。

（2）对比口径的一致性。计算比率的分子项和分母项必须在计算时间、范围等方面保持口径一致。

（3）衡量标准的科学性。运用比率分析，需要选用一定的标准与之对比，以便对酒店的财务状况做出评价。通常而言，科学合理的对比标准有：历史标准，如上期实际、上年同期实际以及有典型意义时期的实际水平等；行业标准，如主管部门或行业协会颁布的技术标准、国内外同类酒店的先进水平、国内外同类酒店的平均水平等。

（三）趋势分析法

趋势分析法是比较分析法的延伸，是将两期或连续数期财务报告中的相同指标进行对比，确定其增减变动的方向、幅度，以说明企业财务状况和经营成果变动趋势的一种方法。采用这种方法，可以分析引起变化的主要原因、变动的性质，并预测企业未来的发展前景。

例 9–1　开立酒店 2016 ~ 2020 年营业收入和净利润数据如表 9–2 所示。

表9–2　开立酒店2016 ~ 2020年年营业收入和净利润

会计年度：1月1日 ~ 12月31日

年　份	2016 年	2017 年	2018 年	2019 年	2020 年
营业收入（万元）	5000	5500	5300	6200	7500
净利润（万元）	500	560	450	600	900

分析：

从表中可以看出，开立酒店 5 年来的营业收入和净利润除了 2018 年的净利润下降外，其他年份均呈增长趋势。为了更直观地看出这种变化，我们以 2016 年作为基年，用其他年份的数字与其相比，则可以得出以下的趋势百分比，如表 9–3 所示。

表9–3　开立酒店2016 ~ 2020年年营业收入和净利润趋势

会计年度：1月1日 ~ 12月31日

年份	2016 年	2017 年	2018 年	2019 年	2020 年
营业收入（%）	100	110	106	124	150
净利润（%）	100	112	90	120	180

通过上述趋势表可以看出：5 年内，开立酒店的营业收入和净利润都逐步增长，且净利润的增长幅度要超过营业收入的增长幅度，2020 年的净利润比 2016 年增长了 0.8 倍，而营业收入仅增长了 0.5 倍。2018 年营业收入比 2016 年略有增长但净利润下降明显，这是因为 2018 年酒店业遇到了公共卫生事件的冲击。所以运用百分比来看趋势，不仅能清晰地看到总的趋势，而且能更精确地表明各年的变动幅度。应注意的是，对于基年的选择要有代表性，如果基年选择不当，情况异常，则以其为基数而计算的百分比趋势会造成判断失误或做出不准确的评价。

（四）因素分析法

因素分析法是依据分析指标与其影响因素的关系，从数量上确定各因素对分析指标影响和影响程度的一种方法。采用这种方法的出发点在于，当有若干因素对分析指标发生影响作用时，假定其他各个因素都无变化，需按顺序确定每个因素单独变化所产生的影响。因素分析法分为两种：一是连环替代法；二是差额分析法。

1. 连环替代法

连环替代法是将分析指标分解为各个可以计量的因素，并根据各个因素之间的依存关系，顺次用各因素的比较值替代基准值，据以测定各因素对分析指标的影响。

例 9–2 开立酒店拥有客房 400 间，2018 年 5 月和 2019 年 5 月客房收入资料显示如表 9–4 所示，同比差异为 42780 元，请运用因素分析法分析是哪些因素引起 2019 年 5 月份营业收入同比增长 42780 元。

表9–4 开立酒店2018年5月和2019年5月客房收入

项 目	2018 年 5 月	2019 年 5 月	差 异
出租率（%）	78	80	2
名义房价（元 / 间天）	125	120	–5
折扣率（%）	90	95	5
实际房价（元 / 间天）	112.5	114	1.5
收入（元）	1088100	1130880	42780

分析：

第一步：计算营业收入差额。

客房营业收入的计算公式为：

$$\text{客房营业收入} = \text{可供出售房间数} \times \text{计算期天数} \times \text{出租率} \times \text{房价}$$

2018 年客房营业收入为：400 × 31 × 78% × 125 × 90%=1088100（元）

2019 年客房营业收入为：400 × 31 × 80% × 120 × 95%=1130880（元）

两者差额 =1130880–1088100=42780（元）

第二步：以 2018 年客房营业收入计算公式为基础，逐项替代。

预计：400 × 31 × 78% × 125 × 90%=1088100（1）

第一次替代：400 × 31 × 80% × 125 × 90%=1116000（2）

第二次替代：400 × 31 × 80% × 120 × 90%=1071360（3）

第三次替代：400 × 31 × 80% × 120 × 95%=1130880（4）

第三步：分析各因素对营业收入的影响程度。

出租率变动影响（2）-（1）=1116000-1088100=27900（元）

房价变动影响（3）-（2）=1071360-1116000=-44640（元）

折扣率变动影响（4）-（3）=1130880-1071360=59520（元）

第四步：验证出租率、房价、折扣率三个因素共同影响客房营业收入增加42780元。

42780=27900+（-44640）+59520

由此可见折扣率因素对客房收入影响最大，但同时酒店应注意房价的调整策略。

2. 差额分析法

差额分析法是连环替代法的一种简化形式，它是利用各个因素的比较值与基准值之间的差额，来计算各因素对分析指标的影响。

例 9-3　接例 9-2，运用差额分析法的计算结果为：

首先，出租率对收入的影响：

400×31×（80%-78%）×125×90%=27900（元）

其次，名义房价对收入的影响：

400×31×80%×（120-125）×90%=-44640（元）

再次，折扣率对收入的影响：

400×31×80%×120×（95%-90%）=59520（元）

最后，验证出租率、房价、折扣率三个因素共同影响客房营业收入增加 42780 元。

42780=27900+（-44640）+59520

因素分析法既可以全面分析各因素对某一经济指标的影响，又可以单独分析某个因素对某一经济指标的影响，在财务分析中应用颇为广泛，但在应用这一方法时必须注意以下几点：

（1）因素分解的关联性。即确定构成经济指标的因素，必须是客观上存在因果关系，要能够反映形成该项指标差异的内在构成原因，否则就失去了其存在的价值。

（2）因素替代的顺序性。替代因素时，必须按照各因素的依存关系，排列成一定的顺序并依次替代，不可随意加以颠倒，否则就会得出不同的计算结果。通常，确定正确排列因素替代程序的原则是按分析对象的性质，从诸因素相互依存关系出发，并使分析结果有助于分清责任。

（3）顺序替代的连环性。因素分析法在计算每个因素变动的影响时，都是在前一次计算的基础上进行，并采用连环比较的方法确定因素变化影响结果。因为只有保持计算程序上的连环性，才能使各因素影响之和等于分析指标变动的差异，以全面说明分析指标变动的原因。

（4）计算结果的假定性。由于因素分析法计算的各因素变动的影响数，会因替代计算顺序的不同而有差别，因而计算结果不免带有假定性，即它不可能使每个因素计算的结果都达到绝对的准确。它只是在某种假定前提下的影响结果，离开了这种假定前提条件，也就不会是这种影响结果。为此，分析时应力求使这种假定是合乎逻辑的假定，是具有实际经济意义的假定。这样，计算结果的假定性才不至于妨碍分析的有效性。

课堂思考

1. 如果你想知道酒店本月与上月收入的差异，以便调整经营策略，你会采用哪种财务分析方法？

2. 结合你所了解的酒店，分析每周工作例会上进行经营业绩分析时采用哪些财务分析方法？这些财务分析方法是如何帮助酒店发现经营业绩中的问题？

第二节　酒店三张会计报表结构分析

酒店对外提供的三张会计报表（资产负债表、利润表、现金流量表）是酒店整体经营情况的集中反映，酒店通过一定的分析方法解读财务报表以掌握酒店整体运营情况。

一、资产负债总体结构分析

我国的资产负债表采用账户式结构，报表分为左右两方，左方列示资产项目，反映全部资产的分布及其存在形态；右方列示负债和所有者权益项目，反映全部负债和所有者权益的内容及构成情况。资产负债表左右两方平衡，资产总计等于负债和所有者权益的总计，即“资产＝负债＋所有者权益”。该分析在于了解酒店的资产结构、权益结构的整体情况。通常认为合理的结构存在一个良好的比例关系，如表 9–5 所示。

表9–5　理想资产负债表

流动资产 60% （速动资产 30%+ 盘存资产 30%）	负债 40% （流动负债 30%+ 长期负债 10%）
非流动资产 40%	所有者权益 60%
总计 100%	总计 100%

下面以开立酒店 2019 年 12 月 31 日资产负债表（简表）的内容，对资产结构分析、负债结构分析、所有者权益结构分析的具体运用加以说明。资料如表 9–6 所示。

表9–6　开立酒店资产负债表

2019年12月31日

单位：千元

资　产	上年数	本年数	负债及所有者权益	上年数	本年数
流动资产：			流动负债：		
货币资金	8250	20240	短期借款	1700	22500
交易性金融资产	6000	6000	交易性金融负债		
应收票据	60	30	应付票据	300	200
应收账款	3200	3330	应付账款	5100	6400
预付账款			预收账款	2600	2730
其他应收款	2450	2500	应付职工薪酬	–	70
存货	3280	3160	应交税费	900	1000
其中：原材料	1500	1580	应付利息	170	250
低值易耗品	900	948	应付股利		
其他	880	632	其他应付款	6000	6000
一年内到期的非流动资产			一年内到期的非流动负债		
流动资产合计	23240	35260	流动负债合计	16770	39150
非流动资产：			非流动负债：		
债权资产	800		长期借款	100	420
其他债权资产			应付债券		
长期应收款			长期应付款		
长期股权投资	200	400	递延收益		
投资性房地产			预计负债		
固定资产	94300	114000	递延所得税负债		
在建工程			非流动负债合计	100	420
使用权资产			负债合计	16870	39570
开发支出	—	—	所有者权益（或股东权益）：		
无形资产	230	210	实收资本（或股本）	30000	30000

续表

资　产	上年数	本年数	负债及所有者权益	上年数	本年数
商誉			资本公积	38000	38000
长期待摊费用	100	100	盈余公积	13000	15400
递延所得税资产			未分配利润	21000	27000
其他非流动资产			所有者权益合计	102000	110400
非流动资产合计	95630	114710			
资产总计	118870	149970	负债及所有者权益总计	118870	149970

注：为便于分析，本报表中将应付利息、应付股利单独列示。

（一）资产结构分析

资产结构分析是关注流动资产、固定资产占资产总额的比例。流动资产主要包括货币资金、应收账款和存货。

1. 货币资金

货币资金是流动性最强的资产，它反映了酒店对即期债务的偿还能力的强弱，表示酒店支配资金的灵活性有多大。

2. 应收账款

应收账款的变动反映了酒店的信用政策和应收账款管理水平的高低。对于债务人而言，希望应收账款的政策较为宽松为好，而投资者希望酒店采用较为严格的信用政策。

3. 存货

存货反映了酒店资产管理能力的高低，加速存货周转与使用，可以降低呆滞存货的产生。此外，存货的性质对存货的价值也会产生较大的影响，如蔬菜类、肉类等容易腐烂变质，而金银、钻石、工艺品等会受到市场价格波动的影响。所以，在分析存货时，要结合存货的性质和价格加以分析。

4. 固定资产

固定资产是酒店长期持有并随着时间推移价值逐渐损耗的资产，反映在报表中的固定资产是以净额列示的。如果高估折旧，则固定资产数值降低；低估固定资产，则固定资产数值增高。同时固定资产所占资产比重太高将影响酒店的资金使用效率，当酒店一旦出现财务困难或倒闭时，酒店只能以低于账面价值出售固定资产，所以酒店对于固定资产的折旧及价值计量应予以适时调整。

（二）负债结构分析

负债结构分析是关注流动负债、长期负债及其中各项目占负债总额或资产总额的比率。

1. 流动负债

流动负债主要包括短期借款、应付账款和应交税费等。

短期借款一般期限在3个月以内，通过借入短期资金有助于增加酒店的业务活动，满足日常经营资金的需求，但同时面临偿还短期债务的压力，若到期债务无法偿还，则面临着被起诉的风险。所以，短期借款金额越高，作为投资者在研究酒店偿债能力时越要引起重视。

酒店可以利用赊购来购买商品、原材料、物料用品等，以利用商业信用获得短期融资，但是应付账款的增加，表明酒店有更多的债务需要偿还，投资者应结合市场情况分析酒店偿债能力。当然应付账款的减少，可能说明酒店在与供应商的议价能力方面在减弱，这种情况的出现对于酒店而言是不利的。

酒店可以利用税务筹划合理避税，少缴税。但是无论如何酒店应按时缴纳税金，在酒店面临需要偿付的款项中，这是需要最先支付的款项，不然酒店将面临被罚款的风险。未缴税金越多，说明酒店无力偿还所欠税款，对于投资者而言应立即采取适当的行动，保全已有的投资款。

2. 长期负债

长期负债是指超过一年期限以上需要偿还的债务，主要包括长期借款、应付债券等。报表使用者可以从会计报表附注中仔细查阅有关长期负债的披露信息，如长期负债的性质、期限、利率及偿还方式等。长期负债的结构对酒店的财务有较大影响，许多企业发生财务困难而面临倒闭，往往是由对长期负债的处理不当而造成的。

（三）所有者权益结构分析

所有者权益的组成部分是股本（或实收资本）、盈余公积、资本公积和未分配利润。所有者权益的大小反映了股东实力的强弱，其数额越大，即占资产总额的比例越高，说明企业资本实力越雄厚，具有较强的竞争能力，对于企业的债权人而言债务保障系数也越高。

对资产负债表的分析，是要维持平衡资产、负债、所有者权益之间的合理比例，如果企业负债比例过小，说明企业经营过于保守，可以适当地举债，以降低资金成本；如果负债比例过高，为了降低风险，可以适当增加权益筹资。

在开立酒店 2019 年 12 月 31 日资产负债表中，我们将资产负债表中项目根据上述三个层面内容建立相关比率，如表 9–7 所示。

表9–7　开立酒店2019年资产结构表

项目	本年数	占资产总额的比重	项目	本年数	占负债和所有者权益总额的比重
速动资产	32100	21.4%	流动负债	39150	26.1%
流动资产	35260	23.5%	非流动负债	420	0.3%
非流动资产	114710	76.5%	负债合计	39570	26.4%
			所有者权益	110400	73.6%
资产总计	149970	100%	负债和所有者权益总计	149970	100.0%

表 9–7 显示开立酒店 2019 年资产结构有些不合理，一是非流动资产所占比重高达 76.5%，二是流动资产小于流动负债，企业未来将面临较大的偿还短期债务压力，但是企业的资产负债率仅为 26.4%，在安全范围内。

二、利润表结构分析

利润表是反映企业在一定会计期间经营成果的报表。利润表必须充分反映企业经营业绩的主要来源和构成，有助于使用者判断净利润的质量和风险，有助于使用者预测净利润的持续性，从而做出正确的决策。

我国的利润表采用多步式格式，分为主营业务收入、主营业务利润、营业利润、利润总额和净利润五个步骤，反映净利润的形成过程。利润的分步计算过程以及利润的形成与企业基本活动的关系如表 9–8 所示。

表9–8　利润表项目和企业的基本活动关系

利润表项目	企业的基本活动
一、主营业务收入	主要经营活动产生的收入
减：主营业务成本	主要经营活动的直接支出
税金及附加	主要经营活动的直接支出
二、主营业务利润	主要经营活动毛利
加：其他业务利润	次要经营活动毛利
减：销售费用	经营活动费用（面向市场、客户等活动）
管理费用	经营活动费用（面向行政、组织、人事、安保等活动）

续表

利润表项目	企业的基本活动
息税前利润（在正式对外提供的报表中不列示）	全部经营活动形成的利润
财务费用	筹资活动产生的费用
三、营业利润	全部经营活动形成的利润（扣除利息后）
资产减值损失	非经营活动损失
加：公允价值变动收益	非经营活动收益
投资收益	投资活动收益
加：营业外收入	投资和其他非经营活动收益
减：营业外支出	投资和其他非经营活动损失
四、利润总额	全部活动净利润（未扣除政府所得）
减：所得税费用	全部活动费用（政府所得）
五、净利润	全部活动净利润（所有者所得）

利润表中以营业利润为分界，划分为经营活动利润和非经营活动利润，主营业务利润是经营活动利润的主要来源，如果发现其他业务利润高于主营业务利润时，说明企业经营方向发生大的改变，应引起重视。另外，对于销售费用、管理费用、财务费用这三项费用是经营利润的抵减项目，企业应严格加以管理，使费用保持在合理范围内波动。非经营活动利润是企业正常运营之外获得收益，且是偶然发生的，因此它并不能给企业带来持续的收益。

在进行利润表分析时，可以将利润表中每个项目的实际金额除以营业收入总额，计算出各项目占总收入的百分比，以此了解各项收入和费用的组成结构是否合理、营业成本及其他经营费用增减原因、企业利润变动的原因。

例 9–4　我们对开立酒店 2019 年的利润表（表 9–9）简化为以营业收入为基数的百分比结构分析表，通过与 2018 年数字比较，分析酒店利润变化情况，简化后的利润表如 9–10 所示。

表9–9　开立酒店利润表

2019年12月

单位：千元

项目名称	上年数	本年数
一、主营业务收入	136800	127000
客房	87600	82600
餐饮	36200	33400
其他	13000	11000

续表

项目名称	上年数	本年数
减：主营业务成本	18000	17500
客房	1350	1050
餐饮	12100	11700
其他	4550	4750
减：税金及附加	7250	5800
二、主营业务利润	111550	103700
加：其他业务利润		
减：销售费用	50800	45700
管理费用	25800	33000
财务费用	2700	4500
三、营业利润	32250	20500
加：投资收益	25	8
营业外收入	250	130
减：营业外支出	200	350
四、利润总额	32325	20288
减：所得税费用	8081	5072
五、净利润	24244	15216

表9–10　以营业收入为基数简化后的开立酒店2019年利润表

单位：千元

项目名称	上年数	本年数	差异
一、主营业务收入	136800	127000	–7%
客房	64%	65%	1%
餐饮	26%	26%	0
其他	10%	9%	–1%
减：主营业务成本	13%	14%	1%
客房	1%	1%	0
餐饮	9%	9%	0
其他	3%	4%	0
减：税金及附加	5%	5%	–1%
二、主营业务利润	82%	82%	0
加：其他业务利润	0	0	0
减：销售费用	37%	36%	–1%
管理费用	19%	26%	7%
财务费用	2%	4%	2%

续表

项目名称	上年数	本年数	差异
三、营业利润	24%	16%	-7%
加：投资收益	0	0	0
营业外收入	0	0	0
减：营业外支出	0	0	0
四、利润总额	24%	16%	-8%
减：所得税费用	6%	4%	-2%
五、净利润	18%	12%	-6%

从表 9-10 中可见，2019 年酒店营业收入比 2018 年下降 7%，收入结构中客房、餐饮及其项目变化不大，但是由于物价上升、人工成本上升等原因引起主营业务成本同比上升 1%、管理费用同比增长 7%，从而导致酒店净利润下降 6%。说明酒店的获利能力在逐步减弱，应在不断优化产品、创新产品、严格控制成本费用的基础上挖掘企业盈利的潜力。

三、现金流量表结构分析

现金流量表是反映企业在一定会计期间现金和现金等价物流入、流出的报表。现金流量表划分为经营活动、投资活动和筹资活动三个部分。通过现金流量表分析，报表使用者能够了解和评价企业获得现金和现金等价物的能力、企业偿债能力、支付能力和周转能力，并据以预测企业未来现金流量，分析企业投资和理财活动对经营成果和财务状况的影响，为决策提供有力依据。表 9-11 反映了现金流量表与企业基本活动的关系。

表9-11　现金流量表与企业基本活动的关系

现金流量表项目	企业基本活动
一、经营活动现金流量净额	会计期间经营活动引起的现金流量
经营活动现金流入	
经营活动现金流出	
二、投资活动现金流量净额	会计期间投资活动引起的现金流量
投资活动现金流入	
投资活动现金流出	
三、筹资活动现金流量净额	会计期间筹资活动引起的现金流量
筹资活动现金流入	
筹资活动现金流出	

（一）经营活动产生的现金流量分析

一般情况下，酒店经营活动产生的现金流量越大，说明酒店资金周转越快，有较多的资金可以用于投资或偿还债务，经营风险较小。反之，说明酒店资金周转面临困难，经营风险较大。

经营现金净流量越大，并非说明酒店经营业绩越好。这是因为：

（1）经营流量的大小与酒店的净利润不成正比例关系，即酒店净利润越大，不能说明当期酒店经营现金净流量越大。如酒店收回客户上年所欠货款，导致本年度现金流入大幅度增加。

（2）经营现金流量受酒店经营方针影响。如酒店采用薄利多销方式，提高了营业收入规模，增加了现金流量，但是酒店整体盈利能力在下降。

（3）经营现金流量信息容易被粉饰。如酒店将应计入本期管理费用的项目列示在固定资产项目中，从而虚增了投资活动产生的现金流出量。

所以，在进行经营活动现金流量分析时，应结合利润表和资产负债表中的具体项目及其他相关信息进行综合评价，以对酒店经营活动做出正确评价。

（二）投资活动产生的现金流量分析

当酒店扩大规模或者开发新的利润增长点时，投资活动产生的现金流出量远远高于投资活动产生的现金流入量，此时投资活动的净现金流量表现为负数，如果酒店投资项目具有可行性，则前期的巨额投资将在项目运营期间内逐步得到补偿，即在未来产生的现金流量用于偿还债务。反之，如果投资项目缺乏科学论证，则酒店的巨额投资将无法收回，从而拖累酒店的经营，成为酒店创利的负担。

（三）筹资活动产生的现金流量分析

在酒店创办初始，筹资活动产生的现金流入量远大于现金流出量，酒店面临着一定的偿债风险，但是如果筹资现金净流入量主要是来源于权益筹资，则酒店不仅没有偿债风险，反而说明酒店资本实力雄厚。因此在分析酒店筹资现金流量时，应将筹资来源的方式及构成进行细分，如果负债筹资比例高，说明财务风险高；如果权益筹资比例高，说明财务风险较低。酒店应该保持最佳的资本结构来降低财务风险。

例 9–5 按照现金流入量和现金流出量，我们对开立酒店 2019 年的现金流量表（表 9–12）进行结构分析，简化后的报表如 9–13 所示。

表9-12　开立酒店现金流量表

2019年12月31日

单位：千元

项目名称	本年数
一、经营活动产生的现金流量	
销售商品，提供劳务收到的现金	106522
收到的税费返还	0
收到的其他与经营活动有关的现金	10
现金流入小计	106532
购买商品，接受劳务支付的现金	47500
支付给职工以及为职工支付的现金	34600
支付的各项税费	9830
支付的其他与经营活动有关的现金	8000
现金流出小计	99930
经营活动产生的现金流量净额	6602
二、投资活动产生的现金流量	
收回投资所收到的现金	200
取得投资收益所收到的现金	8
处置固定资产、无形资产、其他资产收到的现金净额	130
收到的其他与投资活动有关的现金	
现金流入小计	338
购建固定资产、无形资产、其他资产支付的现金	300
投资所支付的现金	800
支付的其他与投资活动有关的现金	350
现金流出小计	1450
投资活动产生的现金流量净额	−1112
三、筹资活动产生的现金流量	
吸收投资收到的现金	
借款所收到的现金	25000
收到的其他与筹资活动有关的现金	
现金流入小计	25000
偿还债务所支付的现金	1400
分配股利利润或偿付利息支付的现金	4500
支付的其他与筹资活动有关的现金	
现金流出小计	18500
筹资活动产生的现金流量净额	6500

续表

项目名称	本年数
四、汇率变动对现金的影响	
五、现金及现金等价物增加净额（B）	11990
加：现金及现金等价物期初余额	14250
现金及现金等价物期末余额	26240

表9-13　开立酒店现金流量构成情况表

单位：千元

项　目	金　额	比重	项　目	金　额	比重
经营活动现金流入	106532	80.8%	经营活动现金流出	99930	83.4%
投资活动现金流入	338	0.3%	投资活动现金流出	1450	1.2%
筹资活动现金流入	25000	19.0%	筹资活动现金流出	18500	15.4%
现金总流入	131870	100.0%	现金总流出	119880	100.0%

从表 9-13 中可见，开立酒店 2019 年现金流入和现金流出结构较为合理，经营活动产生的现金净流量占当期现金及现金等价物增加额比重为 55.1%，说明企业的各项经营活动处于正常状态，财务风险较低。

课堂思考

1. 假定当一家企业的投资活动现金的余额为正，筹资活动的现金余额为正，但经营活动的现金余额为负，请问你会投资这家企业吗？为什么？

2. 假定一家企业的经营活动的现金余额为正，投资活动的现金余额为负，筹资活动的现金余额有时为正、有时为负，请问你会投资这家企业吗？为什么？

相关链接　搜索

华天酒店投资活动分析

华天酒店对内投资主要是固定资产投资，对外投资主要用于项目扩张。通过分析华天酒店 2015~2019 年现金流量表中的数据，可知近 5 年企业投资活动产生的现金流量净额有 3 年均为负值，说明酒店采用了积极扩张的发展策略，对外投资中只有 2015 年和 2016 年收回投资收到的现金，2015 年取得投资收益收到现金仅 1 万元，企业入不敷出状况较明显，投资收入不佳。而对内投资主要用于购建固定资产、无形资产和其他资产，2015 年、2016 年及 2019 年该项投资远超投资活动的现金流入。鉴于公司目前的情况，这些资金的大量投入尚未取得成效。说明华天大酒店对一些投资项目没有准确的分析和定位，导致投资方向和目标不够精确。

华天酒店2015~2019年投资活动产生的现金流量

单位：万元

项目	2015 年	2016 年	2017 年	2018 年	2019 年
收回投资收到的现金	665	3233			
取得投资收益收到的现金	1				
处置固定资产、无形资产收到的现金净额	197	52	8279	51	4
处置子公司及其他营业单位收到的现金净额	13768		27332	26460	3372
收到其他与投资有关的现金		120		1800	
投资活动现金流入小计	14632	3396	35612	28311	3376
购建固定资产、无形资产和其他长期资产支付的现金	43388	28696	12416	23298	14635
投资支付的现金	685	3700			
支付其他与投资活动有关的现金			1800	15	
投资活动现金流出小计	44073	32396	14216	23313	14635
投资活动产生的现金流量净额	−29441.37	−29000.27	21395.77	4997.76	−11259.23

华天酒店提升财务管理水平的建议：

1. 实现有效投资

华天酒店应积极关注酒店外部环境和政策的变化，及时掌握酒店市场的最新研究报告。要认真考虑其他项目组合的收益和风险，不能只顾收益不考虑风险，以防范企业在商业扩张或投入过多资金的时期，出现由于不能及时收回投资收益导致资金链负担过重只能用举债来弥补营运资金不足的投资恶化现象。

2. 树立理性投资意识化

华天酒店要严谨地分析研究投资环境等因素，科学合理地分析投资市场情况，合理评估投资效益，再结合酒店自身的发展方向需求进行高效投资。同时在进行投资活动前企业要认真考虑投资项目的选择，目标投资项目能否为企业带来经济利益。

——资料来源：田新平 . 华天酒店财务管理存在的问题及对策分析［J］. 内蒙古科技与经济，2022（23）：82-85.

第三节　酒店财务比率分析

酒店财务比率分析主要有四个方面的内容，分别衡量酒店的盈利能力、偿债能力、营运能力、发展能力，以上四个方面内容相互联系、互相补充，对酒店的财务状况、经营成果、现金流量以及市场发展前景进行了全年的描述和综合分析，以满足不同使用者的需要。

一、酒店盈利能力分析

盈利能力是指酒店获取利润的能力，也被称为酒店的资金或资本增值能力，通常表现为一定时期内酒店收益的多少及其水平高低。盈利能力是企业各利益相关者都关心的问题，同时也是酒店经营成败的关键。反映酒店盈利能力的指标包括三方面，一是反映经营盈利能力的指标，包括营业毛利率、营业净利率、成本费用利润率；二是反映资产盈利能力的指标，包括总资产净利率、净资产收益率、资本收益率；三是反映市场价值能力的指标，包括每股收益、市盈率和市净率（表 9–14~ 表 9–24）。

（一）经营盈利能力分析

表9–14　营业毛利率

1. 定义	是主营业务毛利占主营业务收入的比率，指标主要反映了酒店主营业务产品的获利能力
2. 计算公式	营业毛利率 =（主营业务毛利额 ÷ 主营业务收入）× 100% 其中，主营业务毛利额 = 主营业务收入 – 主营业务成本
3. 评价及运用	营业毛利率用以反映酒店 1 元营业收入中含有多少毛利额，它是净利润的计算基础。指标值越高，说明酒店控制各项支出的能力越强。该指标的变动除了受营业收入和营业成本的变动影响外，还受到外界经济环境的变动、企业竞争力和行业发展变化等因素的影响，因此，在分析时要结合内外因素一起考虑

表9-15　营业净利率

1. 定义	又称净利率，是用于衡量酒店营业收入赚取净利润的能力，它是净利润与主营业务收入的比率
2. 计算公式	营业净利率 =（净利润 ÷ 主营业务收入）× 100%
3. 评价及运用	该指标反映 1 元的主营业务收入带来的净利润有多少，体现了主营业务收入的收益水平，是评价酒店经济效益的主要指标，指标越高，说明企业通过销售获得利润的能力越强。通过营业毛利率和营业净利率的结合分析，不仅可以评价酒店获利的情况，也可以反映酒店对期间费用的控制，但要注意，有时营业净利率高于营业毛利率，这是因投资收益的贡献而形成的

表9-16　成本费用利润率

1. 定义	是用于衡量酒店营业成本费用支出的经济效益，它是净利润与酒店成本费用总额的比率
2. 计算公式	成本费用利润率 =（净利润 ÷ 成本费用总额）× 100% 其中，成本费用总额包括主营业务成本、主营业务税金及附加、期间费用
3. 评价及运用	该指标表明酒店每投入 1 元的成本费用可以创造的利润净额。在相同的成本费用投入情况下，该指标越高，说明酒店能实现更多的利润，也说明酒店内部管理及成本费用控制能力较强

表9-17　开立酒店经营盈利能力指标计算表

计算项目名称	2019 年列示 / 计算金额（单位：千元）	数据来源（均为本年数）
（1）主营业务收入	127000	表 9-9 利润表“主营业务收入”
（2）主营业务成本	17500	表 9-9 利润表“主营业务成本”
（3）营业毛利率	86.22%	=［（127000–17500）÷ 127000］× 100%
（4）主营业务税金及附加	5800	表 9-9 利润表“主营业务税金及附加”
（5）期间费用之和	83200	表 9-9 利润表“销售费用”“管理费用”“财务费用”
（6）成本费用总额	89000	=5800+83200
（7）净利润	15216	表 9-9 利润表“净利润”
（8）营业净利率	11.98%	=（15216 ÷ 127000）× 100%
（9）成本费用利润率	17.10%	=（15216 ÷ 89000）× 100%

（二）资产盈利能力分析

表9-18　总资产净利率

1. 定义	是净利润与总资产平均余额的比率，反映了酒店运用全部资产获利能力的水平
2. 计算公式	总资产净利率 =（净利润 ÷ 总资产平均额）× 100% 其中，总资产平均额 =（期初总资产 + 期末总资产）÷ 2
3. 评价及运用	该指标反映酒店利用 1 元资产获得多少净利润，是衡量酒店运用总资产的获利能力，该指标越高，说明酒店资产的利用效率越高，成本费用的控制水平较高，整个酒店的获利能力较强，经营管理水平较高

表9-19　净资产收益率

1. 定义	又称股东权益收益率，是净利润与平均所有者权益（或股东权益）的比率，用于衡量酒店运用自有资本的效率
2. 计算公式	净资产收益率 =（净利润 ÷ 平均所有者权益）× 100% 其中，平均所有者权益 =（期初所有者权益 + 期末所有者权益）÷ 2
3. 评价及运用	这是投资者最为关心的指标。它反映酒店每投入 1 元获得净利润多少。指标值越大，说明所有者投入资本获得报酬越高。同时该指标也是酒店经营管理业绩的综合体现，从另外一个角度反映酒店管理者利用财务杠杆的水平

表9-20　资本收益率

1. 定义	是净利润与平均资本的比率，用于反映酒店资本获得收益的能力
2. 计算公式	资本收益率 =（净利润 ÷ 平均资本）× 100% 其中，平均资本 = [（实收资本年初数 + 资本公积年初数）+（实收资本年末数 + 资本公积年末数）] ÷ 2
3. 评价及运用	资本收益率越高，说明酒店运用自有资本获得较高的经济收益，投资者的风险较小。酒店经营管理者需要借助该指标对筹资决策进行选择，当资本收益率高于债务资金成本率时，适度举债经营是有利的；反之，当资本收益率低于债务资金成本率时，高额的债务会给企业经营带来极大的风险，甚至会损害投资者的利益

表9-21　开立酒店资产盈利能力指标计算表

计算项目名称	2019 年列示 / 计算金额（单位：千元）	数据来源
（1）净利润	15216	表 9-9 利润表本年数“净利润”
（2）期初总资产	118870	表 9-6 资产负债表上年数“资产合计”
（3）期末总资产	149970	表 9-6 资产负债表本年数“资产合计”
（4）平均资产总额	134420	=（118870+149970）÷ 2
（5）总资产净利率	11.32%	=（15216 ÷ 134420）× 100%

续表

计算项目名称	2019 年列示 / 计算金额（单位：千元）	数据来源
（6）期初所有者权益总额	102000	表 9–6 资产负债表上年数“所有者权益合计”
（7）期末所有者权益总额	110400	表 9–6 资产负债表本年数“所有者权益合计”
（8）所有者权益平均额	106200	=（102000+110400）÷2
（9）净资产收益率	14.33%	=（15216÷106200）×100%
（10）实收资本年初数	30000	表 9–6 资产负债表上年数“实收资本”
（11）实收资本年末数	30000	表 9–6 资产负债表本年数“实收资本”
（12）资本公积年初数	38000	表 9–6 资产负债表上年数“资本公积”
（13）资本公积年末数	38000	表 9–6 资产负债表本年数“资本公积”
（14）平均资本	68000	=30000+38000
（15）资本收益率	22.38%	=（15216÷68000）×100%

（三）市场价值能力分析

表9–22　每股收益

1. 定义	又称每股盈余，是净利润与发行在外普通股股数的比值，它是综合反映酒店获利能力的重要指标
2. 计算公式	每股收益 = 净利润 ÷ 发行在外普通股股数 其中，如酒店发行优先股，则应将优先股股利从净利润中扣除；发行在外的普通股股数应采用加权平均数计算
3. 评价及运用	该指标表明普通股每股能分得的净利润，越高说明酒店盈利能力越强。每股收益的数据来自资产负债表和利润表，能较好地反映酒店的财务状况和经营成果，具有引导投资及评价不同公司业绩的作用，是评价酒店盈利能力的核心指标

例 9–6　某股份有限公司 2019 年实现净利润 36944 万元，当年没有优先股。年初企业发行在外的普通股股数为 79764.8282 万股，当年 7 月 6 日实施转送股方案，即转送 39882.4141 万股，截至 2019 年年末发行在外的普通股股数为 119647.2423 万股，请计算 2019 年年末每股收益。

该年度发行在外的普通股股数 =79764.8282+（39882.4141×6）÷12=99706.0352（万股）
每股收益 =36944÷99706.0352=0.37（元）

表9–23　市盈率

1. 定义	是每股市价与普通股每股收益的比率，是用于衡量股价高低和酒店盈利能力的指标
2. 计算公式	市盈率 = 普通股每股市价 ÷ 普通股每股收益

续表

3. 评价及运用	该指标说明投资者要取得 1 元的收益，需要投资多少钱。一般情况下，市盈率越高说明股票的市价越高，投资者认为酒店发展前景较好，投资者愿意出高价购买股票，反之，发展前景暗淡的公司，投资者追捧者较少。在利用市盈率评价酒店盈利能力时，最好能比较一个酒店连续几年的市盈率，能更好地评价酒店的盈利的稳定性和潜在的发展能力；同时，把多个酒店的市盈率进行对比，判断股票市场价对投资者是否有吸引力

表9–24　市净率

1. 定义	是每股市价与每股净资产的比值
2. 计算公式	市净率 = 普通股每股市价 ÷ 每股净资产 其中，每股净资产 = 净资产 ÷ 发行在外普通股股数，净资产包括酒店实收资本、资本公积、盈余公积、未分配利润项目的合计
3. 评价及运用	市净率用来反映酒店净资产的获利能力，当每股市价＞每股净资产时，表明酒店资产质量好，酒店发展有潜力；反之，当每股市价＜每股净资产时，即市净率＜ 1，说明酒店资产质量不好，无发展潜力。一般当市净率为 3 时，可树立酒店良好的形象

例 9–7　假定开立酒店 2019 年 12 月累计发行在外的普通股股数为 5200 万股，12 月 31 日每股市价为 18.20 元，企业未发行优先股，试计算该企业市场价值能力指标（表 9–25）。

表9–25　开立酒店市场价值能力指标计算表

计算项目名称	2019 年列示 / 计算金额	数据来源
（1）净利润	1521.6 万元	表 9–9 利润表本年数“净利润”
（2）发行在外的普通股股数	5200 万股	例 9–7 所给数据
（3）每股收益	0.29 元	=15216000 ÷ 52000000
（4）普通股每股市价	18.20 元	例 9–7 所给数据
（5）市盈率	62.76 倍	=18.20 ÷ 0.29
（6）净资产合计	11040.0 万元	表 9–7 资产负债表本年数“所有者权益”
（7）每股净资产	2.12 元	=110400000 ÷ 52000000
（8）市净率	8.58 倍	=18.20 ÷ 2.12

课堂思考

中国旅游企业如华天酒店、新都酒店同为上市公司，你认为如何正确评价企业的市场价值？在计算这些指标时还需要考虑哪些因素？

二、酒店偿债能力分析

偿债能力是酒店对各种到期债务偿付的能力。该指标反映了酒店财务状况的好坏，由于经营的需要，酒店在经营过程中需要承担一定的负债。无论是酒店管理者、投资者、债权人都非常关心这一指标。偿债能力分析包括短期偿债能力和长期偿债能力。

（一）短期偿债能力

短期偿债能力是指酒店用流动资产偿还流动负债的现金保障程度，是衡量酒店变现支付能力的强弱指标，主要有流动比率、速动比率、现金流动负债比率（表 9–26~ 表 9–29）。

表9–26 流动比率

1. 定义	是流动资产与流动负债的比值，反映了酒店 1 元流动负债有多少流动资产作为偿付的保证
2. 计算公式	流动比率 = 流动资产 ÷ 流动负债
3. 评价及运用	该比率越高，说明酒店偿债能力越强，通常流动比率为 2：1 较好。但是比率过高，说明酒店资金的利用上存在一定的不足，当然这需要结合酒店的经营特点和具体情况以及会计报表附注综合分析，了解酒店的资金使用效率和筹资成本对酒店盈利能力的影响；该比率过低，说明酒店可能在资金周转上存在问题，难以及时偿付到期债务

表9–27 速动比率

1. 定义	是速动资产与流动负债的比值，用于衡量酒店流动资产中可以立即变现用于偿还流动负债的能力
2. 计算公式	速动比率 =［（流动资产 – 存货等）÷ 流动负债］× 100% 其中，速动资产是流动资产扣除存货后的数额
3. 评价及运用	该比率越高，表明酒店偿还流动负债的能力越强，在速动资产中减去了变现能力较差且不稳定的存货等项目，所以速动比率比流动比率更能反映流动负债偿还的安全性和稳定性。一般而言，该比率 1：1 较好。低于 1，表明酒店的支付能力存在不足；高于 1，说明酒店有足够的资金偿付短期债务，但是如果速动资产中有较多的不能盈利的现款和应收账款，则说明酒店的短期偿债能力仍然不高

表9-28　现金流动负债比率

1. 定义	是现金及现金等价物与流动负债的比值，反映酒店立即偿还到期债务的能力。这里的现金及现金等价物是指货币资金和短期投资净额之和，其特点是可以随时变现
2. 计算公式	现金流动负债比率（又称现金比率）=［（货币资金 + 短期投资净额）÷ 流动负债］× 100%
3. 评价及运用	该指标反映酒店即时付现的能力，从稳健角度考虑，现金流动负债比率是评价酒店短期偿债能力的最佳指标。一般而言，该指标数值越大越好，说明酒店即时还债能力越强

表9-29　开立酒店短期偿债能力指标计算表

计算项目名称	2019 年列示 / 计算金额（单位：千元）	数据来源
（1）流动资产	35260	表 9-6 资产负债表“流动资产合计”
（2）流动负债	39150	表 9-6 资产负债表“流动负债合计”
（3）流动比率	0.90	=35260 ÷ 39150
（4）存货	3160	表 9-6 资产负债表“存货”
（5）一年内到期的非流动资产	0	表 9-6 资产负债表“一年内到期的非流动资产合计”
（6）速动资产	32100	=35260-3160-0
（7）速动比率	0.82	=32100 ÷ 39150
（8）货币资金	20240	表 9-6 资产负债表“货币资金”
（9）交易性金融资产	6000	表 9-6 资产负债表“交易性金融资产”
（10）现金及现金等价物	26240	=20240+6000
（11）现金流动负债比率	0.67	=26240 ÷ 39150

（二）长期偿债能力

长期偿债能力是酒店偿还长期债务的现金保障程度，长期债务是指偿还期限在 1 年或者超过 1 年的一个营业周期以上的负债，包括长期借款、应付债券与长期应付款等。衡量长期偿债能力的指标有：资产负债率、权益乘数、产权比率、已获利息倍数，如表 9-30~ 表 9-34 所示。

表9-30　资产负债率

1. 定义	是负债总额与资产总额的比值，也称为债务比率，用于反映酒店总资产中借债筹资的比重，可用来衡量酒店负债水平的高低情况
2. 计算公式	资产负债率 =（负债总额 ÷ 资产总额）× 100%

续表

3. 评价及运用	该指标反映在总资产中有多大比例是通过借债来筹资的，有多少是通过权益筹资的。一般认为，资产负债率的适宜水平是 40% ~ 60%。对于不同类型的酒店该比率未必是越低越好。如对于经营风险低的酒店，为增加股东收益可选择较高的资产负债率 另外，对于不同的报表使用者，对资产负债率有不同的偏好：对债权人而言，资产负债率越低越好；对所有者来说，资产负债率越高越好；对经营者来说，资产负债率越高经营风险越大；资产负债率太低，无法获得财务杠杆收益

表9-31　权益乘数

1. 定义	是资产总额与所有者权益（股东权益）总额之比，表明酒店的负债程度情况
2. 计算公式	权益乘数 = 资产总额 ÷ 所有者权益总额
3. 评价及运用	权益乘数越大，表明酒店的负债程度越高，股东投入的资本在资产中所占比重较小，酒店财务风险较大；反之，权益乘数越小，酒店财务风险越低，对债权人利益有较大的保障

表9-32　产权比率

1. 定义	产权比率是负债总额与所有者权益总额之比，反映债权人提供的资本与所有者提供的资本之间的比例关系，也反映债权人资金受所有者权益的保障程度
2. 计算公式	产权比率＝负债总额 ÷ 所有者权益总额
3. 评价及运用	产权比率表明 1 元股东权益中有多少借入的债务数额。酒店所有者希望借入较多的负债，以使用财务杠杆获得更多的回报，即该比率越高越好；而债权人倾向于较低的产权比率，当负债不变，股东权益增加时，债权人的风险相应会降低

表9-33　已获利息倍数

1. 定义	已获得利息倍数是息税前利润与利息费用之比。该指标从利息偿付能力来反映酒店的长期偿债能力
2. 计算公式	已获利息倍数＝息税前利润 ÷ 利息费用 其中，息税前利润 = 净利润 + 利息费用 + 所得税费用
3. 评价及运用	已获利息倍数指标反映酒店偿付债务利息的能力，表明 1 元债务利息有多少元息税前收益作保障，该指标越高，表明酒店的债务偿还就越有保障。因酒店所处的行业不同，利息偿付倍数有所不同，一般认为合理的比率是 3 : 1

以上是根据财务报表计算得出的影响酒店长期偿债能力的指标，还有一些因素也影响酒店长期偿债能力，如酒店经常发生的、大量的经营租赁业务，酒店对外担保存在的潜在长期负债，未决诉讼可能存在的偿付风险。因此，在评价酒店长期偿债能力时应考虑这些因素的潜在影响。

表9-34　开立酒店长期偿债能力指标计算表

计算项目名称	2019 年列示 / 计算金额（单位：千元）	数据来源
（1）资产总额	149970	表 9-6 资产负债表本年数“资产合计”
（2）负债总额	39570	表 9-6 资产负债表本年数“负债合计”
（3）资产负债率	26.39%	=（39570 ÷ 149970）× 100%
（4）所有者权益总额	110400	表 9-6 资产负债表本年数“所有者权益合计”
（5）权益乘数	1.36 倍	=149970 ÷ 110400
平均资产总额	134420	表 9-21 开立酒店资产盈利能力指标计算
平均所有者权益总额	106200	表 9-21 开立酒店资产盈利能力指标计算
平均权益乘数	1.266	=134420 ÷ 106200
（6）产权比率	0.36 倍	=39570 ÷ 110400
（7）利息费用	4500	表 9-9 利润表本年数“财务费用”
（8）所得税费用	5072	表 9-9 利润表本年数“所得税费用”
（9）净利润	15216	表 9-9 利润表本年数“净利润”
（10）息税前利润	24788	=4500+5072+15216
（11）已获利息倍数	5.51	=24788 ÷ 4500

课堂思考

请分析产权比率、权益乘数两个指标之间的关系是什么？

三、酒店营运能力分析

营运能力反映了酒店资金周转状况，对此进行分析，能了解酒店的经营状况及管理水平的高低。资金周转良好，说明酒店的经营管理水平高，资金利用效率高。反之说明酒店资金利用效率低，酒店在采购、生产、加工、销售各环节中需要加强资金管理。评价酒店营运能力的财务比率根据资产的流动速度从流动资产周转、固定资产周转、总资产周转三个方面进行分析，见表 9-35 ~ 表 9-38。

（一）流动资产周转分析

流动资产周转率是评价酒店流动资产管理能力水平高低的指标，包括应收账款周转率、存货周转率、流动资产周转率。

表9–35 应收账款周转率

1. 定义	是酒店一定时期的赊销收入净额与应收账款和应收票据平均余额的比率，用于衡量酒店应收账款流动程度的指标
2. 计算公式	应收账款周转率 = 赊销收入净额 ÷ 应收账款和应收票据平均余额 其中，赊销收入净额 = 营业收入 – 现销收入 –（销售退回 + 销售折扣 + 销售折让） 应收账款和应收票据平均余额 =（期初应收账款 + 应收票据净额 + 期末应收账款 + 应收票据净额）÷ 2
3. 评价及运用	应收账款周转率用来衡量酒店变现能力的高低，该指标越大，说明酒店应收账款回收速度越快，资产流动性越大，同时，还可以减少收账费用和坏账损失，相对能增加酒店流动资产的投资收益。在计算中，因为赊销收入净额数据较难从财务报表中得到，所以通常用营业收入净额来代替。为了更加直观地了解应收款项回收所需的天数，可计算应收账款周转天数指标，即应收账款周转天数 =360/ 应收账款周转率，周转天数越少，说明酒店应收款项的回收速度越快

表9–36 存货周转率

1. 定义	是酒店一定时期内的营业成本与平均存货余额的比率，用于反映存货的周转速度，即存货的流动性及存货资金占用量是否合理，促使酒店在保证生产经营连续性的同时，提高资金的使用效率，增强酒店的短期偿债能力
2. 计算公式	存货周转率 = 营业成本 ÷ 平均存货余额 其中，平均存货余额 =（期初存货 + 期末存货）÷ 2
3. 评价及运用	存货周转率越高，说明酒店销售工作成绩越显著，存货管理有效，占用资金较少，获利机会较多；反之，存货周转率越低，说明酒店销售能力越不足，市场拓展有困难，存货积压，资金占用严重。但是该指标过高可能说明酒店缺乏资金，无法保证足够存货支持正常运营；指标过低，说明酒店采购批量太小，采购频率太高，增加采购成本。为了更直观地了解酒店存货管理水平，可计算存货周转天数指标，即存货周转天数 =360/ 存货周转率，周转天数越少，说明酒店存货销售和管理情况较好

表9–37 流动资产周转率

1. 定义	是营业收入净额与流动资产平均余额的比率，用于反映酒店全部流动资产的利用效率
2. 计算公式	流动资产周转率 = 销售收入净额 ÷ 流动资产平均余额 其中，流动资产平均余额 =（期初流动资产 + 期末流动资产）÷ 2
3. 评价及运用	流动资产周转率越高，说明酒店以相同的流动资产完成的周转额越多，流动资产利用效果就越高，同时节约了流动资金，增强了酒店的盈利能力；该比率越低，说明酒店资产利用效率不佳

表9-38 开立酒店流动资产周转能力指标计算表

计算项目名称	2019 年列示 / 计算金额（单位：千元）	数据来源
（1）营业收入净额	127000	表 9-9 利润表本年数“主营业务收入”
（2）期初应收账款	3200	表 9-6 资产负债表上年数“应收账款”
（3）期末应收账款	3330	表 9-6 资产负债表本年数“应收账款”
（4）期初应收票据	60	表 9-6 资产负债表上年数“应收票据”
（5）期末应收票据	30	表 9-6 资产负债表本年数“应收票据”
（6）应收款项平均余额	3310	=（3200+3330+60+30）÷ 2
（7）应收账款周转率	38.37	=127000 ÷ 3310
（8）应收账款周转天数	9.38 天	=360 ÷ 38.37
（9）营业成本	17500	表 9-9 利润表本年数“主营业务成本”
（10）期初存货	3280	表 9-6 资产负债表上年数“存货”
（11）期末存货	3160	表 9-6 资产负债表本年数“存货”
（12）平均存货余额	3220	=（3280+3160）÷ 2
（13）存货周转率	5.43	=17500 ÷ 322
（14）存货周转天数	66.30 天	=360 ÷ 5.43
（15）期初流动资产	23240	表 9-6 资产负债表上年数“流动资产”
（16）期末流动资产	35260	表 9-6 资产负债表本年数“流动资产”
（17）流动资产平均余额	29250	=（23240+35260）÷ 2
（18）流动资产周转率	4.34	=127000 ÷ 29250

相关链接 搜索

营业周期

营业周期是指从取得存货开始到销售存货并收回现金为止的这段时间，营业周期的时间长短取决于应收账款周转天数和存货周转天数，其计算公式为：

营业周期 = 应收账款周转天数 + 存货周转天数

一般而言，营业周期越短，说明酒店资金周转速度越快；营业周期越长，说明酒店资金周转速度越慢。

——资料来源：作者收集并整理。

课堂思考

根据资料请计算开立酒店 2019 年的营业周期是多少天？

（二）固定资产周转分析

固定资产周转是评价酒店固定资产管理能力水平高低的指标，包括固定资产周转率、固定资产周转天数、平均固定资产净值（见表 9–39、表 9–40）。

表9–39　固定资产周转率

1. 定义	是销售收入净额与固定资产平均余额的比率，用于衡量酒店对固定资产的利用效率
2. 计算公式	固定资产周转率 = 销售收入净额 ÷ 固定资产平均余额 其中，固定资产平均余额 =（期初固定资产 + 期末固定资产）÷ 2
3. 评价及运用	该指标表示 1 元销售收入需要的固定资产是多少。固定资产周转率越高，表明固定资产使用效益越高，也说明酒店固定资产投资得当，能够发挥作用。如果固定资产周转率与同行业平均水平相比偏低，则说明酒店对固定资产的利用率较低，可能会影响酒店的获利能力

表9–40　开立酒店固定资产周转能力指标计算表

计算项目名称	2019 年列示 / 计算金额（单位：千元）	数据来源
（1）营业收入净额	127000	表 9–9 利润表本年数“主营业务收入”
（2）期初固定资产净值	94300	表 9–6 资产负债表上年数“固定资产”
（3）期末固定资产净值	114000	表 9–6 资产负债表本年数“固定资产”
（4）固定资产平均余额	104150	=（94300+114000）÷ 2
（5）固定资产周转率	1.22 倍	=127000 ÷ 104150
（6）固定资产周转天数	295.08 天	=360 ÷ 1.22

（三）总资产周转分析

为了更直观地说明酒店总资产的管理水平，可以计算总资产周转天数，即

总资产周转天数 =360/ 总资产周转率

总资产周转天数越短，说明酒店资产利用效率越高，其资产的盈利性越强。一般情况下，如果应收账款、存货、固定资产的周转速度加快，则总资产的周转速度也会相应地提高（见表 9–41、表 9–42）。

表9–41　总资产周转率

1. 定义	是销售收入净额与总资产平均余额的比率
2. 计算公式	总资产周转率 = 销售收入净额 / 总资产平均余额 其中，总资产平均余额 =（期初总资产 + 期末总资产）÷ 2
3. 评价及运用	总资产周转率越高，说明酒店全部资产经营效率好，取得较高的销售收入；反之比率过低，说明酒店全部资产的经营效率不佳，同时该指标也反映了酒店获利能力的高低

表9–42　开立酒店总资产周转能力指标计算表

计算项目名称	2019 年列示 / 计算金额（单位：千元）	数据来源
（1）营业收入净额	127000	表 9–9 利润表本年数“主营业务收入”
（2）期初总资产	118870	表 9–6 资产负债表上年数“资产合计”
（3）期末总资产	149970	表 9–6 资产负债表本年数“资产合计”
（4）总资产平均余额	134420	=（118870+149970）÷ 2
（5）总资产周转率	0.945	=127000 ÷ 134420
（6）总资产周转天数	378.95 天	=360 ÷ 0.945

课堂思考

在市场经济条件下，由于商业信用的普遍存在，应收账款管理成为酒店财务管理的重点，如果酒店应收账款周转率较高，请分析将对存货周转率产生哪些影响？

四、酒店发展能力分析

发展能力是酒店在从事经营活动过程中所表现出的增长能力，如盈利的持续增长、生产规模的扩大、市场竞争力的增强等。评价酒店发展能力需从盈利增长能力、资产增长能力、资本增长能力三个方面进行分析。

（一）盈利增长能力分析

盈利增长能力指标包括营业收入增长率、净利润增长率、营业利润增长率、营业收入三年平均增长率（表 9–43~ 表 9–46）。

表9-43　营业收入增长率

1. 定义	是酒店本年营业收入增长额与上年营业收入总额的比率，是评价酒店成长状况和发展能力的重要指标
2. 计算公式	营业收入增长率 =（本年营业收入增长额 ÷ 上年营业收入总额）× 100%
3. 评价及运用	该指标大于 0，说明酒店本年营业收入有增长，指标越高，表明增长速度越快，酒店未来发展前景越好；若指标小于 0，则说明酒店获取收入的能力在下降，未来发展前景不好，也可能是市场不景气或产品服务质量不佳等方面存在问题

表9-44　净利润增长率

1. 定义	是酒店本年净利润增长额与上年净利润的比率，用于衡量酒店发展能力
2. 计算公式	净利润增长率 =（本年净利润增长额 ÷ 上年净利润总额）× 100%
3. 评价及运用	该指标越高说明酒店经营效益越好，发展潜力巨大，当然在计算该指标时，不同酒店因为适用的所得税率不同，而导致净利润增长率指标的变动，对此应做具体分析，不能简单做判断

表9-45　营业利润增长率

1. 定义	是酒店本年营业利润增长额与上年营业利润的比率，是衡量酒店经营效益的指标，反映了在不考虑非经营利益所得情况下，酒店管理者通过经营获得利润的能力以及未来发展能力
2. 计算公式	营业利润增长率 = 本年营业利润增长额 ÷ 上年营业利润总额
3. 评价及运用	营业利润增长率越高说明酒店产品适销对路，盈利能力强，未来发展前景广阔；如果指标值太低，酒店要考虑调整产品结构，以扩大市场规模，提升盈利能力以获得长期发展能力

表9-46　营业收入三年平均增长率

1. 定义	是酒店营业收入连续三年的增长情况，反映了酒店的持续发展趋势和市场扩张能力，也能衡量上市公司的持续盈利能力
2. 计算公式	$营业收入三年平均增长率 = \left(\sqrt[3]{\frac{本年营业收入总额}{三年前营业收入总额}} - 1\right) \times 100\%$
3. 评价及运用	营业收入三年平均增长率指标能反映酒店的主营业务增长趋势和稳定程度，说明酒店的持续发展态势和市场扩张能力强弱，以避免因少数年份业务波动而对酒店发展潜力做出错误判断。一般而言，该指标越高，说明酒店的市场扩张能力越强。分析该指标时应注意：导致增长的因素是主营业务还是临时投资，以防止利用非主营利润的提升掩盖酒店持续发展的不足

例 9–8 开立酒店 2016 年的营业收入总额为 98000000 元，其他资料见相关会计报表，试计算酒店盈利增长能力指标（表 9–47）。

表9–47 开立酒店盈利增长能力指标计算表

计算项目名称	2019 年列示 / 计算金额（单位：千元）	数据来源
（1）本年营业收入	127000	表 9–9 利润表本年数“主营业务收入”
（2）上年营业收入	136800	表 9–9 利润表上年数“主营业务收入”
（3）本年营业收入增长额	–9800	=127000–136800
（4）营业收入增长率	–7.16%	=（–9800 ÷ 136800）× 100%
（5）本年净利润	15216	表 9–9 利润表本年数“净利润”
（6）上年净利润	24244	表 9–9 利润表上年数“净利润”
（7）净利润增长额	–9028	=15216–24244
（8）净利润增长率	–37.24%	=（–9028 ÷ 24244）× 100%
（9）本年营业利润	20500	表 9–9 利润表本年数“净利润”
（10）上年营业利润	32250	表 9–9 利润表上年数“净利润”
（11）营业利润增长额	–11750	=20500–32250
（12）营业利润增长率	–36.43%	=（–11750 ÷ 32250）× 100%
（13）三年前营业收入	98000	例 9–8 中所给数据
（14）营业收入三年平均增长率	133.44%	$=(\sqrt[3]{\frac{127000}{98000}}-1)\times 100\%$

（二）资产增长能力分析

资产增长能力反映酒店资产规模扩张能力，常用指标为总资产增长率（表 9–48）。

表9–48 总资产增长率

1. 定义	是本年总资产增长额与年初资产总额的比率，衡量本期资产规模的增长情况
2. 计算公式	总资产增长率 = 本年总资产增长额 ÷ 年初资产总额
3. 评价及运用	总资产增长率越高，说明酒店一定时期内资产经营规模扩张的速度越快，但要注意，资产规模扩张的质量和数量的关系，不能为追求数量的增长而忽略了酒店后续发展能力的积淀

（三）资本增长能力分析

资本增长能力反映酒店资本保值及积累能力，常用指标为资本积累率、资本保值增值率和资本三年平均增长率（表 9–49~ 表 9–51）。

表9–49　资本积累率

1. 定义	是本年股东权益增长额与年初股东权益总额的比率，反映酒店本年资本的积累能力，是用于衡量酒店发展潜力的重要指标
2. 计算公式	资本积累率 = 本年股东权益增长额 ÷ 年初股东权益总额
3. 评价及运用	该指标说明了酒店当年资本的积累能力，投资者投入企业资本的保值性和增值能力，指标值越高，说明酒店资本积累越多，酒店资本保值性越强，应付风险和酒店持续发展能力越大，如该指标为负值，说明酒店资本出现流失，应引起重视

表9–50　资本保值增值率

1. 定义	是期末股东权益总额与期初股东权益总额的比率，反映了酒店资本的运营效益和安全状况
2. 计算公式	资本保值增值率 = 期末股东权益总额 ÷ 期初股东权益总额
3. 评价及运用	当资本保值增值率为 1 时，说明酒店资产保值；当指标大于 1 时，说明酒店资产增值，所有者权益增长快，债权人的债务有保障，酒店发展潜力强；当指标小于 1 时，说明酒店资产发生减值，债权人面临酒店资不抵债的风险

表9–51　资本三年平均增长率

1. 定义	资本三年平均增长率表示酒店资本连续三年的积累情况，在一定程度上反映了酒店的持续发展水平和发展趋势
2. 计算公式	资本三年平均增长率 = $\left(\sqrt[3]{\dfrac{\text{年末所有者权益总额}}{\text{三年前所有者权益总额}}}-1\right)\times 100\%$ 其中，三年前年末所有者权益指酒店三年前的所有者权益年末数。数据取值于三年前“资产负债表”
3. 评价及运用	该指标越高，说明酒店所有者权益获得的保障程度越高，酒店可以长期使用的资金越充足，抗风险和持续发展的能力越强。通过该指标可以看出酒店资本积累或资本扩张的历史发展状况，以及酒店未来发展趋势是否稳定

例 9–9　开立酒店 2016 年的所有者权益年末总额 75100000 元，其他资料见相关会计报表，试计算酒店资产、资本增长能力指标（表 9–52）。

表9-52　开立酒店资产、资本增长能力指标计算表

计算项目名称	2019 年列示 / 计算金额（单位：千元）	数据来源
（1）年初资产总额	118870	表 9-6 资产负债表本年数“资产合计”
（2）年末资产总额	149970	表 9-6 资产负债表上年数“资产合计”
（3）本年资产增长额	31100	=149970-118870
（4）总资产增长率	26.16%	=（31100 ÷ 118870）× 100%
（5）年初股东权益总额	102000	表 9-6 资产负债表上年数“所有者权益合计”
（6）年末股东权益总额	110400	表 9-6 资产负债表本年数“所有者权益合计”
（7）股东权益增长额	8400	=110400-102000
（8）资本积累率	8.24%	=（8400 ÷ 102000）× 100%
（9）资本保值增值率	1.08	=110400 ÷ 102000
（10）三年前股东权益总额	75100	例 9-9 中所给数据
（11）资本三年平均增长率	111.14%	$=\left(\sqrt[3]{\frac{110400}{75100}}-1\right)\times 100\%$

五、酒店财务比率的综合评价

根据前述计算，开立酒店 2019 年年末各项财务指标计算结果汇总如表 9-53 所示。假定当期国际（或行业）公认的相关比率标准为：流动比率 2 ∶ 1；速动比率 1 ∶ 1；营业周期 50 天。结合盈利能力、偿债能力、营运能力和发展能力四方面财务比率做如下分析：

表9-53　开立酒店2019年年末各项财务指标计算结果汇总表

类　型		指标名称	数　值
一、酒店盈利能力分析	1. 经营能力指标	营业毛利率	86.22%
		营业净利率	11.98%
		成本费用利润率	17.1%
	2. 资产盈利能力指标	总资产净利率	11.32%
		净资产收益率	14.33%
		资本收益率	22.38%
	3. 市场价值能力指标	每股收益	0.29 元
		市盈率	62.76 倍
		市净率	8.58 倍

续表

类　型		指标名称	数　值
二、酒店偿债能力分析	1. 短期偿债能力指标	流动比率	0.90
		速动比率	0.82
		现金流动负债比率	0.67
	2. 长期偿债能力指标	资产负债率	26.39%
		权益乘数	1.266 倍
		产权比率	0.36 倍
		已获利息倍数	5.51
三、酒店营运能力分析	1. 流动资产周转能力指标	应收账款周转率	38.37
		应收账款周转天数	9.38 天
		存货周转率	5.43
		存货周转天数	66.30 天
		流动资产周转率	4.34
	2. 固定资产周转能力指标	固定资产周转率	1.22 倍
		固定资产周转天数	299.18 天
	3. 总资产周转能力指标	总资产周转率	0.945
		总资产周转天数	378.05 天
四、酒店发展能力分析	1. 盈利发展能力指标	营业收入增长率	−7.16%
		净利润增长率	−37.24%
		营业利润增长率	−36.43%
		营业收入三年平均增长率	133.44%
	2. 资产增长能力指标	总资产增长率	26.16%
	3. 资本增长能力指标	资本积累率	8.24%
		资本保值增值率	1.08
		资本三年平均增长率	111.14%

（1）盈利能力分析：从相关指标来看，酒店的营业毛利率上升明显，但是营业净利率有下降的趋势，酒店应加强对三项费用的开支方面控制，以提高企业的盈利能力。在市场价值方面，投资者对酒店的未来发展有一定期待，市场价值保持平稳增长，但是增幅不大。

（2）偿债能力分析：通常认为，流动比率的下限为 1，等于 2 时较为适当。从短期偿债能力指标来看，该酒店 2019 年流动比率为 0.90，小于 2，流动比率远低于国际公认的标准，速动比率的数据略低于国际公认的标准 1，而现金流动负债比率相对较高，为 0.67。说明酒店短期偿债能力较强，偿债压力不是很大，但是需要对应收账款和存货予以分析。

反映短期偿债能力的指标，除了流动比率、速动比率、现金流动负债比率等指标外，还应当考虑应收账款周转率和存货周转率的快慢，如果应收账款与存货的周转率相对较好，也会缓解一下短期偿债的压力，然而，该酒店存货周转率太慢，酒店的短期偿债能力较弱，短期偿债的压力是不容忽视的。

在长期偿债能力方面，从相关指标中看出，酒店的资产负债率远远低于 50%，说明该酒店运用财务杠杆的作用不是很好，有一定的融资空间。已获利息倍数指标为 5.51 倍，说明酒店偿还长期债务能力较强。

（3）营运能力分析：从相关指标中可以看出，酒店除应收账款的周转率维持较高的水平外，其他周转率指标都不理想，说明酒店资产的总体运转情况不是很理想。尤其是存货周转天数为 66.30 天，营业周期 75.68 天（应收账款周转天数 9.38 天 + 存货周转天数 66.30 天），比行业标准水平 50 天要低，说明酒店应加强流动资产的管理，提高资产的使用效率。可以初步认为，酒店资产的整体周转质量并不高。

（4）发展能力分析：从相关指标可以看出，酒店 2019 年盈利能力不足，营业收入增长率和净利润增长率下降明显，但是从营业收入三年增长率看，还是处于上升趋势，在未来经营中要注意优化产品结构、稳定老客户、发掘客户，注意开源节流，以保持酒店长期发展。总资产保持一定的增长，资本积累和资本保值增值基本符合行业的要求。

综合上述分析，开立酒店目前的盈利能力尚可，但资产的营运能力较差，偿债能力较强，发展能力有些不足。尤其受到产品调整的压力和客源市场开拓的压力。依上述对酒店资产负债表项目、利润表项目及现金流量表项目的分析，我们认为酒店的资产总体质量较好，能够维持企业的正常周转。但各项资产的周转率低，说明资产管理方面存在问题，如存货积压严重，各种资金周转缓慢，应当引起特别的重视。从分析中也可以看出这两年酒店销售费用、管理费用有所增长，虽然有物价和原材料上涨的原因，但是酒店仍需采用节能降耗的办法，减少费用开支。同时，酒店应借助金融工具，盘活资金，适当举债，以获得一定的财务杠杆效应。

第四节　酒店财务综合分析

运用财务比率虽然可以了解酒店某方面的财务状况，但是无法反映引起酒店财务状况发生变动的各因素之间的内在联系，无法对酒店的财务状况做出全面、合理的评价，因此必须对酒店进行综合的财务分析。常用的综合分析法有财务比率综合评分法和杜邦财务分析法。

一、财务比率综合评分法

财务比率综合评分法又称沃尔评分法，是通过对选定的财务比率进行评分，按照行业的基准数设定标准值，计算出综合得分，以此评价企业的综合财务状况的方法。采用财务比率综合评分法进行评价，一般按照以下步骤进行。

（一）选定评价财务状况的财务比率

在选择财务比率时，需要注意以下三个方面：

（1）财务比率要有全面性，能反映企业的偿债能力、盈利能力和营运能力这三类指标，没有选择发展能力比率是因为这类财务比率只有观察多个会计年度的数据才有效。

（2）财务比率应具有代表性。所选择的财务比率数量不一定很多，但要选择能说明问题的重要财务比率。

（3）各项财务比率要具有变化方向的一致性，当财务比率增大时，表示财务状况的改善，反之，财务比率变小时，表示财务状况的恶化。

（二）确定各项财务比率评分标准

各项财务比率的评分标准在 0 ~ 100 分，根据各项财务比率的重要程度，确定其标准评分值，最终标准评分值之和为 100 分。一般应根据企业的经营活动性质、企业的生产经营规模、市场形象和报表分析者的使用目的来确定。

（三）确定财务比率评分值的上下限

确定各项财务比率的上限和下限，是为了避免因个别财务比率的异常变动给总评分造成不合理的影响。

（四）确定财务比率的标准值

财务比率的标准值是各项财务比率在本企业现时条件下最理想的数值。这个数值通常可以参照同行业的平均水平，并经过调整后确定。

（五）计算关系比率

计算企业在一定时期各项财务比率的实际值，然后，计算出各项财务比率实际值与标准值的比值，即关系比率。关系比率反映了企业某一财务比率的实际值偏离标准值的程度。

（六）计算各项财务比率的实际分值

各项财务比率的实际分值是标准评分值和关系比率的乘积，每项财务比率的得分都不得超过上限或下限，所有各项财务比率实际得分的合计数就是企业财务状况的综合得分。如果企业综合得分大于 100 分，说明企业的财务状况良好；如果企业综合得分小于 100 分，说明企业的财务状况较差，应采取措施加以改进。

下面采用财务比率综合评分法，对开立酒店 2019 年的财务状况进行综合评价，如表 9–54 所示。

表9–54　财务比率综合指标分析表

财务比率	评分值	标准值	实际值	关系比率	得分	上限	下限	实际得分（根据上/下限）
	①	②	③	④	⑤=④×①	⑥=①×1.5	⑦=①×0.5	
总资产净利率	15	11%	11.32%	1.03	15.4	22.5	7.5	15.4
营业净利率	15	25%	11.98%	0.48	7.2	22.5	7.5	7.5
净资产收益率	10	15%	14.33%	0.96	9.6	15	5	9.6
每股收益	10	0.21	0.29	1.38	13.8	15	5	13.8
流动比率	5	200	90	0.45	2.3	7.5	2.5	2.5
现金流动负债比率	8	50%	67%	1.34	10.7	12	4	10.7
产权比率	10	42%	36%	0.86	8.6	15	5	8.6
应收账款周转率（次）	8	25	38.37	1.53	12.3	12	4	12.3
存货周转率（次）	8	10	5.43	0.54	4.3	12	4	4.3
营业收入三年增长率	6	136%	133.44%	0.98	5.9	9	3	5.9
净利润增长率	5	10.00%	–37.24%	–3.72	–18.6	7.5	2.5	2.5
合　　计	100				71.4			93.1

从表 9–54 中可见，开立酒店 2019 年综合评价为 93.1 分，低于 100 分，说明企业财务收支状况偏离了标准要求。

二、杜邦财务分析法

利用前面介绍的财务比率综合评分法，虽然可以了解酒店各方面的财务状况，但是还不能完全揭示酒店财务收支状况不佳的原因所在，以及各因素的变化及其相互之间的关系所引起的财务状况变动。

（一）杜邦财务分析体系

杜邦财务分析体系是美国杜邦公司在 20 世纪 20 年代首创的，故称为杜邦财务分析体系。它以企业的净资产收益率（或股东权益报酬率）为出发点，利用各主要财务比率指标间的内在关联性，对企业财务状况、经营成果、现金流量及经济效益进行综合系统分析评价。

该体系以净资产收益率为出发点，以资产净利率和权益乘数为核心，揭示了企业获利能力及权益乘数对净资产收益率的影响，以及各相关指标间的相互影响作用关系。该体系层层分解至企业最基本的生产要素的使用、成本与费用的构成和企业风险，从而在经营目标发生异动时，企业能及时查明原因并加以修正，通过财务分析进行绩效评价，同时为投资者、债权人评价企业提供依据。

（二）杜邦财务分析体系的内容

1. 杜邦财务分析体系的有关指标

杜邦财务分析体系将有关指标按内在联系排列，进行层层分解，主要反映了以下几种财务比率关系：

（1）净资产收益率与资产净利率及权益乘数之间的关系：

$$\text{净资产收益率} = \text{资产净利率} \times \text{权益乘数}$$

即

$$\frac{\text{净利润}}{\text{平均所有者权益}} = \frac{\text{净利润}}{\text{平均资产总额}} \times \frac{\text{平均资产总额}}{\text{平均所有者权益}}$$

（2）资产净利率与营业净利率及总资产周转率之间的关系：

$$\text{资产净利率} = \text{营业净利率} \times \text{总资产周转率}$$

即

$$\frac{\text{净利润}}{\text{平均资产总额}} = \frac{\text{净利润}}{\text{营业收入}} \times \frac{\text{营业收入}}{\text{平均资产总额}}$$

（3）营业净利率与净利润和营业收入之间的关系：

$$营业净利率 = \frac{净利润}{营业收入} \times 100\%$$

（4）权益乘数与资产负债率的关系：

$$权益乘数 = \frac{1}{1-资产负债率} = \frac{1}{1-\frac{负债总额}{资产总额}} = \frac{资产总额}{所有者权益总额}$$

由上述公式可知，决定净资产收益率的因素有三个：营业净利率、总资产周转率、权益乘数。经过层层分解可以直观明了地把净资产收益率这一项综合性指标发生升、降变化的原因具体化。

2. 杜邦分析图

一般采用杜邦分析图来表示杜邦财务分析体系的有关指标的比率关系，图 9–1 为某酒店 2019 年相关数据所列示杜邦分析图。

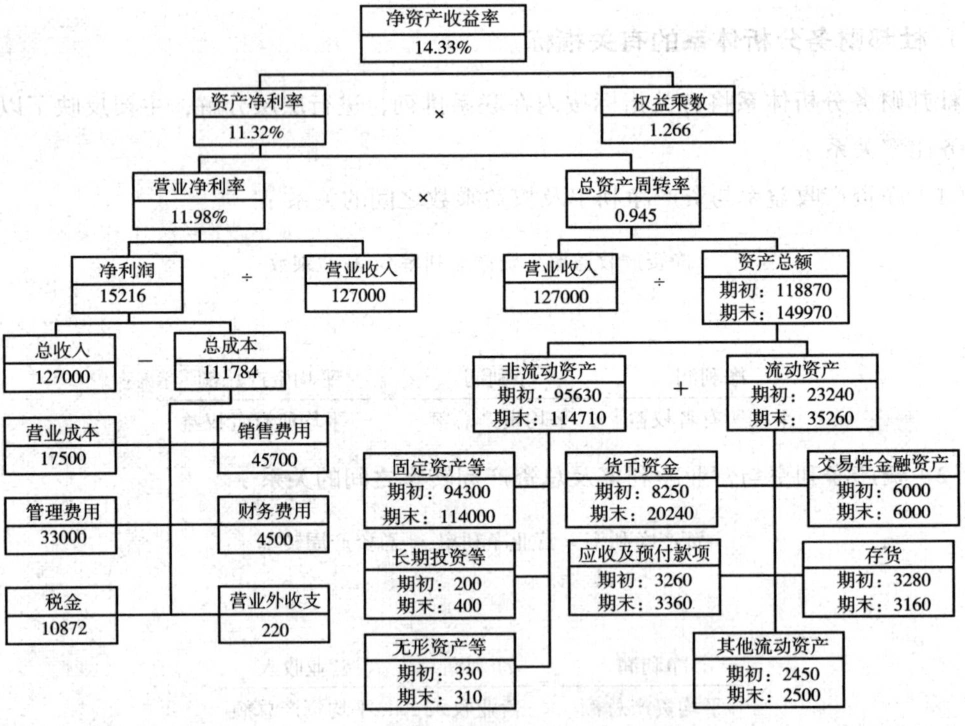

图9–1　某酒店2019年杜邦财务分析图

通过上图的分解和计算，可以了解到如下信息：

（1）净资产收益率是杜邦财务分析体系的核心，是投资者最为关注的指标，反映了酒店生产运营、筹资、投资等方面的管理效率。该指标的高低取决于资产净利率和权益乘数的大小。

（2）权益乘数是影响酒店偿债能力的指标，酒店在资产总额不变的情况下，适当地开展负债经营，可以减少所有者的资金占用，从而提高净资产收益率。开立酒店采取的是稳健的财务政策，资产负债率仅为 26%，保持在较低的水平，酒店偿债能力强。

（3）资产净利率虽然是反映酒店获利能力的指标，其综合性较强，受到营业净利率和总资产周转率两个指标的影响，前者说明酒店的盈利能力，后者说明酒店的资产管理效率能力水平的高低。

（4）从酒店的经营业绩分析，营业净利率反映了净利润与营业收入之间的关系，扩大营业收入，降低成本费用开支，是提高营业净利率的根本途径。

例 9–10　某度假村 2019 年有关数据如表 9–55 所示。

表9–55　某度假村2019年有关数据

指　　标	第一年	第二年	差异
净资产收益率	15.04%	12.7%	–2.34%
权益乘数	2	2	—
资产净利率	7.52%	6.35%	–1.17
总资产周转率	1.72 次	1.84 次	0.12
营业净利率	4.37%	3.45%	– 0.92

分析：

净资产收益率 = 资产净利率 × 权益乘数

第一年净资产收益率 =7.52% × 2=15.04%

第二年净资产收益率 =6.35% × 2=12.7%

计算可知，第二年的净资产收益率低于第一年 2.34%，经过分析可知，酒店在资本结构保持不变的情况下，净资产收益率下降的原因在于第二年资产净利率比第一年下降了 1.17%，那么导致第二年资产净利率下降的原因是哪些呢?

资产净利率 = 营业净利率 × 总资产周转率

第一年资产净利率 =4.37% × 1.72=7.52%

第二年资产净利率 =3.45% × 1.84=6.35%

比较可见，第二年的资产周转速度提高了，但是由于营业净利率的下降，使得提高资产利用率的收益不足以弥补营业净利率下降所带来的损失，从而导致资产净利率下降。进一步分析营业净利率下降的原因，由杜邦分析图可知，影响因素有收入、成本、费用、税金、营业收支等。因此在实际工作中，应根据企业具体情况进行分析，是否产品供大于求、成本失控、资产流失或其他原因，可对症下药，防微杜渐。

杜邦分析法把各种财务指标结合在一起，利用各个主要财务比率之间的内在联系，建立起财务比率分析的综合模型，通过比较、分析各项财务比率，来系统、全面地分析和评价企业财务状况和经营业绩。杜邦分析法能较好地帮助管理者发现企业财务管理中存在的问题，能够为改善企业经营管理提供有价值的信息，因而得到普遍的认同并在实际工作中得到广泛的应用。

课堂思考

请根据例 9-10 的计算方法，列示开立酒店 2019 年净资产收益率的分解步骤，并分析其形成原因。

相关链接 搜索

酒店财务综合分析应注意的问题

酒店财务管理的成败，很大程度上依赖财务人员的分析能力。做好财务分析，不仅是财务部门的基本职责，更是为酒店管理者提供经营决策的有力保障。但在实际的酒店财务管理活动中，能够有效进行财务系统性分析的并不多，主要原因是在财务分析上存在理解偏差和误区，不能使财务分析工作发挥积极作用。

1. 只进行表内数字的分析，忽略表外现象的分析

酒店财务管理是一项十分细致的工作，需要对酒店经营中的方方面面进行业务流程的梳理。但由于存在“跑、冒、滴、漏”现象，在业务管理制度的制定中稍有疏漏，就必然会影响到酒店会计核算的质量。为了保障会计业务的有序性，必然要求与业务流程的规范化相匹配。因此，在进行财务分析时，仅限于报表本身的数字对比分析是远远不够的。还应当就收入、成本、费用等方面与同行业的先进指标相比较，才能够全面反映酒店经营成果。

2. 只报喜不报忧，美化财务分析的内容

真实、准确、客观是财务分析的生命。要诊断、观察酒店经济运行状况，维护酒店机体健康运行，就应敢于揭短、敢于曝光，才不会贻误“病情”，才能“对症下药”。成绩不讲跑不了，问题不讲不得了。所以财务分析既要肯定成绩，又要揭露酒店中存在的问题；既要探寻影响当期财务情况变化的客观因素，更要侧重找出影响当期财务情况变化的主观原因。实事求是，客观全面分析，才能有的放矢地扬长避短、兴利除弊，才能为酒店的挖潜堵漏、开源节流做好服务。

3. 只懂分析，而不懂管理，使分析空洞无物

判断一项财务指标是不是健康，不仅要参考同行业的经营状况，还需结合酒店自身的经营情况，对于财务分析中提到的问题及所提出的改进措施和方法，需要财务部门和相关业务部门密切配合，照搬其他先进企业的模式或者模板难以在本土生根发芽。

4. 只是数字的堆砌罗列，没有鲜活的情况说明

要分析指标的变化，难免没有数字的对比，但是若停留于罗列指标的增减变化，局限于会计报表的数字对比，就数字论数字，摆不出具体情况，谈不清影响差异的原因，这样的财务分析只能是财务指标变动说明书或者说是财务指标检查表的翻版。这种空洞无物、枯燥死板的“分析”会“日渐消亡”的。

5. 只注重面面俱到的分析，忽略上报时间

财务分析重在揭露问题，查找原因，提出建议，但这并不是指需要对所有的内容进行全面分析，这样做既费时又费力。只有抓住影响当期财务情况的重大变化指标，进行客观、公正的分析，才能把握酒店发展的正确方向，才能发挥财务分析的作用，否则，过时的财务分析对酒店改善经营管理的作用将大打折扣。

——资料来源：作者收集并整理。

三、酒店营业比率分析

酒店营业比率分析是依据酒店财务报表中的数据以及非财务报表的数据对酒店的经营活动各项目之间进行的分析，通过营业比率的计算，有助于酒店管理者对相关经营目标实施控制。对出现较大偏差的项目要进行调查研究，以确定造成实际结果与计划目标之间差异的原因。这也是酒店管理者在日常经营工作例会中常用的分析指标。

下面以开立酒店假设的 2021 年 1 月份有关数据为例（表 9–56），介绍几个常用的酒店营业比率，销售组合比率、客房出租率、每日客房平均房价、每间客房日均收益、餐饮人均消费额、全员劳动生产率、每平方米收入产值。

表9-56　开立酒店2021年1月份相关数据

单位：元

内　容	全年数	内　容	全年数
营业总收入	139915000	市场营销总费用	6770000
客房总收入	90460000	能源总费用	7991000
食品总收入	22050000	行政管理总费用	22440000
饮料总收入	5660000	维修保养总费用	12260000
餐饮其他收入	8385000	经营毛利率	40.00%
租赁总收入	3420000	可供出租房总数（间夜）	164891
其他部门总收入	9940000	已售房间总数（间夜）	122019
客房利润率	80.00%	餐饮消费客人总数（人）	318520
食品成本率	46.73%	酒店客房数（间）	450
饮料成本率	14.57%	工资福利总额	33970000
餐饮利润率	50.00%	员工总人数（全职/临时）	680
其他部门利润率	49.53%	酒店建筑面积（平方米）	45000

（一）销售组合比率

销售组合比率反映了酒店各项收入占总收入的比重。在酒店业中，各营业部门对酒店利润的贡献是不同的，客房销售的利润贡献最大，如表9-56所示，客房利润率为80%、餐饮利润率为50%、其他部门利润率为49.53%。在销售总额相同的情况下，不同的销售组合对间接费用和利润的贡献也是不同的，酒店应提升盈利能力强的产品，加强辅助产品的调整，优化资源，实现经济效益最大化。

根据表9-56，开立酒店2021年1月份销售收入组合如表9-57所示。

表9-57　开立酒店2021年1月销售收入结构表

收入项目	全年数（元）	占营业收入总额比重（%）
客房总收入	90460000	65
食品总收入	22050000	16
饮料总收入	5660000	4
餐饮其他收入	8385000	6
租赁总收入	3420000	2
其他部门总收入	9940000	7
合　计	139915000	100

（二）客房出租率

客房出租率是衡量酒店客房利用效率的指标，是已出售房间夜数与可供出租房间夜数之间的比率。客房出租率受很多因素的影响，如酒店的住宿设施、价格结构、地理位置、季节性因素等。根据表 9–56 可知：

$$客房出租率=\frac{已出售房间夜数}{可供出售房间夜数}\times 100\%=\frac{122019}{164891}\times 100\%\approx 74\%$$

（三）每日客房平均房价

每日客房平均房价是酒店当期所售房的平均价格，即客房收入与已出售房间夜数的比值。平均房价受到酒店规模、星级水平、市场环境的影响。即使是同一酒店在不同期间的房价也不相同。根据表 9–56 可知：

$$平均房价=\frac{客房收入总额}{已出售房间夜数}=\frac{90460000}{122019}\approx 741.40（元/间夜）$$

相关链接 搜索

2020 年中国星级饭店经营现状分析

1. 全国星级饭店营收规模总体下降

据文旅部发布的《全国星级饭店统计报告》数据显示，2015—2019 年，全国星级饭店的收入总额总体下降。2019 年，全国星级饭店收入总额为 1907.77 亿元，同比下降 8.8%，这与国内旅游业增长乏力、宏观经济下行的因素有关。

在收入总额总体下降的趋势下，全国星级饭店的利润总额也不太乐观。2019 年，全国星级饭店实现利润总额 55.59 亿元，同比下降 28.9%。

2. 客房为主要收入来源

从收入结构来看，2019 年，全国星级饭店的主要收入来源是客房业务，客房的创收比重达 42.49%，餐饮的创收比重为 38.19%。

但从平均房价和出租率来看，2015—2019 年，这两项指标均呈小幅上升趋势，2019 年，全国星级饭店平均房价增长至 353 元，平均出租率为 55.18%。在收入总额不断下降的趋势下，饭店的平均房价和出租率小幅上升，说明影响饭店收入的主要业务是餐饮板块。

2015～2019年全国星级饭店平均房价、平均出租率变化情况

——资料来源：前瞻经济学人。

（四）每间客房日均收益

每间客房日均收益是客房出租率与每日客房平均房价的乘积。该指标越高，说明酒店客房收益管理水平越高。根据前述计算结果可知：

$$每间客房日均收益 = 客房出租率 \times 每日客房平均房价 = 74\% \times 741.40\% \approx 548.64（元）$$

（五）餐饮人均消费额

餐饮人均消费额是衡量餐饮销售能力的指标，是当期的餐饮收入除以当期餐饮消费人数，可分为食品人均消费额和饮料人均消费额等，即

$$餐饮人均消费额 = 餐饮销售收入 \div 消费人数$$

根据表 9–56 可知：

$$餐饮人均消费额 = \frac{餐饮收入总额}{消费人次} = \frac{36095000}{318520} \approx 113.32（元）$$

（六）全员劳动生产率

全员劳动生产率是反映酒店经营管理水平和人员综合素质的综合评价指标，是酒店当期营业收入总额与员工总人数的比值。在同一条件下，若酒店人员配比偏高，全员劳动生产率指标偏低，说明酒店人均创收不高。可以通过调整收入结构或者是调整人员配

比，实行一岗多能、多渠道用工方式提高人均创收能力。根据表 9–56 可知：

$$全员劳动生产率=\frac{营业收入总额}{员工总人数}=\frac{139915000}{680}\approx 205757（元）$$

（七）每平方米收入产值

酒店是高比例固定成本，高能耗的企业，也是需要高投入的行业。每家酒店的筹建初期，由于投资者的管理思想不同，在设计风格和产品结构上有很大的差异，由此造成同样建筑面积所带来的经济效益不同，每平方米收入产值是酒店当期的营业收入总额与建筑总面积的比值。该指标越大，说明酒店管理水平越高，越能充分利用每个空间创收。例如，北京新国贸饭店，将 1 ~ 5 层打造成全开放、适应年轻人消费、商务办公的区域，一层是 CBD 区域内的特色现酿啤酒餐厅；二层是辐射周边办公人群的全日制自助餐厅；三层是联合工作间，既有会议室，也有独立工作位；四层、五层是面积 3500 平方米、7×24 小时开放的健身中心，通过多品类的产品组合设计和高品质服务，极大提升了物业价值以及公共区域的创收能力。根据表 9–56 可知：

$$每平方米收入产值=\frac{营业收入总额}{建筑总面积}=\frac{139915000}{45000}\approx 3109（元）$$

? 复习与思考

一、名词解释

财务分析　比较分析法　比率分析法　趋势分析法　因素分析法

净资产收益率　全员劳动生产率

二、简答题

1. 酒店经营者要面对哪三大会计报表？为何要更重视现金流量表？
2. 简述资产负债表的结构分析内容。
3. 简述利润表的结构分析内容。
4. 简述现金流量表的结构分析内容。

5. 简述杜邦财务分析体系的基本内容及其特点。

6. 财务比率分析主要运用哪些指标？试寻找一家旅游上市公司报表，计算其盈利能力、偿债能力、资产管理能力、发展能力等各方面的指标，并做简要评价。

三、单项选择题

1. 评价企业短期偿债能力强弱最直接的指标是（　）。

A. 已获利息倍数　　B. 速动比率

C. 流动比率　　D. 现金流动负债比率

2. 下列有关每股收益说法正确的有（　）。

A. 每股收益，是衡量上市公司盈利能力的财务指标

B. 每股收益多，反映股票所含有的风险大

C. 每股收益多的公司市盈率就高

D. 每股收益多，则意味每股股利高

3. 产权比率与权益乘数的关系是（　）。

A. 产权比率 × 权益乘数＝1　　B. 权益乘数＝1／（1– 产权比率）

C. 权益乘数＝（1+ 产权比率）/ 产权比率　　D. 权益乘数＝1+ 产权比率

4. 某企业 2019 年年初与年末所有者权益分别为 250 万元和 300 万元，则资本积累率为（　）。

A. 17%　　B. 83%

C. 120%　　D. 20%

5. 利息保障倍数不仅反映了企业获利能力，而且反映了（　）。

A. 总偿债能力　　B. 短期偿债能力

C. 长期偿债能力　　D. 营运能力

6. 在其他条件不变的情况下，会引起总资产周转率指标上升的经济业务是（　）。

A. 用现金购买农副产品　　B. 用银行存款购入一台设备

C. 借入一笔短期借款　　D. 用银行存款支付一年的电话费

7. 饭店营业比率主要是用于分析（　）。

A. 经营状况　　B. 员工业绩

C. 顾客满意度　　D. 酒店信息化水平

8. 酒店各经营部门中，哪一类经营产品的营业毛利率最高？（　）

A. 客房　　B. 食品

C. 饮料　　D. 健身

四、判断题

1. 一般来说，市盈率高，说明投资者对该公司的发展前景看好，愿意出较高的价格购买该公司股票，但是市盈率也不是越高越好。（　）

2. 盈余现金倍数是从现金流入和流出的动态角度，对企业收益的质量进行评价，在收付实现制的基础上，充分反映出企业当期利润总额中有多少是有现金保障的。（　）

3. 若资产增加幅度低于销售收入净额增长幅度，则会引起资产周转率增大，表明企业的营运能力有所提高。（　）

4. 在采用因素分析法时，既可以按照各因素的依存关系排列成一定的顺序并依次替代，也可以任意颠倒顺序，其结果是相同的。（　）

5. 尽管流动比率可以反映企业的短期偿债能力，却存在有的企业流动比率较高，而没有能力支付到期的应付账款。（　）

6. 对于盈利企业，在总资产净利率不变的情况下，资产负债率越高净资产收益率越低。（　）

五、实践单元

1. 某酒店管理集团发布年度财务报告中信息披露显示如下表所示，假定当前普通股每股市价为30元，请根据资料计算该公司的每股收益、市盈率、普通股股东权益收益率。

某酒店管理集团年度财务报告部分数据

单位：万元

项　目	金　额
普通股股本（流通在外的普通股股数2000万股）	2000
优先股股本	500
资本公积（其中优先股溢价500万元）	2500
留存收益	200
股东权益合计	5200

续表

项目	金额
净利润	200
优先股股利	50
普通股股利	200

2. 假设 A、B 两家酒店 2019 年年末的部分资产负债表数据如下表所示，请对 A、B 两家酒店的短期偿债能力进行评价。

A、B两家酒店2019年部分资产负债表

单位：万元

项目	A 酒店	B 酒店
货币资金	20	100
持有至到期的投资	80	50
应收账款	60	30
存货	200	180
流动资产合计	360	360
流动负债合计	300	300

3. 某酒店拥有客房间数为 320 间，全部为 12 月份可供出租房，2019 年 12 月当期营业各项目统计数据如下表所示。

某酒店2019年12月份相关数据

单位：万元

内容	本月数	内容	本月数
营业总收入	1250	饮料成本总额	45
客房总收入	800	费用总额合计	375
食品总收入	300	经营毛利	475
饮料总收入	150	已售房间总数（间夜）	6720
客房利润	680	餐饮消费总人次（人）	42300
餐饮利润	340	工资薪酬总额	356
食品成本总额	120	酒店员工总数（人）	490

要求：计算销售组合比率、客房出租率、每日客房平均房价、每间客房日均收益、餐饮人均消费、食品成本率、饮料成本率、人工成本率，三项费用占营业收入的比率、

全员劳动生产率。

六、综合实训

华天酒店集团股份有限公司（以下简称公司或本公司、华天酒店）于1988年5月开业，1996年8月8日在深圳交易所上市。1995年成立华天国际酒店管理公司，开始酒店集团化连锁发展，成为中南地区最早具备输出品牌管理的酒店。公司属旅游服务行业，经营范围为：住宿、餐饮、洗衣、物业清洗服务及卷烟、雪茄烟零售；投资汽车出租、文化娱乐产业；酒店资产的运营与管理（包括酒店资产的收购、投资、销售、租赁）；生产、销售计算机软硬件并提供计算及集成科研成果转让；食品批发、零售；酒店管理咨询服务；信息管理平台服务；酒店品牌输出。2018 ~ 2019年公司利润表、资产负债表简表如下：

华天酒店2018 ~ 2019年利润表简表

单位：百万元

项目	2018年	2019年	增减金额	增减（%）
一、营业收入	958.13	1110.55		
二、营业总成本	1433.48	1405.13		
其中：				
减：营业成本	442.26	545.98		
税金及附加	58.31	62.35		
销售费用	27.24	23.53		
管理费用	577.45	534.44		
财务费用	261.13	238.83		
资产减值损失	67.09	0.00		
加：其他收益	13.69	31.30		
投资收益（损失以"–"号填列）	−10.80	281.09		
信用减值损失（损失以"–"号填列）	0.00	−10.85		
资产处置收益（损失以"–"号填列）	0.16	0.01		
三、营业利润（亏损以"–"号填列）	−472.30	0.00		
加：营业外收入	3.83	4.05		
减：营业外支出	234.15	4.06		
四、利润总额（亏损总额以"–"号填列）	−702.63	0.00		
减：所得税费用	−4.34	4.90		
五、净利润（净亏损以"–"号填列）	−698.29	2.05		

续表

项目	2018年	2019年	增减金额	增减（%）
减：少数股东损益	−220.68	−48.18		
归属于母公司净利润	−477.61	50.23		

华天酒店2018～2019资产负债表简表

单位：百万元

项目	2018年	2019年	项目	2018年	2019年
货币资金	331.39	151.79	短期借款	1349.46	1532.1
应收账款	40.57	34.18	应付账款	261.45	248.13
存货	892.34	819.43	预收账款	83.19	44.66
预付账款	112.2	104.2	其他应付款	758.5	676.1
其他应收款	445.7	612.5	其他流动负债	454.7	807
其他流动资产	4.59	7.5	流动负债合计	2907.3	3307.94
流动资产合计	1826.79	1729.6			
			长期借款	1405.67	424.68
			应付债券	100	100
长期股权投资	459.63	457.36	长期应付款	200.19	160.1
投资性房地产	94.23	229.12	递延所得税负债	122.7	118
固定资产	3290.02	2988.11	其他非流动负债	6.41	0.7
无形资产	543.78	480.36	非流动负债合计	1834.97	803.48
其他非流动资产	982	683.1	负债合计	4742.27	4111.42
非流动资产合计	5369.66	4838.05			
			股本	1018.93	1018.93
			资本公积	1453.07	1453.07
			盈余公积金	70.89	74.85
			未分配利润	−10.29	35.99
			减：少数股东权益	78.42	126.61
			股东权益合计	2454.18	2456.23
资产总计	7196.45	6567.65	负债及股东权益总计	7196.45	6567.65

华天酒店及同类上市公司相关指标计算表

指标	华天酒店		锦江酒店		金陵饭店	
	2018年	2019年	2018年	2019年	2018年	2019年
营业毛利率（%）			89.60%	89.89%	59.89%	55.92%
净利率（%）			8.35%	8.47%	11.48%	9.76%

续表

指标	华天酒店		锦江酒店		金陵饭店	
	2018 年	2019 年	2018 年	2019 年	2018 年	2019 年
净资产收益率（%）			8.90%	8.91%	5.45%	5.22%
流动比率			1.22	1.12	1.79	1.70
应收账款周转率			15.19	14.03	22.74	33.61
资产负债率（%）			65.62%	63.07%	29.31%	31.21%

根据以上案例回答如下问题：

1. 计算 2018 年、2019 年利润表中各项目的增减金额和增减比率，并填入华天酒店集团股份有限公司 2018 ~ 2019 年利润表简表。

2. 请结合华天酒店利润表、资产负债表资料计算营业毛利率、净利率、净资产收益率、流动比率、应收账款周转率、资产负债率，并填入华天酒店及同类上市公司相关指标计算表。

3. 请根据同期竞争对手锦江酒店、金陵饭店相关指标对华天酒店当期的财务状况经营业绩做出综合评价。

推荐阅读

1. 陈安萍，赵雅湉 . ChatGPT 对财务分析的影响及对策研究［J］. 会计之友，2023（16）：156-161.

2. 田新平 . 华天酒店财务管理存在的问题及对策分析［J］. 内蒙古科技与经济，2022（23）：82-85.

3. 靳磊 . 财务管理实务［M］.5 版 . 北京：高等教育出版社，2022.

4. 吴伟，唐东升 . 财务分析方法有效性及改进研究——基于科学方法视角［J］. 财会月刊，2021（23）：36-40.

5. 邓之梅 . 财务工作常见问题清单［M］. 北京：地震出版社，2021.

参考文献

［1］马元兴．财务管理实务［M］．4 版．北京：高等教育出版社，2019.

［2］刘会生．关于酒店财务管理工作中的内部控制问题研究［J］．财经界，2019（28）：175.

［3］马文飞．财务管理综合：企业财务思维与财务决策［J］．财务管理研究，2022（7）：131-134.

［4］闫宏毅．酒店财务管理实务［M］．北京：电子工业出版社，2009.

［5］王化成，刘俊彦，荆新．财务管理学［M］.9 版．北京：中国人民大学出版社，2022.

［6］党印，刘彤．锦江酒店和首旅酒店财务风险与预防分析［J］．国际商务财会，2021（12）：55-61.

［7］黄慧敏．品牌酒店资本运营模式研究——基于华天酒店“杠杆收购模式”的案例［J］．北京第二外国语学院学报，2008（7）：46-50.

［8］单蕊，车俊文，肖贤飞．低碳经济背景下旅游企业财务管理制度设计［M］.济南：山东人民出版社，2018.

［9］田新平．华天酒店财务管理存在的问题及对策分析［J］．内蒙古科技与经济，2022（23）：82-85.

［10］张卫丽．基于“区块链＋资本成本”的筹资管理体系构建研究［J］．河南科技，2022，41（11）：133-137.

［11］王玮．什么才是酒店投资方眼中的优质资产？［N］．中国旅游报，2021-12-09（006）.

［12］叶红云．经济型酒店投资与经营管理策略研究［J］．财会学习，2020（15）：223-224.

［13］王涛．酒店投资管理的风险与预防［J］．纳税，2019，13（18）：176-177.

［14］章霞青．大数据背景下制造业企业零库存管理研究［J］．太原城市职业技术学院学报，2020（3）：21-23.

［15］朱顾玥．酒店营运资金管理绩效研究［D］．南京农业大学，2022.

［16］孙快元．酒店营运资金管理的问题及对策［J］．财富生活，2020（14）：183-184.

［17］王建雄．谈酒店应收账款管理体系的建立与完善［J］．财会学习，2020（3）：131+133.

［18］李雪绵，许延明．金健米业资产质量分析［J］．商场现代化，2020（24）：12-14.

［19］叶江建，朱凤萍．基于 PDCA 循环的国有酒店成本管理优化研究［J］．商业会计，2022（4）：66-68.

［20］郑泽龙．酒店财务管理中的成本控制策略研究［J］．财会学习，2022（4）：105-108.

［21］韩英．加强酒店财务管理中成本控制的路径探究［J］．低碳世界，2020（5）：179-180.

［22］李滟，李金嶽，刘向强．企业数字化转型与股利分配［J］．西南大学学报（社会科学版），2023，49（2）：114-126.

［23］沈洁．收入管理理论及其在酒店行业中的应用［J］．中国管理信息化，2021，24（20）：30-31.

［24］韩茂芬．金税四期背景下国有企业税务管理研究［J］．财会学习，2023（16）：134-136.

［25］王玮．“一房多价”背后：规则、利益的博弈［N］．中国旅游报，2021-09-09（005）.

［26］张倩．公司利用“账外账”利润分红是否应认定为公司盈余分配行为［J］．法制博览，2022（28）：88-90.

［27］王雨宁 .JM 酒店全面预算管理现状及优化研究［D］．山西大学，2019.

［28］章勇刚，杨国强．酒店财务管理［M］．北京：中国人民大学出版社，2021.

［29］刘容奋．基于数字化的企业财务预算管理策略分析［J］．中国集体经济，2023（22）：125-128.

［30］范军胜．关于全面预算管理在酒店行业的应用建议［J］．财经界，2022（16）：77-79.

［31］李倩．加盟酒店企业全面预算管理与绩效评价融合的思考［J］．财会学习，2020（14）：116+118.

［32］陈安萍，赵雅湉 .ChatGPT 对财务分析的影响及对策研究［J］．会计之友，2023（16）：156-161.

［33］田新平．华天酒店财务管理存在的问题及对策分析［J］．内蒙古科技与经济，2022（23）：82-85.

［34］靳磊．财务管理实务［M］.5 版．北京：高等教育出版社，2022.

［35］吴伟，唐东升．财务分析方法有效性及改进研究——基于科学方法视角［J］. 财会月刊，2021（23）：36-40.

［36］邓之梅．财务工作常见问题清单［M］．北京：地震出版社，2021.

［37］迈点网，https：//www.meadin.com.

［38］“CHAT 资讯”微信公众号．

［39］“中饭协资管委 CHAMA”微信公众号．

［40］上海证券交易所，http：//www.sse.com.cn.

［41］深圳证券交易所，http：//www.szse.cn.

［42］中国旅游研究院．中国旅游住宿业发展报告（2020）［M］．北京：中国旅游出版社，2021.

［43］财政部会计资格评价中心．初级会计实务［M］. 北京：中国财政出版传媒集团，经济科学出版社，2022.

［44］人民网，http：//www.people.com.cn.

［45］中国政府网，https：//www.gov.cn.

项目策划：段向民
责任编辑：张芸艳
责任印制：孙颖慧
封面设计：武爱听

图书在版编目（CIP）数据

酒店财务管理实务 / 陈安萍主编. -- 3版. -- 北京：中国旅游出版社，2023.7（2024.7重印）
“十四五”职业教育国家规划教材
ISBN 978-7-5032-7182-3

Ⅰ. ①酒… Ⅱ. ①陈… Ⅲ. ①饭店－财务管理－高等职业教育－教材 Ⅳ. ①F719.2

中国国家版本馆CIP数据核字（2023）第140772号

书　　名：酒店财务管理实务（第三版）

主　　编：陈安萍
出版发行：中国旅游出版社
（北京静安东里6号　邮编：100028）
http://www.cttp.net.cn　E-mail:cttp@mct.gov.cn
营销中心电话：010-57377103，010-57377106
读者服务部电话：010-57377107
排　　版：北京旅教文化传播有限公司
经　　销：全国各地新华书店
印　　刷：北京明恒达印务有限公司
版　　次：2023年7月第3版　2024年7月第2次印刷
开　　本：787毫米×1092毫米　1/16
印　　张：22.75
字　　数：377千
定　　价：49.80元
ISBN　978-7-5032-7182-3